U0910894

本书由中央财政支持贵州财经大学
公共管理重点学科建设经费资助出版

社会保障的减贫作用研究：

理论解析与典型比较

韦 璞◎著

中国社会科学出版社

图书在版编目(CIP)数据

社会保障的减贫作用研究：理论解析与典型比较／韦璞著．—北京：中国社会科学出版社，2016.10

ISBN 978-7-5161-9507-9

Ⅰ.①社…　Ⅱ.①韦…　Ⅲ.①社会保障制度—关系—扶贫—研究—中国　Ⅳ.①D632.1②F124.7

中国版本图书馆CIP数据核字(2016)第303272号

出 版 人　赵剑英
责任编辑　王莎莎
责任校对　张爱华
责任印制　张雪娇

出　　版　中国社会科学出版社
社　　址　北京鼓楼西大街甲158号
邮　　编　100720
网　　址　http://www.csspw.cn
发 行 部　010-84083685
门 市 部　010-84029450
经　　销　新华书店及其他书店

印　　刷　北京君升印刷有限公司
装　　订　廊坊市广阳区广增装订厂
版　　次　2016年10月第1版
印　　次　2016年10月第1次印刷

开　　本　710×1000　1/16
印　　张　15.25
插　　页　2
字　　数　248千字
定　　价　58.00元

目　录

自　序

贫困是社会中一种可能发生的风险。对于不同的人，贫困风险发生的概率不一样。要么是由于个体缺乏一定的资源禀赋、劳动能力或管理手段而陷入贫困状态；要么是由于市场分配制度的内在缺陷，分配不均致使个体或群体陷入贫困之中。与此同时，对于人生不同阶段，每个人无论贫富，老、病、死、伤、残在所难免，在劳动过程中，也不可避免地会遇到疾病、意外伤害，以及失业的威胁，影响身体健康和正常劳动收入，从而陷入贫困。因而需要社会为个人和家庭做出某种保障性安排，特别是在家庭保障能力减弱、贫困风险超出个体防御能力的情况下，有效避免个人和家庭因为各种原因陷入贫困，这就是所谓的社会保障。社会保障在本质上是指不同社会成员之间相互提供的一种支持机制，其与传统的基于血缘关系相互支持的家庭保障不同。社会是共同生活的个体的一个集合，其间包括各种各样的社会关系。因而需要具有权威性的政府作为主导，才能建立起强制各个社会成员共同参与的制度化保障形式。而政府自然理应成为社会保障制度的组织者、推动者、管理者和监督者。政府主导的现代社会保障制度通过税收（缴费）转移支付来调节不同地区、人群之间，以及个体生命不同阶段的收入分配状况，特别是通过社会保障重新平衡富人和穷人之间的社会资源和利益，实现救助贫困人口、防止新增贫困、推动贫困人口脱贫，保护穷人的生存权利与尊严。可见，社会保障在缩小收入差距、减少贫困人口、维护社会公平正义过程中具有重要作用。

从世界各国实践来看，社会保障不仅具有减少贫困人口，彰显人道主义精神的作用，同时，还可以修正市场经济，促进经济发展；调和阶层利益，维护社会稳定；促进社会信任，增强社会团结。但减少贫困人口是社会保障的基本目标和最低要求，如果这个目标都不能实现，其他目标就无从谈起。然而遗憾的是，目前国内外研究者大都将关注点放在社会保障制度建设、改革和完善的各项研究任务当中，以及社会保障的其他目标上，而较少关注社会保障的基本减贫目标和研究社会保障的减贫机制。以至于我们大多数人只知道社会保障是缓解和消除贫困问题，维护社会稳定的重要政策工具和途径，并不清楚地知道，要想充分发挥社会保障的减贫作用，不仅需要针对实际情况合理安排各个保障项目，形成有效的社会保障管理模式，而且还需要考虑社会保障制度中的各个环节，包括社会保障资金筹资机制、运作管理方式、投资监督方式，以及对支付方式和支付结构的恰当选择。如若不然，社会保障不仅不能实现缩小收入差距，减少贫困人口的良好政策意图，还有可能走向扩大收入差距，增加贫困人口的歧路。为此，我们需要深入社会保障体系内部，考察社会保障的减贫机制，才能充分发挥社会保障的减贫作用，达到减少贫困人口的目的。

我国正处于社会经济转型时期，实施精准扶贫战略，全面建成小康社会是21世纪头20年必须实现的伟大社会目标。而推进全面小康社会如期实现，首先需要保障处于弱势地位的贫困群体维持基本生活水准，才能确保贫困人口同步进入小康社会。与此同时，减少贫困人口，缩小收入差距，促进社会公平，也是衡量社会保障制度绩效的重要指标，对于完善社会保障政策制度具有重要意义。然而时至今日，我国由于对社会保障制度建设的基本减贫目标重视不够，致使我国社会保障的减贫作用收效不甚理想，某些地方甚至出现“逆向分配”的现象，即社会保障的实施有利于富裕阶层，而不利于贫困阶层，导致收入差距扩大。为此，本书从理解贫困概念入手，分析贫困类型、贫困致因、贫困风险变化与社会保障制度演变的关系，在此基础上，通过解构社会保障体系，并分别分析了社会保障制度的筹资机制、运作管理方式、支出水平和支出结构等方面的减贫作用，同时对比了典型国家不同保障模式的减贫效果，探寻其中原因，以期对我国社会保障制度改革和完善提供相应参考和借鉴。

第一章　绪　论

自人类社会诞生以来，世界上任何国家在任何时代都存在贫困现象。减少贫困直至消除贫困是全人类共同追求的目标。然而，贫困在某种程度上很难仅仅依靠个人自身能力摆脱，需要借助一定的外部力量帮助。而个人能够借助外力来摆脱贫困一般有两种途径：一是依靠来自家庭其他成员，以及朋友、亲戚、熟人等社会网络支持；二是依靠由政府组织实施，社会成员共同参与的社会保障。社会网络支持往往具有临时性、非稳定性和间断性；而社会保障支持则具有长效性、稳定性和持续性。相较而言，非正式社会网络支持的保障范围较窄，保障能力较弱，无论在减贫作用和能力，还是实际减贫效果上均不如正式的社会保障制度。因此，以社会集体来提供大范围的制度化保障，逐渐成为减少贫困人口的重要途径。特别是在个人及其家庭抵御贫困风险能力降低，贫困风险增大的现代社会，在客观上要求建立现代社会保障制度，来预防、缓解和消除贫困现象，保障民众的基本生活水平，共享社会经济发展成果，体现社会的公平正义。

一　社会保障发展与贫困的关联性

从社会保障的定义、产生和性质可以看出社会保障与贫困的关联性。社会保障的一般含义是指国家通过立法和行政措施设立的、旨在保证社会成员基本经济生活安全的各种项目总和。但各国对社会保障的理解由于国情不同而存在一定差异：西欧福利国家将社会保障理解为一种公共福利计划，人人都能够享受，且社会保障的目标旨在提高公众福利，而不仅仅是减少贫困人口。发展中国家和其他英语系国家则大多认为社会保障是一张社会安全网，为社会成员提供基本生活保障，避免社会成员在遭遇困难时陷入贫困。国际劳工组织认为，社会保障是通过采取一系列综合性的政策和措施，对因疾病、失业、年老及死亡而中断收入来源、陷入贫困的公众（或者是其中的大部分）加以保护而追求的一种社会结果。虽然各国由于政治、社会、历史文化方面的原因，对社会保障概念的理解存在一定差异，但各国社会保障建设仍然遵循一些共同的基本原则，如穷人有权获得基本生活保障的权利原则，防止公民之间收入差距过大的公平原则等。最重要的是，不论是经济发达福利国家、发展中国家，还是国际组织都认为，为社会成员提供安全保障是建立社会保障题中应有之义，差别在于福利国家的保障层次更高一些，发展中国家的保障层次低一些，这与国家富裕程度有关。在财富丰裕的国家，让公众全面共享发展成果是政府追求的目标；在财力有限的国家，将有限资源优先用来保护弱者，维护社会公平也是政府义不容辞的责任。可见，减少贫困是各国社会保障最低要求和最基本的目标。

各国现代社会保障制度的产生与发展也直接与工业化社会出现的大量贫困现象有关。英国1601年旧《济贫法》的出现正是为了应对当时英国圈地运动带来的大量城市流民与贫困人口，从而开启了英国中央政府济贫法制度的建立。随着工业革命的发展，机器代替手工劳动使大量手工业劳动者失业，贫困人口急剧增加，贫困问题开始阻碍英国的工业化进程，1834年英国又颁布新《济贫法》，认定社会救济属于公民的合法权益，由此萌芽了现代社会保障制度。但新《济贫法》在救济形式上却采取更严厉的院内济贫制度，使1870年之后英国的贫困问题愈发严重，最终促使英国在20世纪初建立现代社会保障制度。① 德国工业革命起步较晚，但发展非常迅速，社会结构日益分裂为资产阶级和无产阶级两大对立阶级，且伴随着经济快速增长，结果却导致无产阶级贫困化加速，社会民主运动高涨，为了缓和劳资矛盾，俾斯麦政府不得不在19世纪80年代推出“胡萝卜加大棒”政策，一方面镇压社会民主党的革命运动；另一方面建立现代社会保障制度以缓解工人贫困问题。德国于80年代针对工人阶级贫

---

① 1908年的《养老金法》和1911年的《国民保险法》被认为是英国现代社会保障制度建立的标志。参见丁建定：《英国现代社会保障制度的建立（1870—1914）》，《史学月刊》2002年第3期，第81—90页。

困问题出台一系列的社会保险法案标志着现代社会保障制度的建立。美国20世纪30年代经济危机时期，凯恩斯的“国家干预理论”也直接将社会保障作为减少贫困，扩大内需，进而恢复经济发展的主要手段。英国1941年的《贝弗里奇报告》则直接将社会保障的目标界定为消除贫困，并认为国民在失业、疾病、伤害、老年，以及收入锐减、生活贫困时有权利获得生活保障。第二次世界大战之后，亚、非、拉国家也广泛建立了社会保障制度，以保障各国贫困者。美国在20世纪60年代的“向贫困宣战”政策直接将社会保障作为减贫的重要手段和途径。然而，到了80年代以后，各国经济迅速发展的同时也带来了贫富差距的扩大，尤其是发展中国家阶层分化严重，贫富差距悬殊，贫困人口增加，面对这种情况，各国又调整各自的社会保障体系，以保障贫困者的基本生活需求。可见，各国社会保障制度的产生与发展都与减贫紧密地联系在一起。

从社会保障的本质属性来看，社会保障的核心是保障人的基本生存，促进人的发展。贫困大大降低了人的生存能力，对其构成了威胁，社会保障的目的就是恢复和维系人的生存能力；重建与扩展人的发展能力；实现对人的本质价值的崇尚与追求。[①] 社会保障的本质属性决定了社会保障的首要功能就是以收入调节机制为手段，以减贫为基础目标，保障人的生存并提升人的生存能力；其次是促进经济发展，共享发展成果；最终达到保障人权，实现社会公平和维护社会稳定的目的。与市场机制天然追求经济效率不同，社会保障作为政府用以修正市场经济的重要政策工具，天然地追求并缩小社会差距、维护社会公平。[②] 社会保障的作用是基于社会公平和人道主义的原则，通过社会成员之间的经济互济，进而对贫困人口进行保护。其实现路径是通过累进税和政府转移支付手段，对国民收入进行再分配，将部分国民财富从富裕者转到贫困者、年轻人转到老年人、健康者转到疾病者、在业者转到失业者手中，从而保障弱者的基本生活需要。从某种程度上来说，社会保障（至少某些项目）带有按需分配的性质，其受益权利与劳动没有直接关系。这种按需分配恰恰就是针对贫困人口而言

---

① 项益才：《社会保障的本质与功能新论——以人的生存与发展为视角》，《江西社会科学》2011年第10期，第211—216页。

② 郑功成：《中国社会保障改革与未来发展》，《中国人民大学学报》2010年第5期，第2—14页。

的，只不过仅在一定的保障限度之内，即仅仅以满足贫困人口的基本生活需要为限，而不是满足贫困人口的各种生活需求，更不是满足全体社会成员各种需求的按需分配。当然，社会保障的某些项目如社会保险跟劳动参与状况直接挂钩，但缴费义务与待遇享受之间在数额上并非完全对等，而是具有一定互济性质。因此，即使从不同社会保障项目来看，社会保障也都具有实现和保障贫困群体利益的基本属性。

二 社会保障是否能减少贫困

从理论层面来看，社会保障支出主体主要包括政府、企业和个人，虽然企业和个人需要承担部分社会保障费用，有可能加重企业和个人的经济负担，但政府财政通过“收”与“支”的调整，对国民收入进行再分配，客观上起到了缩小贫富差距、减少贫困人口的作用。同时，由于社会福利制度的发展促进了经济增长，经济的增长带来了就业的增加，失业者再就业障碍的减少、就业人数的增加在一定程度上减少了一国的贫困人口，对缓解贫困起到了积极作用。[①] 此外，社会保障体系中的社会福利和社会救助项目的资金支出主要来源于财政转移支付，个人无须承担相应费用，这样更有利于低收入者，从而达到拉平收入差距，减少贫困人口的目的。当然，一些学者认为社会保障不具有减贫作用，这是因为：(1)只有很少的一部分转移性收入能够到达穷人手里，而中产阶层获得的转移性收入远远多于穷人。[②] (2)社会安全网侵蚀了穷人的创造性，导致贫困陷阱。一些人拥有的技能只能找到低工资工作，其工资收入比领取福利好不了多少甚至不如，福利体制将这部分人吸入，使他们陷入贫困陷阱，完全依赖福利而不能脱贫。[③] (3)税率提高和慷慨给付侵蚀经济增长的基础，尽管在短

---

① 陈银娥：《中国转型期的城市贫困与社会福利制度改革》，《经济评论》2008 年第 1 期，第 40—44 页。

② Crook, Clive, The Future of the State, The Economist, 1997 September 20: 1— 48; Harcourt Brace Jovanovich, Stigler, George, Director's Law of Public Income Redistribution, *Journal of Law and Economics*, 1970, 13: 1—10.

③ Butler, Stuart and Anna Kondrata, *Out of the Poverty Trap: A Conservative Strategy for Welfare Reform*, The Free Press, 1987, p. 55.

期内对减少贫困可能有一定效果，但从长期来看不利于减少贫困。[①] 根据平等—效率权衡理论，过高的递进税率和慷慨的政府给付会减少投资和工作激励，结果，再分配政策对长期减贫战略是无效率的。[②] 但认为社会保障有助于减贫的观点则认为：减少收入不平等能够扩大和稳定消费者需求，增加穷人对教育的投资，提高工人工作的能动性与合作；可以增强公司在雇用方面的灵活性（如提前退休），社会服务行业成为新的工种，吸纳妇女就业等；因而收入再分配的负面影响在很大程度上被其收益抵消甚至超过。[③]

从实证研究来看，相关研究显示：社会保障计划具有显著的减贫效果。Kenworthy（1999）对15个西方工业化国家的数据分析表明，1960—1991年间，除了美国以外，[④] 其他国家的社会保障体系都具有明显的减贫效果，包括绝对贫困和相对贫困。但不同社会保障项目的减贫效果存在差异。其中，最低收入保障计划或收入维持计划的减贫效果最为明显。如，Behrendt（2000）通过比较现代福利国家社会保障支出发现，最低收入计

---

① Arrow, Kenneth J., 1979, The Trade - off between Growth and Equity, pp. 1—11 in *Theory for Economic Efficiency: Essays in Honor of Abba P. Lerner*, edited by Harry I. Greenfield, Albert M. Levenson, William Hamovitch, and Eugene Rotwein; MIT Press; Browning, Edgar K. 1976; "How Much More Equality Can We Afford?", The Public Interest, Spring, pp. 90—110.

② Okun, Arthur M., *Equality and Efficiency: The Big Tradeoff*, Washington, D. C.: Brookings Institution, 1975.

③ Kenworthy, Lane, Equality and Efficiency: The Illusory Tradeoff, *European Journal of Political Research*, 1995, 27: 225—254; Perotti, Roberto, "Growth, Income Distribution, and Democracy: What the Data Say", *Journal of Economic Growth*, 1996, 1: 149—87; Putterman, Louis, John E. Roemer, and Joaquim Silvestre, "Does Egalitarianism Have a Future?", *Journal of Economic Literature*, 1998, pp. 861—902.

④ 美国的社会保障体系主要是受到选民和政策制定者的强烈抵制，从而使其减贫作用削弱。美国常常被认为在福利供给方面是比较吝啬的国家，这与美国人经常从负面来界定贫困和穷人的概念有关，部分原因还与美国人关于清教徒和社会达尔文主义的价值观念有关，他们认为穷人之所以贫困是因为他们懒惰和回避工作，而工作则被认为对于真正想要它的人是容易获得的。美国人把贫困归因于贫困者个人较小的努力程度，这种看法和态度影响了社会福利项目的设置和供给，进而影响社会保障的减贫效果。参见 Cloward, Richard A., and Elman, Richard M. Poverty, Injustice, and the Welfare State, *The Nation*, February 26, 1966, and March 7, 1966; Jon P. Alston and K. Imogene Dean, Socioeconomic Factors Associated with Attitudes toward Welfare Recipients and the Causes of Poverty, *The Social Service Review*, Vol. 46, No. 1, Mar., 1972, pp. 13—23.

划在减少贫困方面起着决定性作用。[①] Korpi 和 Palme（1998）发现，针对低收入群体的社会保障制度更能带来社会公平，也具有更好的减贫效果。[②] 因此，如果社会保障体系的项目组合中，收入维持计划占比较重，则减贫效果较好。与此同时，社会保障制度对不同群体贫困率校正的效果也存在较大差异，尤其对老年贫困率的作用非常明显。Engelhardt 和 Gruber（2004）利用美国 1968—2001 年统计数据研究发现，社会保障对减少老年人贫困率具有显著作用，官方统计的老年贫困率从 1960 年的 35% 下降到 1995 年的 10%，贫困减少幅度超过其他年龄组。[③] 郑秉文也发现，美国如果没有老年社会保障制度，2005 年老年贫困率将达 46.8%，而社会保障制度使这一比重仅为 8.7%。[④] 说明通过社会保障转移支付后，非工作人口的低收入人群获得更多收益，达到了减贫的目的。但也有一些实证研究指出：社会保障不具有减贫效果。有学者对我国社会保障支出与减贫之间的关系进行实证分析，结果表明我国社会保障制度不具有减贫作用，反而还扩大了城乡收入差距。[⑤] 出现这种情况的原因可能是目前我国社会保障制度的设置不完善，其中地区差距、城乡差距，以及人群差距非常大。

从世界各国实践来看，社会保障的减贫作用也被充分肯定。从发达国家的实践看出，社会保障支出水平与贫困率呈负相关变化，即社会保障支

---

① Christina Behrendt, *Holes in the Safety Net? Social Security And the Alleviation of Poverty in a Comparative Perspective*, Paper prepared for the ISSA Year 2000 Research Conference in Helsinki, September 25—27, 2000.

② Walter Korpi and Joakim Palme, The Paradox of Redistribution and Strategies of Equality: Welfare State Institutions, Inequality, and Poverty in the Western Countries, *American Sociological Review*, Vol. 63, No. 5, Oct., 1998, pp. 661—687.

③ Gary V. Engelhardt and Jonathan Gruber, *Social Security and the Evolution of Elderly Poverty*, Prepared for the Berkeley Symposium on Poverty, the Distribution of Income, and Public Policy, March, 2004.

④ 郑秉文：《拉美"增长性贫困"与社会保障的减困功能——国际比较的背景》，《拉丁美洲研究》2009 年（增刊），第 3—29 页。

⑤ 徐倩、李放：《财政社会保障支出与中国城乡收入差距——理论分析与计量检验》，《上海经济研究》2012 年第 11 期，第 81—88 页；胡宝娣、刘伟、刘新：《社会保障支出对城乡居民收入差距影响的实证分析——来自中国的经验证据（1978—2008）》，《江西财经大学学报》2011 年第 2 期，第 49—54 页。

出水平高的国家，其贫困率较低；而社会保障支出水平较低的国家，其贫困率较高。[①] 比如，欧洲的社会保障支出水平高，其社会保障制度的减贫效果就好；而美国的社会保障支出水平较低，减贫效果就差。欧洲社会保障制度对减贫的贡献是26个百分点，而美国社会保障制度仅能够降低其贫困率6个百分点。[②] 当然，这与社会保障的支出结构有关，欧洲的公共社会保障支出较高，美国的公共社会支出较少，而私人支出较高，这是导致美国社会保障在减贫方面的效果不理想的重要原因。[③] 从社会保障费用负担也可以看出社会保障的减贫效果差异，欧洲个人社会保障负担较轻，而拉美国家个人缴费率较高，对参保人的缴费能力和缴费密度的要求较高，参保人难以满足，导致替代率下降，覆盖率降低。因此，在欧洲具有明显减贫效果的社会保障制度在拉美基本上是“失灵”的，即拉美的社会保障制度缺乏再分配功能。同样地，我国重城市轻农村的社会保障二元结构，农村覆盖率低，保障水平低，使社会保障支出增加，并不能有效缩小城乡收入分配差距，反而加大城乡收入差距。[④] 农村贫困人口能够从社会保障得到的收益较少，制约了我国社会保障制度的减贫效果。可见，社会保障的内部设计，包括项目组合、筹资机制、运作管理、投资监督方式，以及支付方式、支付水平和结构都会对其覆盖范围、保障对象、管理效率、待遇水平等产生影响，进而对制度本身的减贫效果产生影响。说明社会保障的减贫作用不仅取决于社会保障制度的有无和支出水平的高低，还与社会保障的制度设计、运作管理方式与支出水平和结构密切相关。

总体而言，无论是理论研究还是实证分析，目前社会保障在减贫作用和效果方面的研究结论并不一致。但各国社会保障实践却提供了充分的证据，表明社会保障确实具有减贫作用。究其原因大概如下：一是大多数研

---

① 高霖宇：《发达国家社会保障水平与收入分配差距关系及对中国的启示》，《地方财政研究》2011年第7期，第75—80页。

② 郑秉文：《拉美“增长性贫困”与社会保障的减困功能——国际比较的背景》，《拉丁美洲研究》2009年（增刊），第3—29页。

③ Caminada, Koen and Martin, Megan C., Differences in Anti - Poverty Approaches in Europe and The United States: A Cross - Atlantic Descriptive Policy Analysis, *Poverty & Public Policy*, Vol. 3, Iss. 2, Article 3, 2011.

④ 徐倩、李放：《我国财政社会保障支出的差异与结构：1998—2009年》，《改革》2012年第2期，第47—52页。

究主要从宏观视角对各国社会保障及其贫困状况进行简单的推论和实证分析，如根据宏观社会保障支出水平与贫困发生率或贫困人口减少数量之间的关系，运用统计分析模型检验社会保障的减贫作用和效果，没有考察不同国家社会保障的资金来源结构、财政支出水平、给付标准、管理体制等存在的差异，以及对社会保障的减贫作用可能产生的影响。二是没有深入社会保障体系内部，区分不同社会保障模式、筹资方式、投资管理方式，以及支付方式和支付结构对社会保障的减贫作用可能产生影响。三是没有区分不同国家社会保障项目的组合差异，保障人群及选择对象方式的差异，如普惠制与补救制社会保障体系针对的重点人群就存在明显差异，从而也使两种不同的社会保障模式的减贫作用存在差异。

总之，社会保障内部组件差异，各个管理环节差异，导致社会保障的减贫作用差异。以往研究由于忽略了对社会保障内部组件和各个环节异同的考察，因而其研究结论存在一定局限性。不同国家对贫困和贫困风险的态度，以及对社会保障目标的认识和定位，一定程度决定了该国社会保障的组件设置和管理环节安排，而不同组件设置和管理环节安排又反过来影响社会保障的减贫作用。因此，非常有必要明晰社会保障的减贫机制，分析社会保障各个项目组件的减贫功能，以及各个管理环节对减贫功能的影响。

三　研究社会保障减贫作用的意义

社会保障与贫困之间具有紧密的联系，甚至可以说社会保障就是因贫困而生，是减贫的重要手段。社会保障作为缓解贫困状况的制度安排和政策措施，其存在与否、数量多少和范围大小会直接影响贫困的规模和程度。[①] 不仅如此，社会保障项目组合，社会保障制度中的各个管理环节，包括筹资机制、运作管理方式、投资监督方式，以及支付方式、支付水平和结构等，都会对社会保障的减贫作用产生影响。当前，我国经济总量跻身全球第二，居民生活、收入水平也已显著提升，有能力为贫困人口提供更好的社会保障。中国特色社会主义的内涵也要求保障贫困人口，实现共

① 中国发展研究基金会：《中国发展报告 2007：在发展中消除贫困》，中国发展出版社 2007 年版，第 58 页。

同富裕。特别是2020年我国要力争建成全面小康社会，充分发挥社会保障的收入再分配功能，增强社会保障的减贫作用，是实现全面小康社会的重要手段和途径。

近年来，社会保障的减贫作用常常在各种应对贫困的政策措施中加以强调。徐月宾等（2007）认为“在国家的反贫困战略中，除了宏观领域的经济和财税政策、政治领域的治理—善治以外，最重要的就是要建立起一个具有预防贫困作用的社会保障制度”。[①] 特别是由于我国社会结构转型、经济体制转轨、产业结构调整、公有制企事业单位改革，而出现大量“新贫困人口”。[②] 这些贫困人口大多是不具备基本生存条件、素质不高、身体残疾，或遭遇突发事件的对象，其自身没有脱贫的能力。[③] 同时，贫困人口的分布已由区域的、整体性的贫困过渡到个体性贫困，贫困人口被边缘化。因此，鉴于贫困性质已经发生了变化，因为开发式扶贫的两个前提条件[④]无法得到满足，以普遍的增长为目标的扶贫方式不再适用于这些边缘化的贫困人口，区域性开发式扶贫的效果不再显著。特别是在市场经济条件下，当贫困人口发生率低于10%时，必须对贫困人口采取有针对性的政策措施，仅靠经济增长不能有效缓解贫困。[⑤]

在这种情况下，扶贫开发战略需要进行相应的调整，应该由以前的区域瞄准和经济增长为主的开发式扶贫，转变到瞄准个体、以社会保障网络救助边缘化人口为主的保障型扶贫。只有着眼于微观个体的社会保障计划

① 徐月宾、刘凤芹、张秀兰：《中国农村反贫困政策的反思——从社会救助向社会保护转变》，《中国社会科学》2007年第3期，第40—53页。

② 这些新贫困人口主要包括因体制因素下岗的城镇贫困职工，由农村流入城镇而处于失业状态的农民工和被征地农民。参见刘家强、唐代盛、蒋华：《中国新贫困人口及其社会保障体系构建的思考》，《人口研究》2005年第5期，第10—18页。

③ 唐新民：《社会保障：持久扶贫阶段的基础制度保证》，《经济研究参考》2006年第80期，第34—39页。

④ 一是贫困人口具有地域集中性；二是贫困人口拥有自我发展能力。参见徐月宾、刘凤芹、张秀兰：《中国农村反贫困政策的反思——从社会救助向社会保护转变》，《中国社会科学》2007年第3期，第40—53页。

⑤ 刘俊文：《超越贫困陷阱——国际反贫困问题研究的回顾与展望》，《农业经济问题（月刊）》2004年第10期，第23—28页。

才能够精确瞄准贫困个体，减少资金浪费，充分发挥减贫作用。[①] 向东（2002）认为消除贫困问题，需要开发式扶贫和社会保障式扶贫双管齐下，而开发式扶贫已经实施多年，发挥社会保障的扶贫功能，加强农村社会保障制度的建设，使社会保障成为减贫的关键手段。[②] 陈银娥（2011）在充分肯定社会福利制度的减贫功能和我国社会福利制度所取得的减贫绩效的基础上，借鉴发达国家基于生命周期理论构建的社会福利模式的成功经验，[③] 因此，建议我国基于生命周期的视角进一步完善社会福利制度的反贫困功能，按生命周期的不同阶段实现制度的"无缝覆盖"，从源头上控制贫困的生成。[④] 不仅如此，减贫作用和效果还应该成为评价社会保障实施绩效的重要标准，国外有学者甚至建议将贫困减少程度作为评价福利国家有效性的标准。Ringen 曾说："如果现代福利国家在减贫上不能发挥作用，则无论其他目标是否能够实现，其特有的目标都将受到根本性挑战。"[⑤] 可见，不仅是发展中国家，发达国家也将社会保障作为减贫的重要政策工具和手段加以利用。因而，研究社会保障的减贫作用机制对于完善各国社会保障制度都具有重要的启示性意义。

然而，虽然学者们已经认识到社会保障制度在减贫方面的重要作用，从理论上推演社会保障在缓解贫困问题上的逻辑关联性，运用宏观数据对社会保障的减贫效果进行评估，并将社会保障作为反贫困政策中的重要组成部分或主要途径。但在理论研究和实证研究上都还存在不足之处：一是没有深入考察和比较不同社会保障模式内部的保障项目及其项目组合差异导致的减贫作用差异，而只是对不同国家或不同保障模式的减贫效果进行

---

① 都阳、蔡昉：《中国农村贫困性质的变化与扶贫战略调整》，《中国农村观察》2005 年第 5 期，第 2—9 页。

② 向东：《消除贫困必须加强农村社会保障制度建设》，《经济问题探索》2002 年第 6 期，第 106—109 页。

③ 这些经验包括针对儿童、劳动力和老年人的生命特点建立具有不同目的取向的社会福利制度，如针对儿童所采取的手段是进行社会投资；针对劳动者采取的政策主要是就业支持和工作支持政策；针对老年人则采取提高经济和社会参与率的政策。目的在于改变个人发展条件，而不是对这些条件所造成的后果进行事后修补，将社会政策从补偿型模式转变为发展型模式。

④ 陈银娥：《社会福利制度反贫困的新模式——基于生命周期理论的视角》，《福建论坛》（人文社会科学版）2011 年第 3 期，第 120—125 页。

⑤ Ringen，Stein，*The Possibility of Politics*：*A Study in the Political Economy of the Welfare State*，Oxford：Clarendon，1987.

对比，即没有搞清楚不同社会保障模式如何减少贫困的内在机理，难以回答为什么不同社会保障模式的减贫作用存在较大差异的问题。二是缺少深入分析社会保障制度内部各个环节的减贫机制，包括社会保障的筹资机制、运作管理方式、投资监督方式、支付条件与支付方式等，难以回答在实证研究中为什么在社会保障支出水平相当的国家，却取得大为不同的减贫效果的问题。这不仅是一种理论研究缺憾，也使实证研究由于缺乏正确的理论指导，有时得出相互矛盾的研究结论，而且在政策层面上也很难对完善社会保障的减贫机制提出具有针对性和可操作性的对策建议。

就我国而言，目前正处于社会经济转型时期，权力对市场分配制度的干扰，是这一时期的典型特征，也是导致我国地区之间、城乡之间、人群之间贫富差距扩大的重要原因。加上长期以来我国反贫困战略基本是一种亲市场的经济政策，旨在救助贫困者的社会政策成为经济政策的附属角色或补充性地位。[①] 导致社会保障制度不完善，社会保障政策在调节收入分配方面的作用不够明显，甚至出现逆向分配的现象，对减少贫困现象的作用甚微。这充分表明了我国社会保障制度存在着严重缺陷，需要研究社会保障的减贫作用机制，从理论上明晰如何设计和完善我国社会保障制度，以期更好发挥社会保障在调节收入分配，缩小收入差距，较少贫困人口的作用，进而达到精准扶贫、精准脱贫的制度设计，实现全面小康社会、维护社会公平和稳定。

四　本书内容安排

本书的研究目标是通过对社会保障内部组件和管理环节进行分析解构，一是分析不同社会保障模式下社会保障项目设置的区别，以及不同社会保障项目的减贫作用差异，进而对比不同社会保障模式的减贫作用差异。二是通过对社会保障制度的筹资方式、运作管理方式、投资监督方式以及支付水平和结构等环节进行解构，分析不同方式下的减贫作用，并进行比较，从而分出优劣，为社会保障建设提供参考借鉴。

---

① 张新文：《我国农村反贫困战略中的社会政策创新探讨》，《南京社会科学》2010 年第 6 期，第 58—63 页。

第二章论证了贫困概念、贫困风险与社会保障的关联性。试图说明人们对贫困概念的理解，对贫困风险的认识，直接催生了现代社会保障制度，并促进其不断发展演变。第三章归纳了主流理论划分社会保障模式的标准，概括了主要社会保障模式的类别特点，分析了不同社会保障模式的主要构件及其减贫机制。第四章分析了社会保障筹资中的资金分担比例、资金来源渠道与缴费（缴税）标准差异对减贫的影响，同时分析了不同筹资方式（税制还是费制）也直接影响社会保障资金的征缴效率和资金来源的稳定性，进而对社会保障的减贫作用产生影响。第五章探讨了社会保障资金的不同运作模式和管理模式之特点及其减贫作用，社会保障资金运作模式主要指财务平衡模式，即现收现付制、基金积累制和混合制；社会保障资金管理模式包括政府管理模式、私营管理模式和混合管理模式。第六章概括了社会保障基金的不同投资方式和监督方式的特点及其减贫作用，将社会保障基金的投资方式划分为信托投资方式、政府投资方式和私人投资方式三种，社会保障基金监管方式主要分为审慎性监管模式和数量限制监管模式两种，并分析了不同投资方式和监管方式对风险的规避及收益率存在差异，导致其减贫作用也存在差异。第七章分析了社会保障资金支付的减贫作用，不仅社会保障资金支付水平和结构会对减贫产生影响，社会保障资金的支付条件、支付标准、支付范围和支付方式也会对减贫作用产生影响。这也是为什么许多实证文献仅关注社会保障资金的支付水平和结构，就很难全面评价一国社会保障制度的减贫效果的原因。第八章以典型国家为例，主要从社会保障的支付水平和支付结构对比了普惠型（英国）和补缺型（美国）社会保障模式的减贫效果及其差异，并从社会保障制度的各个管理环节差异分析了两种福利模式减贫效果差异的原因。第九章对比了福利型（瑞典）、保险型（德国）和储蓄型（智利）社会保障模式的减贫效果及其差异，并从社会保障制度的各个管理环节差异分析了两种福利模式减贫效果差异的原因。第十章对研究结论进行了论述，提出本书研究成果对我国社会保障建设的启示。

第二章　贫困、贫困风险与社会保障①

贫困是客观存在的社会现实，是可以感知、体验和认识的，然而要对贫困下一个准确的定义却极为困难。对于贫困，既可以看作收入匮乏，也可以将其视为能力丧失或权利剥夺。对贫困问题的不同理解对应着不同的减贫政策工具和项目组件。贫困可以从绝对和相对的视角来理解，也可以从客观和主观的角度来评判，还可以加入时间维度，从长期和短期的比较来把握。不同视角的理解直接影响人们对反贫困措施的选择。社会保障作为世界各国反贫困的主要政策工具和手段，其产生、发展和演变直接与人们对贫困问题的认识和理解有关，与人们对贫困的归因及其贫困风险的来源和特点相关。因此，要理解社会保障的减贫机制，需要先认清不同社会发展阶段中贫困的含义及其成因，贫困风险来源及其特点。本章试图对贫困概念、贫困归因、贫困风险来源及其特点变化与社会保障之间的关系进行探讨，揭示现代社会保障制度产生的基础和条件，以及保障形式和保障内容的变化，及其未来的可能性发展趋势。作为下文分析社会保障减贫机制的基础。

第一节　贫困概念、贫困类型与贫困成因

一　贫困内涵及其扩展

贫困可以从宏观和微观两个层面来理解，进而可以将贫困区分为区域

---

① 本章主要内容曾以“贫困、贫困风险与社会保障的关联性”为题，发表在《广西社会科学》2015 年第 2 期上。

贫困和个体贫困两个概念层次。[①] 本研究关注的是个体贫困问题。个体贫困问题是一个世界性的重大课题，存在于历史和现实之中，存在于当代中国社会之中，也存在于世界范围之内，是长期以来人类社会面临的“三P”[②] 难题之一。诺贝尔经济学奖获得者阿玛蒂亚·森曾经认为：“即使我们的世界已变得空前的富裕，这个世界也是惊人的贫困和不平等的。”[③] 他还指出，消除贫困的关键问题在于是否具有公平公正的利益分配制度。可见，贫困是一个收入分配问题，且贫困具有顽固性，要想消除贫困现象并非易事。需要重视调整利益结构和收入分配的社会保障制度的建设，认清贫困概念及其致因，以及贫困风险与社会保障之间的相互关系。贫困既是一种常见的经济现象，又是一个内涵复杂的社会问题。不同的学科领域，不同的思想意识形态，不同的生产力发展阶段，不同的国家，不同的社会制度对贫困的理解和定义是不同的。

迄今为止，众多国内外专家学者从不同学科角度定义贫困，对贫困做出了各种各样的解读，其中具有代表性和影响力的，至少有几十种，我国学者郭熙保总结了贫困概念发展的三个重要阶段。

（一）匮乏说

贫困概念最初由经济学家从收入和消费的角度加以定义，关注的是物质层面的绝对贫困概念。英国经济学家朗特里（Seebohm Rowntree）在1901年出版的《贫困：城镇生活研究》一书中第一次给贫困下了明确的定义：总收入水平不足以获得仅仅维持身体正常功能所需的最低生活必需品，包括食品、房租和其他项目等。朗特里从物质层面对个体贫困加以定义，他所定义的贫困属于绝对贫困概念。这个定义奠定了贫困研究的基础，对后续研究影响很大。但这一定义仅仅着眼于基本生活品和收入的匮乏，涵盖范围较窄。后来，贫困的外延被逐渐拓宽，不仅涉及物质生活品，还涵盖了社交、情感的匮乏。如英国的奥本海默认为：“贫困是指物质上的、社会上的和情感上的匮乏。它意味着在食物、保暖和衣着方面的

---

① 郭熙保：《论贫困概念的内涵》，《山东社会科学》2005年第12期，第49—54页。

② “三P”是贫穷（Poverty）、人口（Population）和污染（Pollution）的英文第一个字母。

③ ［印度］阿玛蒂亚·森：《有关全球化的十个问题》，《国外社会科学文摘》2001年第9期，第35—36页。

开支要少于平均水平。”[①] 童星和林闽钢（1994）认为：“贫困是经济、社会、文化落后的总称，是由低收入造成的缺乏生活必需的基本物质和服务以及没有发展机会和手段这样一种生活状况。”[②] 康晓光（1995）认为：“贫困是人的一种生存状态，在这种生存状态中，人由于不能合法地获得基本的物质生活条件及参与基本社会活动的机会，以至于不能维持一种个人生理和社会文化可以接受的生活水准。”[③] 从匮乏的角度定义贫困，往往较为直观，容易理解，能够形象地描述贫困者的生活样态。正是由于这一原因，20 世纪 70 年代以前，人们对贫困的理解主要基于匮乏说。这一时期贫困概念在以下几个方面得到发展：其一，无论是窄的定义还是宽的定义，贫困内涵指的就是匮乏，但贫困外延从最初的物质层面逐渐扩展到精神层面。其二，在绝对贫困概念的基础上，发展出了相对贫困概念。其三，在客观贫困概念的基础上，提出了主观贫困概念。尽管贫困概念得到了很大发展，大大加深了人们对贫困现象的认识，但从匮乏的角度来理解贫困，仅仅反映了贫困的表象，对于认识贫困原因却存在一定困难。

（二）能力说

从这一视角给贫困下定义源于阿玛蒂亚·森（Amartya Sen），他在 20 世纪七八十年代出版的一系列著作中详细论述了能力贫困概念。他把贫困看作对基本的可行能力的剥夺，而不仅仅是收入低下。他认为贫困的原因就是能力的缺乏，而能力是由一系列功能构成的，包括免于饥饿的功能、免于疾病的功能、接受教育的功能，等等。这些功能的丧失既是贫困的表现，又是贫困产生的原因。功能的丧失可能是自身原因，也可能是外部力量剥夺。可见，能力贫困概念既着眼于贫困者内在或自身的因素，又关注外部因素对贫困者造成的影响。森的贫困概念得到包括世界银行等权威机构的认同与引用。世界银行在《1990 年世界发展报告》中直接将贫困界定为：“缺少达到最低生活水准的能力。”[④] 在《2000—2001 年世界发展报告：与贫困作斗争》中又进一步指出：“本报告赞同目前已成为传统观念

① ［英］奥本海默：《贫困真相》，儿童贫困关注小组 1993 年版，第 36—77 页。

② 童星、林闽钢：《我国农村贫困标准线研究》，《中国社会科学》1994 年第 3 期，第 86—98 页。

③ 康晓光：《中国贫困与反贫困理论》，广西人民出版社 1995 年版，第 2—3 页。

④ 世界银行：《1990 年世界发展报告》，中国财经出版社 1990 年版，第 26 页。

的贫困概念（比如《1999年世界发展报告》），即贫困不仅指物质的匮乏（以适当的收入和消费概念来测算），而且还包括低水平的教育和健康……”[①]能力贫困概念的提出具有两方面的重要意义：一是认为除了收入以外，教育和健康也是影响贫困的重要因素，使贫困概念具有了更广泛的理论内核。二是这种认识贫困的视角既强调致贫的内部原因，也看到了贫困的外部影响因素。对反贫困政策也具有重要的启示意义：反贫困政策的重点不在于增加贫困者的收入，而是提高贫困者的健康状况和受教育程度，因为提高人的可行能力一般也会扩展人的生产力和挣钱能力。整个反贫困战略也将由贫困者被动接受，改变为贫困者主动提高自身能力，注重贫困预防，改革社会制度，让贫困者能够参与更多社会活动，等等。

（三）权利剥夺说或社会排斥说

20世纪90年代开始，经济学家们试图从穷人的角度来看待贫困，注重穷人如何看待自己的状况。基于这种思考角度，经济学家们将脆弱性、无话语权以及社会排斥引入贫困概念，将贫困内涵扩展到权利贫困（entitlement poverty）。[②] 权利贫困是指一批特定的群体和个人应享有的政治、经济、文化权利和基本人权的缺乏导致的贫困。[③] 联合国开发计划署（UNDP）也认为：“人类贫困实质上是对人类基本权利或能力的一种剥夺，而不仅仅是通常意义上的收入低下，这种剥夺是导致人类贫困的深层根源。”[④] 世界银行《2000—2001年世界发展报告》也明确指出：“贫困是指福利的被剥夺状态……贫困还包括风险和面临风险时的脆弱性，以及不能表达自身需求和缺乏影响力。”[⑤] 脆弱性（vulnerability）反映穷人容易受到来自各种自然风险、市场风险和社会风险的冲击；无发言权和社会排斥（social exclusion）则意味着穷人很容易在经济上、政治上和社交上，以及在资源分配上被边缘化。这种视角倾向于将贫困归结于外部

---

① 世界银行：《2000—2001年世界发展报告：与贫困作斗争》，中国财政经济出版社2001年版，第15页。

② 郭熙保、罗知：《论贫困概念的演进》，《江西社会科学》2005年第11期，第38—43页。

③ 郭熙保：《论贫困概念的内涵》，《山东社会科学》2005年第12期，第49—54页。

④ 胡鞍钢等：《西部开发的新模式与新原则》，《管理世界》2000年第6期，第70—81页。

⑤ 世界银行：《2000—2001年世界发展报告：与贫困作斗争》，中国财政经济出版社2001年版，第15页。

社会或制度对贫困者基本生存权利的剥夺与排斥，加深了人们对贫困及其致因的理解。从权利剥夺角度下定义，强调的重点是社会和制度对穷人基本权利的侵犯；而社会排斥说则指的是社会和制度对穷人的排挤。二者可谓异曲同工。都强调外部环境（包括人或物）对人的工作状态或生存方式，尤其赚取收入机会和权利的负面影响。

贫困具有社会、经济、地理、文化等方面的特征，又是一个历史性概念范畴。随着人们对贫困现象认识的逐渐深化，贫困概念不断扩展，内涵逐渐丰富。人们最先认识和研究的是物质或收入贫困概念，贫困被视为个人或家庭的经济收入不足以维持基本的生活需要，或者一个地区的经济不发达状态。随着越来越多的学者尝试着从社会、政治、文化、哲学或历史等学科视角来研究贫困问题，贫困的内涵得到了极大丰富与发展，同时，人们应对贫困问题所采取的保障措施和保障内容也发生了深刻变化。当人们认为贫困主要指物质匮乏时，采取的保障措施和保障内容主要是事后的物质和现金补助。当人们认识到贫困是指获取收入的能力缺乏时，应对贫困问题的措施不仅包括事后补救，还包括事前的能力培养和撤除就业障碍等措施，保障内容则包括物质补助和人力资本投资等。当人们注意到贫困是由于权利被剥夺和遭遇社会排斥时，不仅增加人力资本投资，而且增加穷人的发言权和参与程度，减轻他们的被排斥感，减少穷人面对风险时的脆弱性等各种方法，都被用来为穷人提供保护。因此，人们对贫困概念的理解直接影响保障穷人的形式和内容的演变。

二　贫困类型及其变迁

按照不同角度或根据不同标准，以及具体分析研究的需要，可以把贫困划分为不同类型。一些分类过于复杂且并未按照类型学①的规范方法进行，而是完全出于研究的需要，对贫困的分类意义不大，因此，这里我们仅选择一些具有代表性的分类来介绍。

比较经典且获得广泛认同的贫困分类有：

---

①　类型学是一种分组归类方法体系。它是通过假设的方法来识别研究对象的各成分的特别属性，这些属性彼此之间相互排斥，同时所列属性必须穷尽研究对象的所有属性。这种分组归类方法因能够清晰地区分各种现象而有助于对事物进行识别和论证。

(1) 根据贫困概念所包含的内容，可以分为广义贫困和狭义贫困。狭义贫困是指经济上的物质或财富的匮乏状况。广义贫困则不仅指经济收入，还包括社会、文化、环境因素，比如文化教育状况、医疗卫生状况、生活环境状况和人口预期寿命。广义贫困大大扩展了狭义贫困的内涵。广义和狭义之分在于是否仅指经济方面，还是包括其他方面，是就贫困所包含的内容而言的，与贫困程度无关。

(2) 从衡量贫困程度出发，贫困可以分为绝对贫困和相对贫困。绝对贫困是指拥有的生活品不能维持最低生理需求的状况。相对贫困是指虽然解决了最低生存需要，但与其他个人、家庭和地区相比，存在着明显的差距，被社会认为处于贫困状态。这种分类主要关注贫困的经济收入方面，注重对贫困的测度性、可比性、可行性和操作性研究。在贫困研究中具有重要意义。

(3) 贫困还可以分为客观贫困与主观贫困。客观贫困是指根据某种法定或公认的划分标准，比如按照生存的最低需求画一条收入贫困线，这条线就构成一个客观标准，低于这条线的就是贫困，而按照这种方法划定的贫困就属于客观贫困。主观贫困则是指根据主观判断，认定自己是否处于贫困状态及贫困程度。一般而言，客观贫困有一个固定的参照标准，如贫困线；主观贫困一般没有固定标准。人们最初关注的是客观贫困，特别是在经济还不发达的发展中国家。而随着对贫困根源的探索和研究的深入，特别是收入提高到一定水平之后，如发达国家就主要关注主观贫困问题。

此外，下列贫困类型划分也具有一定的影响力。

(1) 根据贫困程度，可以将贫困划分为生存型贫困、温饱型贫困和发展型贫困。这种分类方法与绝对贫困和相对贫困的划分相似，生存型贫困对应于一般所说的绝对贫困，“温饱型贫困、发展型贫困”对应于相对贫困。[①] 生存型贫困是指贫困者无法满足其最基本需要的状态；温饱型贫困虽然解决了温饱问题，但贫困者抵御自然灾害和社会风险的能力还很弱；发展型贫困是一种相对贫困，其主要内涵是指如何谋求社会生活的进

---

① 谭贤楚、朱力：《贫困类型与政策含义：西部民族山区农村的贫困人口——基于恩施州的实证研究》，《未来与发展》2012 年第 1 期，第 109—112 页。

一步发展而面临的一种发展相对缓慢的生活状态。这些贫困类型既可以指区域，也可以指个体。提出这种划分的目的在于以贫困者或贫困地区的发展为导向，针对贫困的不同状态和阶段制定具有针对性的反贫困政策。常常涉及如何界定贫困和识别贫困人口以及如何划分贫困线的问题。这种分类越来越受到重视，得到许多人的认同。

（2）根据贫困持续时间，李实等（2002）把中国城镇贫困分为三种类型，即持久性贫困、暂时性贫困和选择性贫困。其中选择性贫困是指有的家庭虽然有高于贫困线的收入，但是由于过去或未来有着特殊的支出需要而自愿性地将其现在消费压低到贫困线以下，从消费视角来看，他们是自愿成为贫困户的，是在既定的现期收入情况下对消费和储蓄进行选择的结果。李实等认为在贫困人口中，大部分属于选择性贫困。[①] 这种分类方法并不符合类型学关于分类方法的要求，因为它没有按照统一的标准对贫困类型进行划分。持久性贫困和暂时性贫困按照贫困的持续时间进行划分，而选择性贫困划分的根据则是贫困者的主观意愿。作者实际上也用英文“voluntary poverty”（自愿性贫困）一词来表示选择性贫困的。因而这种分类方法显然是为了配合文章内容的分析需要，选择性贫困概念对后续研究的指导性作用还有待进一步考察。

（3）根据贫困的层次，可以分为区域贫困和个体贫困。[②] 如果从类型学要求必须穷尽的观点来看，这种分类还缺少一种贫困类型，就是普遍性（或整体性）贫困，即整个国家或社会普遍处于贫困状态。整体性贫困是指整个国家和社会的经济发展水平低下，物质极为匮乏，无法为全体居民基本生活需求提供足够的物质财富的状况。如今一些非洲国家就仍然处于这个贫困阶段。我国改革开放以前也基本可以认为处于整体贫困阶段。区域性贫困则指一个国家内的某个地理区域由于发展水平比其他地方低，处于贫困状态。这三类贫困具有一定阶段性，与社会经济总体发展状况联系紧密。类似的划分还有，奥斯卡·奥纳蒂（Oscar Ornati，1965）将贫困类型区分为集体贫困、集团贫困和个体贫困。集体贫困即整个社会的贫

---

① 李实、John Knight：《中国城市中的三种贫困类型》，《经济研究》2002 年第 10 期，第 47—58 页。

② 郭熙保：《论贫困概念的内涵》，《山东社会科学》2005 年第 12 期，第 49—54 页。

困，当社会没有足够的物质资源提供人们所需要的商品和服务时，就会发生集体贫困。这种贫困类型可能主要发生在贫穷国家。而集团贫困被认为是富裕社会的贫困。奥纳蒂认为贫困风险总是集中于具有与贫困相联系的特征的人口集团，当贫困风险实际降临到具有这些特征的人口集团上时，便构成了所谓的“集团贫困”。[①] 当前我国农民工群体贫困现象大概可以归为集团贫困。

此外，还有根据不同地域特征分为城市贫困与农村贫困；根据贫困成因分为制度型贫困、政策型贫困、环境型贫困、灾祸型贫困、懒惰型贫困、愚昧型贫困等。无论采取何种标准进行划分，目的都在于揭示贫困内涵，认识贫困现象，探寻贫困原因，为缓解和消除贫困问题服务。值得注意的是，贫困是一种社会现象，具有历史性特征，随着社会经济发展不断演变。如我国在改革开放以前，贫困类型基本属于普遍性贫困。相较而言，城市又比农村的收入水平高得多，因而我国的贫困又主要集中在农村地区，形成所谓的农村贫困。这时所讲的贫困主要指客观的绝对贫困。改革开放之后，由于国家给予东部沿海地区的经济开发区许多特殊的优惠政策，使东部沿海地区的经济快速发展起来。这时，贫困人口主要集中在西部地区，形成所谓西部区域贫困。而20世纪90年代之后，由于允许西部劳动力向东部沿海流动，农村人口向城镇流动，使西部和农村地区的区域性贫困逐渐转变为个体性贫困。同时，由于无论哪个地区的居民，其生活水平都有较大的提高，人们不仅关注绝对贫困问题，也开始关注相对贫困问题。可见，不同的社会发展阶段，不同地区，贫困类型存在较大差别，且贫困类型呈现动态发展的特点。

当前，发达国家的贫困问题主要表现为个体性贫困问题，发展中国家的贫困问题则主要表现为区域性贫困问题，而中国贫困问题则表现为区域性贫困与个体性贫困共存。区域性贫困主要表现为西部贫困和农村贫困，但随着西部和农村经济的发展，区域性贫困又逐渐转向个体性贫困。林卡等（2006）认为，中国贫困类型的演变是一个从全国范围内的大规模的绝对贫困（改革前）转变到以区域贫困为焦点（主要是20世纪80年代

---

① ［美］奥斯卡·奥纳蒂：《贫困与富裕的风险》，定扬译，《现代外国哲学社会科学文摘》1965年第5期，第13—17页。

以来）的过程，并进而转向由社会阶层分化造成的相对贫困为核心的阶段（20 世纪 90 年代中期以来）。[①] 这一论断指出了两个方面的贫困类型转向：一是中国贫困问题由绝对贫困阶段转向相对贫困阶段；二是中国贫困问题由整体性贫困转向区域性贫困，并进一步转向个体性贫困。同时，中国当前的贫困问题还从农村贫困逐渐转向城市贫困。一方面，国有企业进行市场化改革之后，出现了大量的失业下岗人员；另一方面，农村剩余劳动力向城镇转移，也构成了新的贫困人口。这两部分人口构成了城市贫困人口的主体。而农村地区则由于人口转移和农业经济发展，贫困人口逐渐减少。

针对不同的贫困类型，采用的反贫困计划是存在差异的。在普遍性贫困阶段，反贫困战略重点是发展经济；区域性贫困阶段，主要的反贫困政策是采取区域性扶贫；个体性贫困阶段，则反贫困计划转向发展精确瞄准个体的社会保障制度。20 世纪 90 年代中期以来，中国的贫困问题越来越凸显为边缘化个体性贫困问题。贫困问题越来越具有相对性、边缘化和个体性的特点。贫困的相对性要求有效的收入再分配机制来调节各阶层之间、个体之间的收入差距。贫困的边缘化一方面要求对阻碍边缘人群进入劳动力市场的制度性障碍进行改革；另一方面要求对市场失败或丧失劳动能力的边缘人口进行适当补助。贫困的个体性则可以用集体协议的方式来应对。只有社会保障能够满足这些要求。社会保障作为一种以集体协议方式对个体风险进行分散的保障机制，基于大数法则将少数个体面临的风险分散到集体的每个人，由集体共同承担个体面临的风险，从而减少风险对个体的冲击和损害。社会保障是个体贫困问题的有效应对方式。而当发生集体贫困或区域贫困时，这种集体应对方式就会失效，就需要更大范围的风险分担机制。

三 贫困成因及其应对之策

贫困成因研究既加深人们对贫困现象的认识和理解，又关系到反贫困理念、政策与手段的选择，还关系到政府和社会是否应该对贫困问题承担

① 林卡、范晓光：《贫困和反贫困——对中国贫困类型变迁及反贫困政策的研究》，《社会科学战线》2006 年第 1 期，第 187—194 页。

责任的问题，进而影响社会保障模式变化，以及政府、企业和个人在社会保障中的责任分担。从相关研究文献来看，贫困的原因大致可以归结为三个方面。

最早的一种观点将贫困归因于个人因素。这种观点认为贫困是个人懒惰、愚昧的结果。在历史上很长时期内，人们普遍认为贫困是个人失败的结果，个人的努力程度不足，懒惰、无能和坏的选择是贫困的根源。从个人责任角度来解释贫困问题构成社会主流意识，这是贫困的社会达尔文主义理论，是最先出现的关于贫困的理论，这种理论试图根据穷人自身的行为和态度来解释贫困的存在。穷人之所以穷，是因为他们不努力工作，他们将钱用在赌博、酗酒和不必要的奢侈品上，以及决策错误等。不仅如此，长期处于贫困状态还会形成所谓的“贫困文化”，贫困由穷人自己创造并维系着，因为他们的价值观、信仰以及生活态度区别于主流文化，他们处于一种被剥削的状态，难以摆脱贫困。美国社会学家和人类学家奥斯卡·刘易斯在1956年出版的《贫困文化：墨西哥五个家庭实录》中研究贫困现象时发现贫困文化问题，并首次在该书中使用这一概念。贫困文化理论认为，贫困不仅是一种经济现象，也是一种文化现象，是一种自我维持的文化体系。穷人由于长期生活在贫困之中，从而形成一套特定的生活方式、行为规范、价值观念体系，这是一种脱离社会主流文化的“亚文化”，它一旦形成，便会对周围的人尤其是后代产生深刻的影响，从而代代相传。于是穷人就在一种与主流社会完全隔离的文化中生存，贫困也就得以在亚文化的保护下维持和繁衍。我国学者王小强、白南风在1986年出版的《富饶的贫困》一书中也把贫困原因归结为“人的素质差”，这种素质是指从事商品生产和经营的素质。[1] 他们通过对贫困地区的调查发现，中国的贫困地区存在着令人震惊的富饶的自然资源和令人震惊的贫穷的矛盾现实，那么唯一的解释就是人口素质差导致贫困，这种观点在我国曾被广为接受。还有一些学者将贫困原因归咎于贫困者愚昧落后的文化心理、抱残守缺的伦理道德观念、消极无为的宿命论思想等。这些都是将贫困原因归咎于个人的典型观点。个人应该承担贫困责任的观点使人们认为贫困是个人问题

① 王小强、白南风：《富饶的贫困》，四川人民出版社1986年版，第56页。

而不是社会问题，解决贫困问题也主要依靠个人和家庭，及其贫困者自身所能动员的社会关系，有利于政府推卸扶贫责任。

第二种观点是将贫困原因归结于外部因素。这种观点认为，贫困是社会政策制度和社会结构的产物。马克思将贫困的原因归结于资本主义制度，尤其是生产资料占有制。他认为，在资本主义制度下，贫困的根本原因在于生产资料的不平等占有，生产资料所有者通过无偿占有工人创造的剩余价值使工人贫困化。因此，只有通过彻底改变资本主义的生产关系才能最终解决贫困问题。1929—1933 年的经济大萧条促使许多人重新反思传统的贫困观点，各国政府也采取了相应的立法措施阻止贫困现象蔓延。特别是一直崇尚自由市场的美国也第一次使联邦政府参与到了解决失业与贫困的问题中来，贫困研究的个人主义范式转向了结构理论范式。[①] 越来越多的人认识到：不当的政策正是导致贫困的元凶。政策制定本身、政策执行失误或不当都将引起不平等进而导致贫困。因为政策能够左右社会结构，因而如果政策本身是不平等之策，或政策因执行失误，都会再造贫困。[②] 有一些学者认为贫困是由于某种生产要素的缺乏造成的，这些生产要素包括资源、土地、资本、劳动力和科技等，贫困地区往往并不缺少劳动力，致贫原因主要是资源缺乏、土地稀少或贫瘠、资本积累不足以及科学技术落后等。无论是将贫困归因于制度结构，还是归因于某种要素的匮乏，这种观点都将贫困的责任外推。因而需要外部力量主要是政府和社会承担相应的扶贫责任。也是在这种观点的影响下才产生由政府主导的社会保障制度。

第三种观点认为贫困既有个人责任，也有政府和社会的责任。到 20 世纪五六十年代，一方面由于西方国家政府需要对战争造成的贫困进行适当补偿；另一方面是经济迅速发展为解决贫困问题提供了充足的物质基础。各国将完善社会保障制度作为反贫困的重要手段加以利用。在贫困研究理论上，20 世纪 60—90 年代围绕“下层阶级”进行研究形成的社会情境理论认为，穷人就是那些无法适应社会情境的人。如，甘斯认为，一个

---

① 杨立雄：《贫困理论范式的转向与美国福利制度改革》，《美国研究》2006 年第 2 期，第 121—136 页。

② 周怡：《贫困研究：结构解释与文化解释的对垒》，《社会学研究》2002 年第 3 期，第 49— 63 页。

社会中的社会制度和相应的行为规范一般由富人和中产阶层制定，穷人只有被动遵从，因而富人总是容易成就他们的愿望，而穷人在适应社会、适应变迁环境上的难度远比富人及其他阶层更艰辛、更需要付出昂贵的代价。情境理论观点不同于那种“责任外推”或“推卸责任”的观点，它将贫困的“责任”首先归因于社会经济转型，然后检讨穷人适应能力的偏差。如此，“社会”与“穷人”应该共同分担“责任”。① 总之，人们逐渐认识到贫困并不一定是个人原因，而可能是由于他们的某些机会和权利被剥夺造成的。穷人行为之所以与中产阶层不一样，是因为他们没有像中产阶层一样的生活资源和机会。他们在教育、就业、健康卫生方面都比其他阶层缺乏机会。因而在反贫困中，既要着力对不合理的社会制度和社会结构进行改造，也要注重贫困者个人能力的培养。这种贫困归因观点要求，在社会保障建设中一方面注重事后补救，保障贫困者最低生活水准；另一方面要求事前预防，向就业政策适当倾斜。

人们对贫困致因有一个渐进的认识过程，是一个由内因到外因、个人到社会的过程。各个历史发展阶段，人们对贫困的致因的认识也不同。在传统农业社会里，贫困被视为一种自然现象。在这样的社会里通常将贫困归咎于命运，并滋生安贫乐道、恬静寡欲的社会价值。在工业化时代，不少人把贫困看成是“优胜劣汰，适者生存”下的必然产物。而在现代社会，大多数人都知道贫困并不一定是个人的责任，而与社会结构存在很大的关联。致贫原因也是不断变化的。比如在过去，我国城市贫困者主要是由个人原因造成的，贫困人口主要是“三无”群体（无收入、无工作能力和无家庭支持）。而现阶段，城市贫困者主要来源于由市场经济产生的“新的城市贫困群体”。这些人包括失业、下岗人员、停产、半停产企业中的半失业者和其他的一些由市场因素引起的贫困者。② 在这里，贫困归因是不一样的，过去归因于“个人原因”，而现在归因于“市场经济”。

贫困归因直接关系反贫困手段的选择。当人们将贫困归因于个人时，

---

① 周怡：《社会情境理论：贫困现象的另一种解释》，《社会科学》2007 年第 10 期，第 56—62 页。

② 朱庆芳：《让贫困群体走出贫困——关于城镇贫困群体的特点、致贫原因及解困对策的分析》，《经济工作导刊》2002 年第 5 期，第 9—10 页。

个人对自身贫困负有完全责任，解决贫困问题只能依靠个人及其社会关系。只有在发生大面积自然灾害的情况下，国家才采取临时性救济的方式来解决。当人们将贫困归因于外部制度因素时，改革社会制度就成为反贫困战略的必然选择。当人们普遍认为贫困既有个人原因，也有社会责任时，反贫困计划就会包括对社会的改造和个人的重塑。如，阿玛蒂亚·森能力贫困观的落脚点在于：通过重建个人能力来避免和消除贫困。[①] 重建个人能力包括撤除外部制度性障碍，让劳动者能够自由进入市场，也包括对个人的健康和教育进行投资。这样，反贫困计划不仅应该补贴穷人，使其能够达到基本生活标准，而且要改革市场制度，帮助穷人进入市场，进行人力资本投资，加强个人获取足够收入的能力。

贫困归因还与社会保障制度的产生紧密相关。当人们认为政府需要为贫困负责时，社会保障制度就产生了。贝克认为，工业化时期以前，人类面临的外部风险主要是各种自然灾害，无论这些自然灾害对人类形成多大的威胁，也无论其具有多大的破坏性，都可以把它归因于来自人类社会以外的力量对人类的沉痛一击，都可以如同神话、宗教或科学所作出的解释一样把它归因于各路神灵、上帝、魔鬼、大自然等人类社会以外的力量对人类进行的惩罚。在这种认识和理解的基础上，国家是不需要对贫困负责的，以政府为主导的社会保障制度也就不会在这个时期出现。在工业化时期及以后，当人们面临的巨大风险转化成巨大灾难时，人们不会去怨责虚无缥缈的神灵上帝，而是可能向做出风险决策的专家组织、经济集团或政治派别倾泻其满腔怨气，并且有可能从政治和法律层面对其提出指控和弹劾。[②] 这意味着不仅个人要对自己的贫困负责，企业和国家也要对贫困负责，社会保障制度由此产生，并逐步要求社会成员、企业、国家机构、政治家都应该对工业化所造成的贫困负责，共同参与社会保障建设，缴纳社会保障费用。

---

① 陈端计、詹向阳：《贫困理论研究的历史轨迹与展望》，《财经政法资讯》2005 年第 6 期，第 3—10 页。

② ［德］乌尔里希·贝克：《从工业社会到风险社会（上篇）——关于人类生存、社会结构和生态启蒙等问题的思考》，王武龙编译，《马克思主义与现实》（双月刊）2003 年第 3 期，第 26—45 页。

第二节　贫困风险与社会保障的关联

一　风险与贫困风险

风险是一种可能发生的危险。危险就是不安全，遭到损失或失败的可能。风险是一个面向未来的可能性范畴，而不是一个事实性范畴。[①] 风险与危险、灾难相关联，但它本身并不是危险或灾难，它只是一种危险和灾难发生的可能性。[②] 风险古已有之，并非现代社会才出现。风险是人类社会不可避免的伴生物，不管是在过去、现在还是在未来。只是不同的社会发展阶段，不同的生产生活方式，人类面临的风险在数量和表现形式上存在较大差别。关于不同社会发展阶段的风险数量问题，贝克认为，自人类社会走上工业化道路以来，包括饥荒、瘟疫、自然灾害等在内的各种威胁人类生存的风险一直呈现出持续下降的趋势。[③] 但是我们也应该看到，传统社会的一些风险，凭借相关技术能够得到有效控制，但这些解决风险的工具和手段本身也会带来新的风险。比如，早期农业社会中，农作物生长靠天落雨，而后来通过开挖沟渠，解决了农业灌溉问题，再后来还可以通过电动抽水机抽水灌溉农田，促进农业丰收，解决了自然灾害带来的风险。但是电动抽水又可能带来新的风险。再比如，计算机带来了计算的便利性，大大降低人工计算的难度，提高了计算效率。但计算机操作系统一旦出现故障，又会带来数据丢失的风险。因此，很难说现代社会比古代社会面临更少的风险。

可以确定的是，现代社会面临的风险与古代社会面临的风险在本质上有很大区别。古代社会人们面临的风险可能主要是自然风险，而现代社会更多的可能来自人类本身的行为结果，即人为风险。现代社会风险具有对

① 刘岩、孙长智：《风险概念的历史考察与内涵解析》，《长春理工大学学报》（社会科学版）2007 年第 3 期，第 28—31 页。

② 张文霞、赵延东：《风险社会：概念的提出及研究进展》，《科技与社会》2011 年第 2 期，第 53—63 页。

③ ［德］乌尔里希·贝克：《从工业社会到风险社会（上篇）——关于人类生存、社会结构和生态启蒙等问题的思考》，王武龙编译，《马克思主义与现实》（双月刊）2003 年第 3 期，第 26—45 页。

不同阶级和阶层地位的平等性，对所有国家，对富裕和有权势的人也是一样的，现代社会的风险是世界性的，任何国家、民族和个体均无法幸免。[①] 正因如此，贝克断言，我们已经或正在进入“风险社会”时代。并极力声称风险社会的风险跟以前的传统风险具有本质的不同，风险社会的风险对地球上所有生命都具有潜在的毁灭性的威胁。这意味着人类社会无法通过集体协议——保险合同的方式来应对风险社会所面临的上述风险。但现代社会风险并没有完全取代传统社会风险，仍然有些风险并非对所有人平等。本书研究的贫困问题就属于非平等分布的风险，即贫困风险不仅在风险社会中仍然存在，而且同样可以依靠集体协议的方式来应对，通过运用某种强制性手段对收入分配进行调节，是可以消除贫困现象的。

从绝对意义上来说，贫困是指收入达不到维持基本生活水准。从相对意义上来看，贫困意味着收入水平低于某个社会公认的标准，或赚取收入的能力不足，或某些权利被剥夺，使贫困者相对处于弱势地位。无论基于绝对还是相对意义上的理由，贫困都是人们厌恶的一种生活状态，给贫困者带来的是负面影响。结合风险是一种可能性的概念界定，贫困也是一种可能性，在一个物质财富能够满足所有社会成员的基本生活要求的社会更是如此。根据阿玛蒂亚·森研究，即使在一个贫困社会，由于政治不民主、权力不平等，也会使并不是所有的人都一样贫困。同样地，即使在一个丰裕社会，也并不是所有人都同样富有，总有一些人因为某些原因而陷入贫困。就财富分配而言，财富分配是附着在阶级模式上的，总是以层级的方式进行分配。只要社会上存在着权利不平等现象，财富的分配就仍然存在阶层性，仍然不平等。因而贫困在任何社会发展阶段都是一种风险，这种风险往往偏爱低收入阶层，只是在不同的社会发展阶段，贫困风险波及的人口数量不同，贫困程度不同，贫困风险的来源也存在差异。

贝克根据社会经济发展阶段先后顺序，区分了三个阶段的社会风险：前工业社会的风险，古典工业社会的风险和人为的大规模的“后工业主义时代”的风险（即风险社会）。前工业社会面临的贫困风险具有三个明

① ［德］乌尔里希·贝克：《风险社会》，何博闻译，译林出版社2004年版，第20—22页。

显的特征：一是风险主要来源于自然界的外部风险。[①] 如遭遇猛兽袭击、自然灾害等。二是这种风险是个体性的。猛兽敢于袭击的一般只是单个人；自然灾害往往只是在某个时间段、某个地域内发生；也可能来自个人生理上（疾病）的风险。造成的贫困也主要体现为个体贫困（包括个人和家庭），贫困风险波及的人口范围较窄。古典工业社会的风险相比前工业社会的风险而言，在风险来源方面，古典工业社会的风险主要来源于外部的人类社会，是人为风险，风险的不确定性增加，而可控性减弱。如生产决策、产品价格等均非个人能够掌控。对风险覆盖的范围而言，以集体贫困为主，如工业社会中的产业结构调整、经济周期波动等导致的失业，一般都是集体性的。因而古典工业社会的人为风险造成的贫困现象波及的面积更大，卷入的人口更多。进入后工业社会时代，现代化使国家力量中央化、资本集中化、劳动分工化、市场关系网络化以及社会要素流动化，使风险问题更加呈现社会性、结构性特征。[②] 后工业社会的风险不再局限于具体的某个个体或某些群体，其风险分配特征也由阶级地位的分配变成风险位置的分配。这些风险具有很高的不确定性和不可感知性，具有整体性、全球性和平等性。任何阶级，无论富人还是穷人都面临同样的风险。如放射性物质、水和空气中的污染物等对人和自然界的影响是潜在的、不确定的，也是人们通过感官难以直接感受到的。环境污染、核辐射、金融危机等是不分国界、不分种族、不分人群的，是全球性问题，对所有人都是“平等的”。如果说在传统社会，财富或权力还可以帮助某些社会群体绕过一些风险（如饥荒），那么当面对这些现代风险的灾难性后果时，没有哪个群体或个人可以独善其身。[③] 对于贫困风险而言，虽然不如空气污染、核辐射等风险具有整体性特点，但也至少表现为集团贫困现象。这意

---

① 吉登斯曾经将风险分为“自然风险”和“人造风险”，自然风险是外部风险，是指在一定条件下某种自然现象、生理现象或社会现象是否发生及其对人类的社会财富和生命安全是否造成损失和损失程度的客观不确定性；人造风险则源于科学与技术的高度发展。参见蒯正明《吉登斯全球风险社会理论解读与评述》，《江西师范大学学报》（哲学社会科学版）2012 年第 1 期，第 29—35 页。

② 夏玉珍、郝建梅：《当代西方风险社会理论：解读与讨论》，《学习与实践》2007 年第 10 期，第 120—128 页。

③ 张文霞、赵延东：《风险社会：概念的提出及研究进展》，《科技与社会》2011 年第 2 期，第 53— 63 页。

味着外部风险造成的贫困现象可能是大面积的，不仅超出个人控制范围，而且超出区域控制范围，甚至可能超出国界。面对这种风险侵袭，如果没有某种跨国联动机制，是很难应对和预防的。

纯粹的风险，就其本质特征而言，客观上对于每个人来说是一样的。但贫困风险与之存在一定差别，由于不同个体的社会经济特征存在差异，因而贫困风险对每个人来说，发生的概率是不一样的。此外，在同一社会发展阶段，同一国家和地区，不同职业、不同教育程度的人面临的贫困风险也是不一样的。贫困风险依附在阶级模式之上，发生概率随权力、知识和财富拥有的不同而不同，因此，不同的职业群体、不同受教育者、不同的民族国家在面临风险时，能够处理、避免和应对的可行能力具有层级性。正是由于贫困风险所具有的这些特征，才需要在国家和社会层面上来研究和制定应对之策。基于此，虽然社会保障制度在发展过程中受到各国主流意识、政治形态和民众意愿等因素的影响，但也与贫困风险的变化存在紧密关联。

二　贫困风险与社会保障的关联性

追溯社会保障的起源，我们会发现：社会保障的产生及其发展演变跟人们面临的贫困风险的变化有极大的关系。人们对贫困风险的认知和理解，贫困风险来源的变化以及风险形式发生变化，社会保障形式也随之发生变化。尽管社会保障古已有之，但在不同的社会经济发展阶段，不同国家或地区人们面临的贫困风险不一样，而在同一时代、同一国家或地区中具有不同特征的人群面临的贫困风险也不同。人们对社会保障所能解决的实际问题的期望也不一样，社会保障的设置理念、保障的内容和形式，以及具体保障对象也大为不同。从理论上讲，贫困风险的变化会引起作为减贫主要手段的社会保障的变化。

（一）贫困风险来源与保障形式变化

各个社会经济发展阶段，风险来源不同，保障的形式也不同。传统农业社会的贫困风险主要来源于自身的生理风险和自然界的外部风险，且是个体性的。这并不是说在传统农业社会里只有少数人口处于贫困状态，因为这样表述并不准确，事实上那时贫困人口很多，但却是因为整个社会的生活水平不高所致。而就贫困风险的冲击而言，其所造成的贫困则是少数的、个体性的。因而一般可以在小范围内得到解决，如通过邻里、宗族、家族互助的方式来化解个体面临的贫困风险，[①] 即解决传统农业社会的贫困问题主要是自我保障和非正式社会保障。[②] 就自我保障而言，可以通过分散化种植来达到分散风险的目的。比如，在农耕社会中，农民一般通过多样性、多季节性种植的方式来分散自然灾害风险，尽可能地避免由于颗粒无收而陷入极端贫困状态。这也是为什么农业难以规模化经营的原因。而小规模分散经营恰恰说明农民是理性的，是基于分散风险的考虑，而不是所谓的愚昧和素质低下。还可以通过多生育人口来减轻单个家庭由于劳动力不足所可能承受的贫困风险。这一点也从侧面说明了农民越穷越生的现象也是符合其自身理性逻辑的。正是由于传统农业社会面临的风险性质，及其规避风险的方法可以通过自身安排或在小范围内得到解决。只有在外部风险如瘟疫、自然灾害等造成大面积贫困现象，才由国家采取临时救济措施。总体而言，传统农业社会面临的自然风险是偶然性、间歇性、地域性的，构不成制度化社会保障建设的客观依据。[③] 因此，传统农业社会没有发展出现代社会保障制度，其社会保护方式以非正式的邻里、宗族、朋友之间的互助互济为主。只有慈善事业超出家庭关系，但由于其规模较小，覆盖范围很窄，作用非常有限。

进入工业社会后，与农业社会最大的区别就是生产资料所有制发生根本的变化，劳动者与生产资料的脱离成为普遍化，广大劳动群众面临的最大风险已经不是自然风险和土地风险，而是职业风险。劳动者的生存完全依赖职业收入，一旦个人出现失业、工伤、患病、年老、生育等，就会丧

① 还有研究指出，宗教组织也是提供非正式社会保障的一个重要来源。参见阮荣平、刘力：《中国农村非正式社会保障供给研究——基于宗教社会保障功能的分析》，《管理世界》2011年第4期，第46—57页。

② 从保障来源或保障提供主体上来看，有三类保障机制：自我和家庭保障、非正式社会保障和正式制度化社会保障。这是三种理想类型的社会保障形式。这三类保障机制有一定的相互替代性，某一类强化了，另一类有可能弱化。但这种替代性是相对的，并没有此消彼长的必然联系。参见唐钧、朱耀垠、任振兴：《城市贫困家庭的社会保障和社会支持网络——上海市个案研究》，《社会学研究》1999年第5期，第105—118页。

③ 刘旭东：《收入风险更替与社会保障的重心转移》，《浙江社会科学》2007年第5期，第87—91页。

失收入来源，生存将受到极大威胁。[①] 外部经济政策和环境变化，也会导致行业不景气，造成个人收入受损或中断，陷入贫困状态。工业社会的贫困来源于外部人为因素和个人原因。同时，由于居住结构发生改变，为了方便生产活动，一个工厂甚至一个产业的工人居住在一起，一旦发生工厂倒闭和产业结构调整，贫困者周围的人也都将变成贫困者，无法相互施救。也就是说，工业化将个人或群体的风险变成了社会风险，个人或是群体是没有办法也没有能力、资源来解决这些工业化所带来的风险的。一般地改组劳动市场和就业政策，也不必然是应对贫困问题的有效措施，因为大多数贫民可能恰好被排斥在劳动市场之外。而经济增长对结束贫困来说也只是必要的但还不是充分的条件。[②] 这样，就只有依靠由政府主导的社会保障制度才能有效解决工业社会的贫困问题。社会保障内在的社会性、互济性和调节性制度设计，借助国家力量的权威能够强制性地对贫困风险进行全社会范围内的再分配，将个体面临的风险成本转移到社会之中，由社会全体成员来承担少数贫困个体的风险，就能化解贫困给个体带来的冲击，增强人们抵抗贫困风险的能力，为社会成员提供安全保障。

后工业社会风险既与传统农业社会外在的自然风险不同，也与工业社会的事故风险不同。随着人类对社会生活和自然的干预范围和深度扩大，人的决策和行为成为风险的主要来源。[③] 风险结构从自然风险占主导逐渐演变成人为的不确定性占主导，风险的“人化”程度显著提高，“内生”特点更加明显。[④] 但这种“人化”和“内生”的风险造成的贫困问题却难以界定责任主体，如气候变化导致的贫困问题就难以找到责任主体，而往往还是那些必须承担责任的人员可以获准离职以便摆脱责任，这就是贝克所说的“有组织的不负责任”。例如生态恶化、金融风险等造成的贫困问题，这类风险造成的贫困一般规模较大，即使能够找到具体责任主体，

① 刘旭东：《收入风险更替与社会保障的重心转移》，《浙江社会科学》2007 年第 5 期，第 87—91 页。

② ［美］奥斯卡·奥纳蒂：《贫困与富裕的风险》，定扬译，《现代外国哲学社会科学文摘》1965 年第 5 期，第 13—17 页。

③ 杨雪冬：《风险社会理论述评》，《国家行政学院学报》2005 年第 1 期，第 87—90 页。

④ 张成福、谢一帆：《风险社会及其有效治理的战略》，《中国人民大学学报》2009 年第 5 期，第 25—32 页。

风险造成的后果也是那个责任主体难以单独承担的。这对主要应对工业社会中因失业、年老、工伤等导致收入减损的风险后果的现代社会保障提出了挑战。为此，“社会风险管理”理念强调社会保护提供主体的多元化，政府、市场、社区、民间组织相互合作，共同提供经济保障和社会保护；重视事前防范而不仅仅是对事后风险损失进行补偿；强调政策手段不再局限于对收入进行再分配，而在于提高人们应对风险的整体能力。通过社会风险管理机制，帮助个人、家庭、社区应对多元风险，以减轻贫困，维持经济社会发展。[①] 总之，由于后工业社会的贫困风险来源的责任主体有时并不明确，因而由政府、市场、社区、民间组织相互合作，共同提供的社会保护机制，才能应对这些风险。有时甚至需要超越国界建立的国际合作机制，对造成贫困的风险及早预防，防止贫困风险发生。后工业社会贫困风险对现代社会保障制度提出了新的改革要求。

（二）贫困风险的特点与保障内容

不同社会经济发展阶段的贫困风险的特点不同，保障内容也存在差异。在农业社会中，较大的风险主要来源于各种自然灾害，当时由于人类活动范围、改造自然界的能力较弱，自然灾害并不常常发生，至少不如工业社会和后工业社会一样频繁。但在农业社会中，个人也不可避免地要面临生老病死的风险、财产损失的风险、收入减少的风险等，对于个人面临的这些风险，在农耕社会中，通常是在家庭、邻里、宗族和紧密的社区成员之间建立某种共担机制（无论这种机制是否有意识建立），在个人或单个家庭陷入贫困时，依赖这些血缘和地缘组织关系，分担损失，渡过难关。如，为了解决进入老年时期收入减少问题，农耕时代发展出的解决方案就是“养儿防老”。再如，为了应对短期收入减少问题，人们必然非常注重邻里、宗族、亲戚关系的培育与维护，等等。这些传统逐渐形成文化，进而从道德层面倡导和规范人们的互助行为。农业社会的风险虽然具有时空限制性特点，但根据当时的知识水平和理性计算能力，对自然灾害造成的损失是很难精确计算的，因此这些损失多半是靠个人和家庭承担

---

① Robert Holzmann, Lynne Sherburne - Benz, and Emil Tesliuc, Social Risk Management: The World Bank's Approach to Social Protection in a Globalizing World, *Social Protection Department*, World Bank, 2003.

的。只有在个体难以承担的情况下，才由国家进行适当救济。与此同时，在保障内容上，因为农业社会不存在失业问题，只是劳动所得减少或中断，只需要进行事后补偿；而不是知识和技能过时导致的失业问题，不需要重新学习和培训重返劳动市场。因此，农业社会的保障内容主要是实物救济和现金补助。

工业社会的风险以事故概念为前提，如商船沉没、交通事故、矿难、失业等，事故发生在一定的地点、时间、人群中，这些风险是可预见的或者带有概率性的，其风险后果在一定程度上是可以由统计学加以描述和计算的，可以通过保险、保障制度等方式使其受到控制和处理。① 事故和失业造成的贫困问题，主要表现为贫困者收入减少或中断，基本生活难以维持。贫困原因可能由于外部条件变化和劳动者自身能力不适应发展要求，暂时脱离劳动市场所致。这种情况可以通过改善外部环境和增强个人能力，将贫困者重新安插到劳动市场中，重新获取足够的生活收入。为此，吉登斯提出所谓“第三条道路”的福利模式，主张从“消极福利”转向“积极福利”，对贫困风险采取一种事前预防与事后补救相结合的方式，既注重物质补助又关心能力的重新训练，还注重完善就业市场相关制度。能力贫困观点则要求提高教育水平、加强就业培训，提高个人应对贫困风险的能力。总之，工业社会风险的事故性特征，要求社会保障制度从被动补救转向主动预防，在保障内容上，尤其注重培养个人能力和撤除制度障碍，而不再仅仅是物质补偿和现金补助。

后工业社会的风险具有更高的不确定性和不可感知性，具有时空跨越性，表现为整体性、全球性和平等性等特点。不确定性意味着后工业社会的贫困风险在时间、地点和人群上都是难以预测和控制的。② 时空跨越性表现为，无论对于居住在美国的人还是居住在非洲的人，这种风险都是时时刻刻存在的，就像悬挂在世界人民头上的达摩克利斯之剑一样，时刻威胁着人类社会的安全。吉登斯认为，后工业社会风险是“由我们不断发展的知识对这个世界的影响所产生的风险”，这种风险复杂多变，我们知

---

① 程新英、柴淑芹：《风险社会及现代发展中的风险——乌尔利希·贝克风险社会思想述评》，《学术论坛》2006 年第 2 期，第 141—144 页。

② 同上。

之甚少，传统方式无法有效解决此类风险。[①] 因此，风险社会理论要求增强风险认知，掌握风险信息，建立包括国家在内的多元主体的联动机制，从而应对复杂、所知甚少的后工业社会风险后果。[②] 但是，针对后工业社会风险，我们仍然只有采取预防和补救两种保障方式，在保障内容上也仍然是物质救济和现金补助、培养个人能力和撤除制度障碍的配合使用。如果仅仅考虑后工业社会的贫困风险所造成的损害，这些保障方式和保障内容是足够了的，但如果考虑到贫困风险的预防，则由于后工业社会贫困风险的不确定性，实际很难做到。又由于风险后果的严重性和全球性，风险一旦发生，实际上也很难进行补救。因此，贝克对此也表示悲观和无奈。因而如何有效应对后工业社会风险，各国各界人士还在不断探索之中。

本章小结

贫困概念、贫困分类与归因，贫困风险特点及其变化，都对社会保障的产生、发展和演变产生重要影响，对社会保障的形式和内容、资金来源、保障范围、保障层次和待遇支付方式等都会产生深刻影响。当人们认为贫困是指物质匮乏，从绝对意义上来理解贫困现象，将贫困归因于个人和外部自然灾害，贫困所造成的损害集中在小范围的个体性贫困时。保障形式就主要以个人和家庭的社会关系为主，而以国家的临时救助为辅；保障内容则以物质和现金补助为主，救助物资主要来源于个人和家庭的社会关系网络，政府责任很小；保障层次和保障水平较低，仅能够维持基本生存；支付方式则是目标定位式的，主要针对穷人，通过收入调查确定需要救助的对象。当人们认识到贫困是缺乏获得基本生活资料的能力时，人们将贫困同时归因于个人和社会制度，贫困的范围扩大到集团贫困时。人们认为个人应该增加人力资本投资的同时，政府也应该承担相应的责任，帮助个人重新回到就业岗位。在保障形式上不仅包括事后补救，还包括事前预防；在保障内容上不仅注重物资补助，还要注重能力培养；在保障层次

---

① 彭华民：《西方社会福利理论前沿》，中国社会出版社 2009 年版，第 293 页。

② 张奇林、张兴文：《风险与社会保障：一个解释性框架》，《社会保障研究》2011 年第 3 期，第 71—77 页。

和保障水平上也应有所提高。而当人们认为观察到的贫困主要表现为主观的相对贫困，贫困风险来源于外部无法感知的事物，贫困风险特点具有不可预知性、不确定性，表现为整体性、平等性的时候，人们要求保障内容不仅能够保障基本生活水准，而且要求参与各种事务决策，增加参与程度，拥有一定发言权，以便更好地保护自己的权益。保障范围扩大到全体公民，保障待遇和水平提高，支付原则是普惠性的，等等。可见，贫困概念、贫困类型、贫困成因以及贫困风险来源和贫困风险变化等，共同推动社会保障制度不断发展变化。

社会保障制度的出现是有条件的，也会随着这些条件的变化而变化。现代保险产生的基础主要包括两个方面：一是社会基础。个体不再依附家庭，而是以市场为中介自由选择生存手段、职业生涯和生活方式，流动性、原子化的个体成为社会基本基质。二是技术基础。包括风险是可测风险，发生概率可以计算，且每个人的风险概率相等。一个群体中的每一个人都有着同样的风险概率，但是并非每一个人都同时遇到灾难，这样，大家就可以通过交纳例费共同分担风险，这种方式最后诞生了现代保险公司。但是，贫困风险与商业风险不同，首先，贫困风险不是每个人都面临同样的风险概率。贫困风险概率具有个体化特征，各个个体之间有的风险概率大，有的风险概率小，很难通过精算原则进行风险预防。一般而言，贫困风险是按照权力和财富等级排序的，等级低的人注定面临更大的贫困风险。其次，贫困风险存在主观失误和故意犯错的动机，容易产生道德风险问题。因此，贫困风险并不满足基于风险精算原则下的商业保险，因而在市场上买不到贫困保险，必须由具有权威性的政府强制组织实施。于是，由政府主导的、强制性的、全社会共同参与的社会保障制度才是解决贫困问题的有效机制，现代社会保障制度由此产生。

由于传统农业社会不具备相应的计算能力，社会基础以家庭为单位，家庭成员之间本身就是依赖可靠血缘关系的一种风险共担机制，加上邻里、宗族保障，传统农业社会的社会关系保障网已经基本可以应对自然灾害和疾病等带来的损失，因而传统农业社会不具备产生现代社会保障制度的基础和条件。只有到了古典工业社会阶段，一方面随着人类社会计算能力提高，贫困风险及其造成的损失可以计算；另一方面贫困致因由以自然因素为主转变为以人为因素为主，贫困问题主要由事故和失业造成，社会基本单位由个人组成，个人难以应对贫困风险。这样，才催生了现代社会保障制度。而进入后工业社会即风险社会以后，贫困原因、贫困风险特点以及贫困所造成的损失，都远远超出了现代社会保障的能力范围，这就要求建立风险承担主体的多元化及其相互合作机制，共同提供社会保护，有时甚至需要超越国界建立的国际合作机制，才能建立有效的贫困预防和补救机制，提早预防和阻止贫困风险发生。总之，后工业社会贫困风险对现代社会保障制度提出了新的改革要求。现代社会保障对风险社会的风险造成的损失及贫困仍具有一定的补救功能，但如果风险造成的贫困面超出一定范围，建立在国别基础上的现代社会保障制度便出现补救功能失效的可能。而对于贫困风险预防，现代社会保障制度基本无能为力，因为风险来源及其特点已经超出国界。这应该引起国际社会的共同关注，并提出有效应对之策。

第三章　社会保障模式与减贫

社会保障是一个国家或地区为了规避居民收入风险，阻止贫困现象发生和蔓延，有效解决收入分配不均问题的一组方法和制度安排。它在很大程度上反映了一国的政治、经济、社会、文化发展的综合状况及战略性考虑，也体现了一国对于社会风险的思维和理念。模式（Pattern）其实就是解决某一类问题的方法论。把解决某类问题的方法总结归纳到一定的理论高度，那就是模式。社会保障模式[①]就是对社会保障制度的设计理念、理论基础和制度实践进行的概括性总结和规律性认识。世界各国由于政治、经济、社会、文化以及历史背景不同，形成了差异较大的社会保障模式。一个国家在一定时期的社会保障模式也会受到诸如社会经济发展水平、社会经济制度、经济运行状况、经济理论导向、民众期望等因素的影响。可以说，一个国家究竟应该选择什么样的社会保障模式，不是由人们的主观意志来决定的，而是受一定主客观因素的制约。社会保障模式具有一定的稳定性。因此，由于不同社会保障模式在保障项目、保障范围、保障对象、资金来源、支付方式、管理体制等方面存在差异，导致各种社会保障模式的运行效果不同，在减少贫困人口的作用、机制和效果上也存在较大差异。分析不同社会保障模式的减贫机制，对于发挥社会保障的减贫作用，对于建立和完善社会保障制度都具有重要的现实指导意义。

---

① 西方国家通常称为“福利模式”，两种说法内涵基本一致，因此下文对此不作具体区分。

第一节　社会保障模式分类

一　社会保障模式的分类标准

按照不同标准从不同的角度，如保障范围、保障水平、保障方式，以及国家介入深度和受益人的权利等，可以将社会保障模式分为不同的类型。美国学者威伦斯基（Harold L. Wilensky）和列布克斯（Charles N. Lebeaux）在1958年出版的《工业社会与社会福利》一书中首次对社会保障模式进行区分，他们将社会保障模式分为“剩余型”（residual，也有的译为“残余型”）和“制度型”（Institutional）两种模式。[①] 剩余模式的福利供给是临时性的，制度模式则是常态的、制度化了的。[②] 剩余模式仅针对无法自助者进行暂时性救助，是具有选择性的；而制度模式的保障对象扩展到全体公民，实现了由选择性福利（selective welfare）到普遍性社会福利（universal welfare）的转变。由此形成“选择性”与“普遍性”模式、“补缺型”与“普惠型”模式等类似分类，这些分类主要从政策目标、对象选择和保障范围的视角，对福利模式进行划分。尽管分类标准不太一致，但基本上“补缺型”模式可以等同于“剩余型”“选择型”模式，而“普惠型”模式则基本等同于“制度型”“普遍型”模式。“补缺型”福利模式以自由主义哲学为理论基础，认为自由竞争是资源配置的最佳方式，市场经济是实现社会福利最大化的有效途径，只有在市场分配失效时，国家介入才是合理的。这种模式强调家庭和市场在福利供给中的主导作用，国家在福利供给中仅扮演辅助的、次要的角色。“普惠型”福利模式以欧洲社会民主主义理论为指导，认为国家对个人的福利需求负有不可推卸的责任，主张国家和政府通过一整套完善的法规制度体系，提供个人所需的社会福利，保障每个社会成员的基本生活水准。[③] 这种模式强

---

① 李迎生：《国家、市场与社会政策：中国社会政策发展历程的反思与前瞻》，《社会科学》2012 年第 9 期，第 50—64 页。

② 任保平：《世界各国社会保障模式的比较及其启示》，《税务与经济》2003 年第 1 期，第 10—14 页。

③ 李迎生：《国家、市场与社会政策：中国社会政策发展历程的反思与前瞻》，《社会科学》2012 年第 9 期，第 50—64 页。

调国家对市场分配进行干预的合理性，政府在福利供给中应该担负主要责任。

从政策目标和指向来看，补缺型模式的目标在于缓解和消除绝对贫困，以维护市场经济的正常发展；普惠型模式的目标定位于相对贫困，目的是提高社会成员的生活质量。补缺型模式的给付坚持选择性原则，受益资格是“经证明的需要”，根据公民个人的收入和生活状况决定是否给予其特定的救助，保障对象是贫困者；普惠型模式的给付与个人特质无关，受益资格是公民权利，凡是该国公民都有资格获得支付，保障对象包含全体公民。从制度层面上来看，社会救助制度构成了补缺型社会保障模式的主体。它主要针对那些没有能力参与市场竞争者和市场竞争的失败者，以确保他们能够生存下去或继续参与竞争。① 而普惠型模式的主体制度是社会福利制度，服务对象是全体公民，其目的是调节社会成员之间的收入分配，提高生活质量，增强社会团结。

上述分类标准和方法属于典型的二元分类方法，它从“国家—市场”的二元分析框架构建诠释模型，为社会保障制度的改革和发展提供了重要的政策工具，有助于倡导和建构一些符合实际和科学规范的现代福利制度。② 这种分类虽然对后世研究者的影响很大，激发了学界对福利制度演进及福利模式进行比较研究。但如果从社会保障的财政来源看，补缺型福利模式还可以细分为不成熟模式和成熟型模式两类。对于不成熟的补缺型保障模式，主要以社会救助为主体制度，财政主要来源于税收，覆盖的人群非常有限，保障标准较低，制度化程度也较低。而对于比较成熟的补缺型模式，财政主要来源于企业和个人缴费，以社会保险为主体制度，保障收入和缴费挂钩，受益人群扩大，保障标准和制度化程度均提高，而同时又未达到“普惠型”福利模式的标准。由此看来，要么市场，要么国家的二元分类似乎还缺少一种以社会成员互助共济为主体的福利模式。正是如此，我国学者李珍等（2004）在研究西方国家的福利制度发展时，根据政府的责任和保障水平将福利模式分为“全民福利型”和“社会共济

① 李艳军、王瑜：《补缺型社会福利——中国社会福利制度改革的新选择》，《西安电子科技大学学报》（社会科学版）2007 年第 2 期，第 99—104 页。

② 高鉴国、杨克：《论补缺型福利制度的特征》，《福建论坛》（人文社会科学版）2011 年第 10 期，第 177—183 页。

型”。“全民福利型”中，国家对全体公民实施普遍的社会福利项目，资金来源于税收，全部或大部分由国家财政支付，个人基本上不缴纳保险费或缴纳很少。“社会共济型”以个人或雇主缴纳保险费为主，政府财政给予补贴。前者覆盖面广、保障待遇高；后者覆盖面相对较窄、保障待遇比较低，仅以维持被保人基本生活为限度。[①] 可以看出，李珍的分类显然缺少了以个人为责任主体的福利模式。实际上，无论如何划分，二元分类标准都难以囊括所有的社会保障模式，因而其他学者又提出了三元分类标准。

英国社会政策研究鼻祖蒂特马斯（Titmuss）在“国家—市场”二元分析模式的基础上引入“社会”这一维度，将二分诠释传统重新整合成“国家—社会—市场”三元分析框架，形成独特的“国家福利”叙事范式，同时将社会福利模式分为剩余福利模型（The Residual Welfare Model）、工业成就模型（The Industrial Achievement Model）和制度性再分配模型（The Institutional Redistributive Model）。[②] 剩余福利模型基本等同于“补缺型”模式，认为人们应该主要通过市场渠道获得生活需要的满足，国家只有在市场和家庭的福利供给失效时才介入，且应该是暂时性的。制度性再分配模型也与“普惠型”模式类似，主张社会平等原则，认为所有国民都应该享有基本生存的权利，国家应提供普遍性服务。工业成就模型是一种新的类别，这一福利模式与工作成绩密切相关，主导的分配方式是论功行赏，按照各人的优点、工作表现和生产力来满足需要。[③]

特别是自从丹麦学者考斯塔·艾斯平—安德森（Gosta. Esping - Anderson，1990）根据劳动力的“非商品化”（discommodity）[④] 特征对国家、劳动力市场和家庭的复杂关系进行分析，提出了自由主义、保守主义、社

---

① 李珍、刘子兰：《西方社会保障主要理论及其政策主张回眸》，《经济学动态》2004 年第 1 期，第 82—85 页。

② 林万亿：《福利国家：历史比较的分析》，巨流图书公司 1993 年版，第 118—121 页。

③ 汪华：《蒂特马斯福利思想探微》，《华东理工大学学报》（社会科学版）2010 年第 6 期，第 29—35 页。

④ “非商品化”的含义是指，公民在必要时可以自由地选择不工作，而无须担心会失去工作、收入或一般福利。

会民主主义三种模式分类[1]之后，学者们开始根据各种不同的分类标准对世界各国的社会保障模式进行分类比较。目前，社会保障模式研究在欧洲主流理论界已经成为一门学科，它被认为是政治经济学的一个重要分支或重要课题，是从“政治经济学的大背景中提炼出来的结果”。[2] 安德森所说的“非商品化”现象发生在这样一种情况之下：“当一种服务是作为权利的结果而可以获得时或当一个人可以不依赖于市场而维持其生计时，非商品化便出现了。”[3] 在三种福利模式中，“自由主义”福利模式的非商品化程度最低，这种模式源于英国的“济贫法”传统，保障对象主要是低收入阶层或没有劳动能力的人；在整个福利体制中，社会救助占支配地位，社会保险和社会福利处于次要地位；受益资格需要严格的收入调查和家计调查加以确认，带有一定程度的侮辱性质。这一模式的典型代表是美国、加拿大和澳大利亚等，主要是盎格鲁—撒克逊国家。“社会民主主义”福利模式的非商品化程度最高，这种模式来自于贝弗里奇的普遍公民权原则，公民的社会权利，公民资格和一定的居住年限是获得相应福利给付的条件，与公民的需求程度和工作业绩无关。在整个福利体制中以旨在提高全体国民生活水平的社会福利计划为主，辅之以社会救助和社会保险计划。这种模式主要存在于北欧斯堪的纳维亚的几个国家之中，因而也被称为“斯堪的纳维亚”模式或“北欧”模式。“保守主义”福利模式的非商品化程度介于上述二者之间，这种模式源于德国俾斯麦政府用来调和劳资阶级矛盾的权谋手段；强调市场在福利分配中的重要作用，整个社会福利体制以社会保险计划为主，这种福利项目以工作业绩为计算基础，缴费义务和缴费能力决定劳动者获得保险的资格和金额；承认不同劳动者的福利待遇具有差别性。许多欧洲国家，如德国、法国、奥地利、意大利等都属于这类模式。

三元分析框架的分类标准是基于国家、市场和社会三个福利供给主体

---

① ［丹麦］考斯塔·艾斯平—安德森：《福利资本主义的三个世界》，郑秉文译，法律出版社2003年版，第82—86页。

② 郑秉文：《“福利模式”比较研究与福利改革实证分析——政治经济学的角度》，《学术界》（双月刊）2005年第3期，第31—46页。

③ ［丹麦］考斯塔·艾斯平—安德森：《福利资本主义的三个世界》，郑秉文译，法律出版社2003年版，第23页。

的不同组合和权重进行划分的，这种分析框架对后来的研究影响非常大，至今仍然是社会保障模式分类的主要标准。我国一般按照政府、企业和个人在社会保障制度中的责任不同，对社会保障模式进行分类，大多数分为四种类型：福利国家型、社会保障型、国家保障型和个人储蓄型。福利国家型模式的主要特征是政府负责、全民高福利。按照普遍性原则建立，保障范围广泛，保障项目和内容全面，统一缴费和给付标准，由国家税收负责社会保障支出。该模式以英国和瑞典等北欧福利国家为代表。社会保障型模式的突出特点是强调保障对象的“选择性”，提供的保障水平比较低。在该制度模式中，政府、企业和个人都是责任主体，在不同的保障项目中扮演不同的角色，如在社会保险中，企业和个人是主要缴税人或缴费人，政府充当最后责任人；在社会救济、社会福利中，政府是最主要的责任人。该模式以德国、美国、日本为代表，又称为传统型社会保障模式。国家保障型模式的最大特点在于强调国家的责任。保障的对象是国有经济部门的雇员，保费由单位负责。苏联、我国改革前的社会保障制度属于国家型社会保障制度。个人储蓄型保障模式的主要特点是强调个人责任，不具有或很少具有收入再分配性质。实行基金积累制的筹资模式，给付水平的高低取决于个人账户的积累而非社会保障计划的承诺。新加坡的中央公积金制度和智利私人管理的养老金制度可称为个人储蓄型模式。①

此外，还可以按照其他标准将社会保障区分为不同模式。如根据社会保障的性质和保障人群可以分为：就业（收入）关联制度、普遍保障制度和收入状况调查制度。但总体而言，无论二分法、三分法还是四分法，以及其他分类标准，仔细考察之后，我们发现社会保障模式主要由三个元素组成，即政府、家庭和市场，三者之间的不同组合或权重，构成了不同的社会保障模式，因而也是划分社会保障模式的关键。而三个要素中的核心要素其实就是国家责任这一要素。根据国家在社会福利提供中的作用和地位，如承担责任的大小、是主要供给者还是次要供给者等，可以将社会保障模式分为不同的类型。不同的分类标准并没有谁优谁劣的问题，只要具有鲜明的特征，分类方法符合规定，则所有的分类都具有意义。

---

① 邓大松、张建伟：《福利型与保障型社会保障制度模式及其经济发展效应的比较》，《经济评论》2003 年第 2 期，第 36—39 页。

二　社会保障模式分类的意义

对社会保障模式进行分类的意义不外乎两个方面：一是揭示不同类型社会保障模式的特征；二是探寻社会保障制度的发展规律。西方学者提出社会保障模式分类的用意主要在于考察和发现社会保障制度模式的历史发展演变路径，认识各类社会保障的特征和结构要素，揭示其发展规律，并为社会保障模式的比较研究提供有价值的概念工具和参照标准，进而为各国社会保障制度的建立、发展和完善提供有价值的理论依据和现实指导。

从上文分析可知，根据政府、市场和家庭（或政府、企业和个人）在社会保障制度中的不同责任，可将世界上形形色色的社会保障体系划分为不同模式。这种分类让我们能够清楚看出，首先，不同社会保障模式不仅具有鲜明的特征，而且可以观察到政府在不同社会保障模式中的作用和地位是存在明显差异的。如主流的观点将社会保障模式分为三种：福利型、保险型和储蓄型。三者之间的主要区分是，国家的责任和义务在三种模式中是依次递减的，而市场和个人（家庭）作用是递增的。[①] 其次，不同模式与其社会经济发展阶段是分不开的。“补缺型”社会福利起源于1601 年英国颁布的《伊丽莎白济贫法》，通常可以认为是与工业化初期阶段相联系的社会福利发展模式。“普惠型”社会福利起源于第二次世界大战后欧洲福利国家理论和实践，通常认为是与工业化高级阶段相联系的社会福利发展模式。[②] 这说明社会保障模式的选择会受到一定时期的社会经济发展程度的制约和影响。从历史发展角度而言，一个国家建立何种社会保障模式取决于该国的社会经济发展水平。不同的国家由于社会经济发展水平的差异，导致世界上同时存在不同的社会保障模式。从宏观视野观察，随着工业化和城市化不断推进，在大多数国家和地区都经历过或正经历着从农业时代以社会救济为主导的社会保障模式向工业时代以社会保险为主导的社会保障模式转换的过程。我国社会保障模式实际上也是由传统

---

① 郑秉文：《建立社会保障“长效机制”的 12 点思考——国际比较的角度》，《管理世界》（月刊）2005 年第 10 期，第 58—66 页。

② 代恒猛：《从“补缺型”到适度“普惠型”——社会转型与我国社会福利的目标定位》，《当代世界与社会主义》2009 年第 2 期，第 166—169 页。

农业时代的社会救济主导型模式走向工业时代的社会保险主导型模式的。[①] 由此得到的启示是，发展中国家和地区应当建立以补缺型模式或者建立以社会救助为主的社会保障体系，待到经济发展到更高阶段，社会保障体系相对成熟之后，再建立更高层次的社会保障模式。

依据不同标准进行的分类均具有辨识社会保障模式特征的作用。但就考察社会保障的减贫作用而言，一是从保障对象范围和保障方式的角度，将社会保障模式分为“补缺型”和“普惠型”两种模式；二是从国家介入程度将社会保障模式分为福利型、保险型和储蓄型三种模式。这两种分类都比较合理，根据第一种分类标准（覆盖面和救助方式），社会保障模式一般可以分为“普惠型”和“补缺型”两种类别。“普惠型”社会保障模式的原则是普遍主义，平等地对全体公民进行福利分配。西比拉和安托宁这样概括普遍主义：“普遍主义是一个多维的概念。第一，它主要考虑要保证全体公民都能享受福利和服务。第二，它有一个延伸到全国全体公民的统一的福利设施。第三，普遍主义意味着大多数公民在实际上能依靠并在需要时能享受这些福利。第四，普遍主义包括公民有享受这些福利的合法权利的思想。”[②] “补缺型”社会保障模式是指覆盖国家以内的所有人的福利机制。这个福利制度让“社会有一个集体的责任来保障全体人民一个最低的生活水平”[③]。“补缺型”社会保障模式的保障原则是选择性原则，即仅针对部分人，特别是对特殊困难群体提供福利和服务。选择性福利分配需要对个人或家庭的财产和收入状况进行调查，根据调查结果来界定确实需要帮助的人，给付形式包括减免费用或现金补贴。以家庭财产调查作为手段，区分了能够接受服务和不能够接受服务的公民。一般而言，尽管“补缺型”模式直接针对贫困者施救，有助于解困的同时还节约了救济资金。但“普惠型”模式被认为在减贫方面效果更佳，因为其

---

① 岳宗福：《中国社会保障模式的近代转型与道路选择》，《华东理工大学学报》（社会科学版）2010 年第 2 期，第 104—110 页。

② Sipila, Jorma, Anttonen, Anneli, & Krŏger, Teppo, A Nordic Welfare State in Post—industrial Society: A Global Perspective, *The Welfare State in Post—industrial Society*, Powell, J. L. & Hendricks, J. eds., Dordrecht: Springer, 2009, pp. 181—199.

③ Biickman, Guy, *The Creation and Development of Social Welfare in the Nordic Countries*, Tampere University, Finland: 1991, p. 6.

在减贫的同时还提高了社会信任水平，增强社会凝聚力和社会团结。

根据第二种分类标准（国家介入程度），虽然不同研究者的分类有所不同，但大多数学者都分为四种社会保障模式，即保险型、福利型、储蓄型和保障型。其中（国家）保障型模式已经基本退出历史舞台。这种模式由于保障资金全部来源于政府的财政收入，受保人不缴纳任何费用，常常导致政府资金负担过重，且随着计划经济解体，这种模式已经被抛弃。实施这一制度的国家是苏联及变革前的社会主义国家。目前世界上仍有其他三种社会保障模式正在运行。总体而言，三种不同的社会保障模式体现了政府介入程度和公平与效率的不同组合。其中，国家福利型模式政府介入最深，制度最公平，以国家政府为主要的责任主体，个人象征性缴费，以充分就业、收入均等和消除贫困为目标，不惜牺牲经济发展效率追求社会公平。而强制储蓄型[①]，国家介入最浅，最注重效率原则。这种模式中，社会成员之间缺乏互助共济和风险共担机制，难以有效调节贫富悬殊问题。介于二者之间的是社会保险型，在资金来源上强调国家、社会和个人三方共同负担，注重社会成员之间共担风险，可以通过调整各方资金分担比例而达到不同的制度实施效果，兼顾了公平与效率。一般而言，政府分担比例越大，贫富调节力度越大，减贫效果越好。

总之，对社会保障模式进行分类不仅使我们加深对社会保障制度的认识和理解，便于对各国社会保障制度进行比较研究，有助于各国建设符合自身社会经济发展阶段的社会保障模式。同时，还使我们能够关照社会保障制度的目标之一——减少贫困进行仔细分析，这一点对于贫困现象较为普遍的国家或地区具有重要的现实意义。因而，下文我们将借助上述两种分类标准，对不同社会保障模式的减贫机制进行分析。

第二节　不同社会保障模式的减贫机制

社会保障模式划分的核心要素是政府责任。根据政府介入程度的深

---

① 强制储蓄型虽然主要由个人自己对其面临贫困风险负责，个人承担保障成本，但在个人生活确实存在困难的情况下，还是由国家给予适当救助，强制储蓄型国家一般都存在一定的社会救助，因而有时也可以称为救助型社会保障模式。

浅，不同社会保障模式所体现的公平—效率程度不同，政府—企业—个人的责任分担比例在不同社会保障模式中也存在较大差异。[①] 政府责任最终体现为不同社会保障项目在整个社会保障体系中所占的分量。也就是说社会保障模式的划分是按照一国社会保障体系中占主导地位的社会保障项目为基础的，而不同社会保障项目在保障范围、保障对象、资金来源、支付标准等方面存在的差异，必然导致不同模式在运行效果上，特别是在保障穷人的作用方面存在较大差别。

一 “普惠型”和“补缺型”社会保障模式的减贫机制

“普惠型”与“补缺型”社会保障模式在减贫方面的作用，究竟谁更强一些？这在理论上仍然存在不小争议。一种观点认为“补缺型”模式具有更强的减贫作用。这一观点的核心论点是，因为“补缺型”模式是直接把有限的福利资源导向最需要的人群，能够把社会保障支出集中在那些收入来源最少的群体身上，从而可以更好地通过社会再分配帮助低收入群体，因而符合建立社会保障制度的初衷，是一种对减贫更为有效的社会保障模式。这种观点还认为把钱花在富人身上简直就是浪费资源。因为富人得到的福利越多，穷人得到的福利就会越少，福利制度的再分配功能就越弱。[②] 效率而不是公平才是“补缺型”福利模式支持者的核心论点。另一种观点则认为“普惠型”模式的减贫作用更好。这是因为“普惠型”模式有助于团结工人阶层和中产阶层共同支持福利政策，而无须仅由穷人单独坚守福利政策，有助于增强社会团结而减弱社会对抗。[③] 从而保障福利政策的顺利实施，这是社会保障实现减贫的前提条件。此外，公平对待每个公民的福利权利具有减少社会分化，避免孤立贫穷阶层的作用；增强社会团结，具有激发民间互济互助功能；争取各个社会阶层的支持，有利

① 邓大松、张建伟：《福利型与保障型社会保障制度模式及其经济发展效应的比较》，《经济评论》2003 年第 2 期，第 36—39 页。

② Goodin, Robert E. and Le Grand, Julian, *Not Only the Poor*, London: Allen & Unwin, 1987, p. 215.

③ Korpi, W. and Palme, J., The Paradox of Redistribution and Strategies of Equality: Welfare State Institutions, Inequality, and Poverty in the Western Countries, *American Sociological Review*, 1998, 63 (5), pp. 661—687.

于福利制度建设和发展。社会公平是“普惠型”福利模式支持者的核心论点。

为了考察普惠型社会保障模式与补缺型社会保障模式的减贫机制差异，我们从社会保障的资金来源、待遇水平、保障范围和对象、资格条件等方面，对两种模式的减贫机制及其理论上可能的减贫作用和效果进行分析。普惠型社会保障模式的保障资金主要来源于一般税收，由于税收主要来源于富人的收入，比如个人所得税一般划定一条起征线或采取累进税率，收入达到这条起征线以上才缴税。而累进税率制则使收入越高上税越多，因此可以说富人缴的税比穷人多。但在支付原则上却是对所有公民同等待遇。① 也就是说，普惠型模式中，收缴上来的钱主要来源于富人，而支付出去却是穷人和富人待遇一样。这就意味着穷人交的钱少，得到的钱多；而富人交的钱多，得到的钱少，实现了收入再分配功能。需要指出的是，普惠型社会保障模式的待遇水平不一定很高，例如英国的医疗保障、公共养老金项目实行的是普惠式，但其总体保障水平并不高。当然，一般而言，实行普惠型模式的国家，社会保障待遇水平都不低，主要调节的是相对贫困问题，很少出现因为保障水平过低而致使贫困人口虽然享受了社会保障待遇，但实际仍未脱贫的现象。普惠型社保模式的优点是：保障范围包括全体社会成员，体现社会公平，容易获得各个社会阶层的支持；有助于增进社会团结，减少社会排斥；不需要进行严格的资格认定，减少了许多执行成本等。其缺点主要有：保障范围广，财政负担重；高税收打击企业精神；享受待遇不与贡献挂钩，容易养懒汉；对劳动力市场带来负激励，可能导致失业陷阱等。但就减贫作用而言，普惠型模式由于公平对待所有社会成员，政策容易实施，“人人有份”的支付方式不会出现漏保、错保的情况，因而也不会出现应保未保现象，减贫比较彻底。

补缺型社会保障模式的保障资金一般也来源于税收，支付对象是贫困人口。理论上来说，是用富人的钱来补贴穷人。但由于受益对象选择方式存在的问题和政策执行环节的偏差，所有的社会保障金常常并不都是补贴

① 普惠型模式的保障范围是社会全体成员，资格条件一般是公民身份。一些保障项目如（非缴费型）公共养老金还需要达到一定年龄和居住年限。普惠型模式的主要社保项目（基础养老金、医疗）不跟职业收入挂钩，不需要根据精算原则进行支付精算，也不需要对保障对象进行筛选，对全体公民采取同等待遇。

给了穷人，而是一部分保障金又补贴给了富人，真正需要补贴的部分穷人则仍然处于贫困状态，导致补缺型模式的减贫效果并不理想。补缺型模式与普惠型模式的主要区别在于：补缺型模式的保障范围较窄，补助水平不高，可能存在虽然享受待遇，但仍未达到脱贫的情况。如我国的低保制度，由于保障水平很低，造成许多享受低保补助的贫困人口仍然处于贫困线以下。补缺型模式一般需要严格的资格认定筛选出符合条件的受助者。首先，需要划定一条贫困线作为参考标准。其次，需要对受助者进行资格认定。最后，需要对受助者及其家庭进行收入核实。其中，资格认定和收入核实都容易受执行者的主观因素和利益影响。一方面，受助者的原有收入难以确定；另一方面，由于信息不对称等原因，执行者有较大的操作空间。执行者的利益，识别工具的有效性，对象的参与程度，执行环境等原因，往往导致执行偏差，这在世界各国都是一个比较严重的问题。此外，补缺型模式由于区别对待贫困人口与非贫困人口，人为划分社会阶层，容易造成不同社会阶层相互对抗，不利于社会保障政策的制定、实施和执行，社会保障的减贫作用也就无法谈起。即使在贫困人口内部，由于并非人人有份，人人平等，因而也会由于补助标准差异问题，引起对立情绪，阻碍政策顺利实施。因此，补缺型模式的优点虽然比较明显，如政府财政负担较轻、对劳动市场有激励作用、避免失业陷阱等。但其缺点也是显而易见的，如人为制造社会隔阂、执行成本较高、遗漏现象比较严重，导致本意是针对贫困人口，解决贫困问题的制度，反而减贫效果并不理想。当然，支持补缺型模式的人，其理由并不一定主要考虑的是减贫效果问题，补缺型的其他优势，如有利于就业等，往往也成为他们支持的理由。但这不是本研究的重点，本研究主要考虑不同模式的减贫作用及其效果问题，至于一个国家或地区选择哪种社保模式，则需要综合考虑各种因素，而这个论题已经超出了本研究的范围。总而言之，补缺型社会保障模式的减贫作用并不像设想的那样容易发挥出来。

在实证研究上，也存在两种对立的观点，但一般都认为两种模式各有优势，也各有缺陷。有趣的是，认为“补缺型”社会保障模式减贫效果更好的观点一般集中在对发展中国家的研究上。而对发达福利国家的研究结果多数显示的是“普惠型”社会保障模式具有更好的减贫效果。如，福利制度理论是这样解释横截面贫困率的：哪个国家的福利体系能够针对大多数人口，在相当高的替代率水平下，提供普惠性的收入支持计划，我们就看到很少的低收入和贫困者。在那里，即使贫困发生，也会比那些难以获得福利和福利仅针对低收入者的国家，更快消退。[①] 同样，Nelson（2004）对比了非家计调查转移支付和家计调查转移支付在减贫效果上的差异，结果显示：非家计调查转移支付模式的减贫效果更好。因为社会福利是一种直接垂直再分配措施，这种措施将收入从富人转移到穷人身上，旨在消除贫困。[②] 他认为普惠型模式减贫效果好的主要理由，是因为普惠型模式能够获得更多选民支持，有利于社会保障政策的实施和推进。深层原因可能会涉及社会公平分配的观念，普惠型由于公平对待每个公民，有利于促进社会公平，获得不同阶层的支持。一些研究显示：非家计调查福利模式比选择模式获得公民更大的支持。[③] 但不同国家民众的支持强度不一样，在芬兰，民众对普惠型福利模式的支持度高于澳大利亚。[④] 因此，即使普惠型模式的减贫效果更好，也不是每个国家都能够顺利实施这种模式，对社会保障模式的选择还受其他因素影响。但就减贫效果而言，西方国家的研究成果多数认为普惠型模式更有利于减少贫困。

有一种观点似乎支持补缺型模式，但其理由却不是补缺型模式的减贫效果更好，而是其他方面的优势。Korpi（1980）认为家计调查模式（选择式）可能比非家计调查模式能够从富人那里转移经济资源中固定数量的更大份额给穷人，但从长远来看，非家计调查模式具有更好的再分配功能。其中一个因素是形成政治联盟，对社会政策建构起到促进或阻碍作用。在这方面特别重要的是社会政策能够回应中高收入阶层的收入保障需

---

① Didier Fouarge and Richard Layte, Welfare Regimes and Poverty Dynamics: The Duration and Recurrence of Poverty Spells in Europe, *Journal of Social policy: the Journal of the Social Administration Association*, 2005, Vol. 34, pp. 407—426.

② Kenneth Nelson, Mechanisms of Poverty Alleviation: Anti - poverty Effects of Non - means - tested and Means - tested Benefits in Five Welfare States, *Journal of European Social Policy*, 2004, 14, pp. 371—390.

③ Forma, P., *Interests, Institutions and the Welfare State: Studies on Public Opinion Towards the Welfare State*, Research Report No. 102, 1996, University of Turku: Stakes; Kangas, O., *Attitudes to Means - tested Social Benefits in Finland*, Acta Sociologic 38, 1995, pp. 299—310.

④ Kangas, O. and Forma, P., Need, Citizenship or Merit? in S. Svallfors and P. Taylor - Gooby, eds., *The End of the Welfare State? Responses to State Retrenchment*, London: Routledge & Kegan Paul, 1999.

要，赢得中产阶层对福利制度的支持。[①] 从这里看出，Korpi 虽然认为家计调查模式在短期内能够使穷人受益更多，但从长期来看，这种分配模式也是不利于穷人的，因为中高收入阶层会反对这种模式的推行。Besley (1990) 认为家计调查式和普惠式福利模式都对政府和受益人产生某些形式的成本，普惠式福利会使资源漏到非穷人手中，而家计调查式福利的执行成本高昂，且对接受者有侮辱性和心理成本。[②] 但 Besley 更倾向于采用家计调查式福利供给模式。由此看来，就减贫角度而言，大多数学者还是认为普惠型福利模式的减贫作用更好。但这种福利供给模式需要大量财政支撑，而增加财政收入就只有提高税收。高税收会对于发展中国家的赶超型经济发展模式造成沉重负担，也为崇尚自由竞争的国家和社会所不容，这就是为什么即使普惠型社会保障模式的收入分配作用更强，最能够达成建立社会保障制度的目的，但许多国家仍未采用这一模式的原因。

我国研究者的观点一般认为普惠型模式旨在提高全体社会成员的收入，不但需要大量资金，政府难以承担，而且由于不是具体针对贫困人口，自然也谈不上减贫问题，更别说减贫效果如何了。只有补缺型模式是直接针对贫困人口的，才可能产生减贫效果问题。许多从社会保障角度考察减贫效果的文献，也主要是考察低保、传统救济等具有补救性质的社保项目，很少从整个社会保障体系探讨减贫问题。得出的结论也比较一致，就是认为补缺型比普惠型具有更好的减贫优势。如，郑秉文认为我国应该坚持"补救型"模式，因为这个模式能够将有限的财政资源花在"刀刃"上，不乱"撒胡椒面"，腾出资源集中对目标群体进行转移支付。但他同时也认为一定要提供一个基本的"底线"保障，这个底线保障自然就是普惠式的了。制度设计的效果应该是"穷人基本靠国家，富人主要靠市场，他们都成为这个福利制度和政治制度的支持者，使之成为社会稳定的基础和主体"。[③] 他所说的"底线"保障其实就是采取普惠制的非缴费型

---

① Korpi, W., Approaches to the Study of Poverty in the United States: Critical Notes from a European Perspective, in V. T. Covello, ed., *Poverty and Public Policy*, Boston, MA: Schenken, 1980.

② Besley, T., Means Testing Versus Universal Provisions in Poverty Alleviation Programmes, *Economica* 57, 1990 (225), pp. 119—129.

③ 郑秉文：《建立社会保障"长效机制"的 12 点思考——国际比较的角度》，《管理世界》2005 年第 10 期，第 58—66 页。

社会保障制度，其主要功能就是为全体社会成员提供一条避免贫困的保障线。这么说来，在他的分析中实际上是赞成建立一个低福利的普惠型社会保障模式的，包括建立非缴费型养老保险制度解决老年贫困问题，建立非缴费的低保制度解决贫困人口问题。只是这些保“底线”的社会保障制度不是也不能成为我国社会保障体系的核心。

在支持低福利普惠型社会保障模式的理由上，郑秉文与大多数研究结论不同，他认为普惠型模式的成本比补救型模式高。拉美 17 个主要国家采取补救型模式，其最低养老金的平均成本只占 GDP 的 0.93%，而普惠型则高达 2.2%。两个模式成本之间相差最大的是智利，竟高达 12 倍，即补救型仅为 0.1%，普惠型则高达 1.2%。[①] 这个研究结果与同样赞成补缺模式（家计调查式）的 Besley 的理由不同，Besley 认为补缺型的成本比普惠型的高。另外还有一个理由，就是补缺型制度有利于劳动力市场的发展，失业率比较低，就业市场弹性比较大，可以缓解就业压力，对广大的垃圾岗位和高端的白领管理岗位都具有充足供给的能力，有利于应对外部金融危机的冲击。而普惠型的特点正好相反，人均劳动生产率较高，但失业率也较高。[②] 在中国目前及未来几十年，劳动力市场供大于求，劳动力结构不合理，导致就业压力大可能始终是我们面临的重大社会经济问题。因此，无论普惠型和补缺型模式，哪个的成本更低，从缓解就业压力上来看，坚持补缺型模式似乎都是值得称赞的。然而，更多的国际比较研究得出的结论并不支持该观点，实行普惠型模式的国家的失业率并不一定就高，失业率的高低还与其他配套措施的实施及其有效性有关。

此外，上述两种不同观点的对立一定程度源于对贫困致因的不同认识。一方面，补缺型模式认为贫困是个人的原因，而且大多数情况是个人懒惰的结果，因此，国家没有责任也不必要为贫困者提供福利救济。这种观点仅能接受对那些无法通过自身劳动进行自养的孤儿、残疾人等社会弱势群体进行救助。普惠型模式认为贫困源于社会而非个人原因，享受全面高水平的福利保障，是全体公民的一项基本权利。主张对全体国民实行普

---

① 郑秉文、房连泉：《拉美“增长性贫困”与社会保障的减困功能——国际比较的背景》，《拉丁美洲研究》2009 年增刊，第 3—29 页。

② 郑秉文：《建立社会保障“长效机制”的 12 点思考——国际比较的角度》，《管理世界》2005 年第 10 期，第 58—66 页。

遍福利，维护社会权利，而非仅仅关注困难群体。另一方面，尽管两个不同模式中，主导的社会保障项目不同（如普惠型以社会福利项目占主导，补缺型以社会救助项目占主导），但在具体保障项目的设置上却都包括社会福利、社会保险、社会救助，只是不同模式中各个保障项目的占比差别较大。因此，不仅各国的社会保障体系可以大概分为“普惠型”和“补缺型”社会保障模式，而且具体到各国的不同社会保障体系内部也能区分出“普惠型”和“补缺型”的社会保障项目。许多国家，如加拿大、澳大利亚的社会保障模式比大部分欧洲国家的模式更具有“补缺”的性质，但其社会养老保障中的公共养老金计划却基本上也是普惠性的。英国和北欧国家的社会保障体系总体上是“普惠型”模式，但其社会保障体系中也包括了一些具有“补缺型”特征的社会保障计划。正是这样，无论哪种模式都具有一定的减贫效果。但社会保障作为一个整体，不同模式的减贫效果确实存在明显差异。从实践来看，普惠型福利模式较之补缺型福利模式具有更好的减贫效果。

二 福利型、保险型和救济型社会保障模式的减贫机制

社会保障体系包括社会福利、社会保险、社会救助、个人储蓄保障等子系统。按照不同子系统在社会保障体系中所占的份额，可以对社会保障模式进行区分。社会福利在社会保障体系中占主导地位就叫作福利型社会保障模式，社会保险占主导地位就叫作保险型社会保障模式，另外两个就分别叫作救助型社会保障模式和储蓄型（或自助型）社会保障模式。由于社会救助一般针对的对象是少数贫困人口，大多数人口只能依靠家庭其他成员或自己储蓄来解决自身收入保障问题，属于典型的补缺型社会保障模式，前文对此已有论述。下文把社会保障模式分为三种典型类型：福利型、保险型和储蓄型，讨论这三种模式的减贫机制。

对于福利型、保险型和储蓄型社会保障模式，究竟哪种模式具有更好的减贫效应，理论上也仍然存在争论。一般认为，社会福利项目是旨在提高全体社会成员生活水准的一组制度安排。社会福利是指国家及各种社会群体兴建的各种社会福利设施、发放津贴补助、进行社会服务及兴办集体福利事业。它是社会保障的最高层次，是实现社会保障的最高纲领和目标。社会福利的主要资金来源于国家和社会群体；保障对象是全体公民，

以身份而不是贡献或被证明的需要来确定受益资格；目的是增进群众福利，改善国民的物质和精神文化生活，它把社会保障推上最高阶段。社会福利与社会救济和社会保险的本质区别在于它是一种基本收入之外的待遇，因此，社会福利的减贫属于更高层次的减贫，如果说社会救济和社会保险是着眼于解决绝对贫困，那么社会福利则在缓解相对贫困方面具有重要意义。一般而言，社会福利水平的提高是以税收的增加为前提的，课税对象一般达到一定收入水平，至少穷人少缴税或不缴税。而社会福利的支付对象包括全体公民，支付水平在富人和穷人之间没有分别。相比富人而言，穷人支付的成本更低而获得的福利水平与富人一样，穷人相对受益更多。社会福利制度的实施对国民收入占有的主体结构产生影响，实现了国民收入在纳税人与福利对象之间的再分配，其结果是收入从高收入者向低收入者手中转移。因此，福利型社保模式的减贫作用较强。我国现行社会福利制度社会化程度不高，保障层次较低，目前有很多社会福利项目仍然带有基本生活，甚至最低生活保障的特征，比如物价补贴、住房补贴等都是为了弥补相关制度改革带来的利益损失而进行的，其实质是一种基本生活保障制度，仍然属于低层次的补偿收入保障。目前被纳入社会福利体系的养老院、福利院、孤儿院，也带有明显的基本生活保障特征，从严格意义上讲有些甚至应属于社会救济的范畴。而且我国的社会福利项目在实施过程中是目标定位式的，同样面临比较严重的目标定位偏差问题，人为缩小社会福利的覆盖面，致使一些合格对象被排除在外。因此，我国现行社会福利项目未能充分发挥更高层次的收入再分配功能，其减贫作用比较有限。

社会保险是指国家通过立法举办并资助实施的，以被保险人缴费为主形成的共同基金对被保险人因年老、疾病、死亡、失业、伤残、生育等社会风险所导致的损失予以经济补偿，从而确保其基本收入安全的社会经济制度。社会保险的核心要件在于被保障对象的“参保”与“缴费”。[①] 它是社会保障的中级层次，是实现社会保障目标的基本纲领。社会保险的资金来源主要是用人单位（企业）、劳动者本人缴纳及国家资助；对象是薪资劳动者和自营者；目的是保障缴费者的基本生活需要，属于基本型的社

① 李志明、彭宅文：《社会保险概念再界定》，《学术研究》2012 年第 7 期，第 46—50 页。

会保障。社会保险包括五个项目：养老社会保险、医疗社会保险、失业社会保险、工伤社会保险、生育社会保险。所有项目都是“事件性的”，只有当权利人在其生命历程中遭遇某些被承诺支付的事件时，原先承诺的社会保险金才会被支付。支付原则、支付方式和支付数额的计算事先确定，是对遭受收入损失的参与者进行的部分补偿，而非百分之百的补偿。因而补偿标准或者说支付水平的高低，直接决定了社会保险对参与者的减贫能力。与此同时，由于社会保险的支付仅限于该项目的参与者，因此，从覆盖范围即覆盖率决定了社会保险的减贫作用范围。覆盖率高则减贫能力强，覆盖率低则减贫能力弱。社会保险在减贫上最大的缺点是：缴费是获得支付的前提。这样造成的结果往往是将低收入群体排斥在保险制度覆盖范围之外，因为低收入人口往往没有缴费能力，这无疑大大削弱了社会保险的减贫作用。尽管这种排斥属于客观条件排斥，并非政策执行者有意为之或无意错漏，但结果与社会救助一样，限制了项目本身的作用范围。此外，社会保险本质上是一种效率优先的制度设计，政策对象主要是具有稳定收入来源和一定收入水平的工薪阶层，注重对贫困的预防，对现存的贫困人口帮助非常有限。因此，从理论上来说，保险型社会保障模式的减贫效果比福利型模式较差。

个人储蓄本身就是个人收入在一生中不同时期的再分配，不具有人际之间的收入调节效应，因而个人储蓄基本没有减贫功能，而只是个人对贫困的预防性行为。以储蓄作为主要保障形式的国家，一般或多或少都有一些针对贫困人口的社会救助项目。减贫功能强弱和效果如何主要依靠这套系统。社会救助是由国家和社会通过立法，对因各种原因失去最低生活保障的社会成员给予物质帮助，以维持其最低生存需要，维护其基本生存权利的社会保障项目。它属于社会保障体系的最低层次，是社会保障要实现的最低纲领和目标。社会救济的资金主要来源于国家、社会团体及国际捐赠等；对象主要是失去生活能力者、遭到不幸者和贫困者。减少贫困是社会保障制度设计的初衷，社会救济正是带着减贫这一使命诞生的。最初的社会救济完全是以满足贫困者的生理需要为目标，保障标准十分低下，减贫具有很大局限性。随着社会经济的发展，虽然社会救济仍然以满足社会成员的最低生活需要为目标，但对最低生活需要的理解和标准都发生了深刻的变化。如今，社会救济已经成为各国政府一种重要的转移支付形式，调节收入差距，促进收入分配公平，在解决绝对贫困的同时也承担着缓解相对贫困的重任。但是由于社会救助是目标定位式的，其实际减贫效果严重依赖制度的瞄准精度，而由于政策执行过程中，执行者的有意或无意造成的对救助对象的错漏现象，大大削弱了社会救助项目的减贫作用。目前世界各国社会救助项目的瞄准精度都不高，存在较严重的瞄准偏差，导致社会救助项目的减贫效果并不理想。因此，储蓄型社会保障模式的减贫效果相较而言是几种模式中最差的一种。

通过对比，福利型社会保障模式的减贫效果最好，保险型模式次之，储蓄型模式的减贫作用最差，甚至几乎不具有减贫效应。但也有不同观点，如 Korpi 和 Palme（1998）发现了所谓的“再分配悖论”（the paradox of redistribution）：我们越是考虑公平地把公共资金转移到所有人身上，或越是瞄准穷人，我们似乎在减少贫困和降低不平等方面得到的更少。[①] 按照他们的观点，社会福利和社会救助的减贫作用不如社会保险，因而他们支持收入关联的保障模式，即以社会保险为主体的社会保障模式。蒂特马斯认为：“财税福利（相当于社会福利类）和职业福利（社会保险类）与公共服务（社会救助类）最显著的差异是，绝大多数津贴明显是给予状况较好的人群的，是锦上添花的。”[②] 也就是说，社会福利和社会保险模式的大多数资源都会导向富人，而真正需要救助的穷人却得不到满足，不但达不到减贫的效果，还会加剧贫富差距。言外之意，就是只有社会救助具有减贫作用。最为一致的观点是认为储蓄型社会保障模式没有减贫效果，因为这种制度模式的主要特点是：不具有再分配性质，不以社会公平为主要目标；实行基金积累制的筹资模式；给付水平实行供款基准制而非受益基准制，给付水平的高低取决于个人账户积累而非社会保障计划承诺。[③] 换句话说，储蓄型模式中政府的责任较轻，再分配作用很

---

① Korpi, W. and Palme J., The Paradox of Redistribution and Strategies of Equality: Welfare State Institutions, Inequality, and Poverty in the Western Countries, *American Sociological Review*, 1998, 63 (5), pp. 661—87.

② ［英］保罗·怀尔丁：《福利与社会的关系：社会福利理论渊源与蒂特马斯典范》，刘继同译，《社会保障研究》2009 年第 2 期，第 1—14 页。

③ 邓大松、张建伟：《福利型与保障型社会保障制度模式及其经济发展效应的比较》，《经济评论》2003 年第 2 期，第 36—39 页。

弱，无法达到减少贫困人口、缩小收入差距和促进社会公平的目的。从以往的实证研究结果也可以看出，实行福利普惠型的社会民主国家（福利型）比针对核心群体实施社会保险的社团主义国家（保险型），其贫困率更低，脱贫也更快，尽管后者的福利支付水平更高；而合作主义国家（保险型）又比目标定位型（救助型或储蓄型）的自由主义国家有更低的贫困率和更快的脱贫速度。[①] 可以说，尽管有不同观点，但大多数实证研究证明：在社会保障收入转移支付之前，贫困率相差不大的国家，通过不同福利转移模式支付之后，贫困率存在较大差异。总体而言，实施福利型模式的国家贫困率最低，保险型模式国家次之，储蓄型或救助型模式国家最差。这说明福利型社会保障模式的减贫效果最好，保险型次之，而储蓄型最差。许多实证研究结果与理论推论是一致的。

然而，我们将不同国家社会保障模式强行划分，并讨论不同模式的减贫作用，虽然具有现实意义，尽管这种划分能够客观反映各国社会保障体系的重心所在，但似乎过于武断，而且也不符合一国之内各个社会保障项目相互交叉重叠的客观现实，不同社会保障项目的组合才构成了整个社会保障体系。实际上，福利型和保险型社会保障模式内部一般都包括社会福利、社会保险和社会救助三类主要项目。除了储蓄型模式比较特殊以外，如智利和新加坡。福利型和保险型模式的区别在于社会福利和社会保险项目哪个占的比例大。如果社会福利构成社会保障体系的主要部分则属于福利型模式，而社会保险在社会保障体系中占主导则属于保险型模式。这两种模式在减贫效果上可能差别不一定很大。因为一个国家的社会保障体系作为一个整体是共同发挥减贫作用的，总的减贫效果不能单看个别社会保障项目的减贫作用，而是需要所有社会保障项目相互协调、配合、联动的结果。

首先，社会保障是一个完整的体系。社会救济、社会保险、社会福利构成社会保障体系的主要内容，共同发挥缓解、减少贫困的作用，三者相互配合、相互补充，在对贫困问题的缓解或解决上发挥合力作用。从社会

---

① Didier Fouarge and Richard Layte, Welfare Regimes and Poverty Dynamics: The Duration and Recurrence of Poverty Spells in Europe, *Journal of Social Policy: the Journal of the Social Administration Association*, 2005, Vol. 34, pp. 407—426.

保障整个体系来看，社会救济面向贫困阶层，着力消除绝对贫困；社会保险面向工薪阶层，旨在预防广大工薪阶层的贫困风险；社会福利覆盖面最广，公共福利面向全体公民，职工福利面向企业、事业、机关单位职工，优抚安置面向军人及家属，通过提高国民福利水平进一步解决相对贫困问题，改善和提高国民的生活质量，而不仅仅局限于基本生活需要方面。三者的减贫作用各有特点和针对性，缺一不可，又共同构成了完整的体系，发挥整体性的减贫作用。

其次，社会保险是社会保障体系的核心项目，保障对象是社会成员中的劳动者，主要是工薪阶层。在经济发达国家，工薪阶层连同其家属在人口群体中占有很大比重，社会保险对于这部分庞大的人口群体来说是经济上的第一道防线，在他们因年老、疾病或意外事件丧失劳动力无法取得劳动收入时，社会保险能够防止他们陷入贫困状态，或缓解他们的贫困程度，发挥了基本保障功能。因此，社会保险在整个社会保障体系中发挥减贫作用的范围是最为广泛的，处于第一个层次，这是由社会保险保障的对象所决定的。社会救助是社会保障的最低层次，尽管社会救济能够起到最直接、最迅速的减贫作用，但由于其保障对象的特殊性，只是针对无收入、无生活来源、无家庭可依靠并失去生活能力者，生活在国家“贫困线”以下和最低生活标准以下的家庭和个人，以及遭受自然灾害和不幸事故者这一类较为特殊的社会成员，目标在于帮助他们维持基本生存，所以减贫范围小，力度也不大，起到“兜底”的作用，是社会保险的补充和辅助。社会福利的目标并不是减贫，而是提高人们的生活水准。由于各国的经济发展水平和基本国情不同，社会福利内容差异很大，目标定位也不同。但是从社会福利在社会保障体系中的地位来看，都属于增进国民福利、改善国民物质和精神生活条件的社会保障项目。因此，社会福利所发挥的减贫作用主要是着眼于相对贫困，这也是减贫作用的最高层次。

总体而言，理论分析结果是：那些完全或主要由国家财政支撑的项目，如社会救助、社会福利、优抚安置等主要针对的是特殊困难人群，更倾向于强调社会公平，减贫效果更好。而强调单位和个人共同缴费的社会保险则在一定程度上更倾向效率，注重个人责任，减贫作用相对有限。

本章小结

社会保障是一个国家用来阻止贫困现象的发生和蔓延，提高生活质量的一套制度安排，其内容包括社会福利、社会保险、社会救助、优抚安置和个人储蓄保障等主要项目。根据社会保障的目标对象，政府责任大小，不同社会保障项目在整个体系中所占的份额，以及其他分类标准，可以将社会保障分为不同模式。获得广泛认可的分类主要有两种：一种是根据覆盖范围和保障对象选择方式将社会保障分为普惠型和补缺型；另一种是根据政府在社会保障中的责任大小，或不同社会保障项目在整个体系中所占的份额差异，将社会保障分为福利型、保险型、救助型或储蓄型模式。对社会保障进行分类的意义在于：一是揭示不同类型社会保障模式的特征；二是探寻社会保障制度的发展规律。其目的在于比较研究和历史考察，揭示社会保障制度的发展规律和特点，为各国完善社会保障制度提供理论依据和现实指导。

不同社会保障模式由于政府责任和目标指向不同，减贫作用也存在差异。就普惠型与补缺型模式两者比较而言，普惠型模式有助于团结工人阶层和中产阶层共同支持福利政策，有利于福利制度建设和发展，公平对待每个公民的福利权利能够减少社会分化，保障水平较高，能够激发民间互济互助功能，减贫效果较好。补缺型模式的保障范围较窄，补助水平不高，还可能造成阶层矛盾，不利于社会保障制度发展，且收入调查过程中容易出现错漏现象，因而减贫效果并不好。就福利型、保险型和储蓄型三种模式比较而言，福利型社会保障模式的减贫效果最好，保险型模式次之，储蓄型模式的减贫作用最差。关键是政府责任存在差异，且保障范围不同，造成三种模式的减贫作用存在差异。

需要注意的是，社会保障是一个完整的体系。由于保障范围和保障对象不同，社会救济、社会保险、社会福利三者相互配合、相互补充。社会救济面向贫困阶层，着力消除绝对贫困；社会保险面向工薪阶层，旨在预防广大工薪阶层的贫困风险；社会福利的目标是提高国民福利水平，进一步解决相对贫困问题。三者的减贫作用各有特点和针对性，缺一不可，又共同构成了完整的体系，发挥整体性的减贫作用。

第四章　社会保障资金筹集与减贫

稳定的资金来源和充足的资金供给是社会保障制度正常运行和健康发展的基础，是社会保障资金能够按时足额支付的重要前提保障。而社会保障资金来源的稳定性和充足性必须依赖社会保障资金筹集系统的有效运行。社会保障资金筹集是社会保障制度建设的重要环节，它是指由专职的社会保障机构按照法律规定的比例和计征对象征收社会保障费（税）的一种行为。社会保障资金筹集系统运行的有效性取决于有效的资金筹集方式、稳定的资金来源渠道及合理的资金分担方式，而这些也是影响社会保障发挥减贫作用的重要因素。没有资金来源，整个社会保障体系就会成为“无源之水，无本之木”，社会保障制度就会面临发展困难，更谈不上减贫功能。现代社会保障制度的资金主要来源于政府、企业和个人三方，社会保障资金的不同来源，反映了不同供款主体承担的社会保障责任。社会保障资金分担比例是否合理，资金来源渠道是否有保障，以及征缴方式和征缴效率如何，都会影响社会保障资金的规模，进而影响社会保障资金的支付水平，最终影响社会保障的减贫作用。

第一节　社会保障资金来源与减贫

社会保障资金来源是社会保障体系运转的前提条件。社会保障资金是由不同供款主体提供的，供款主体在社会保障资金筹集中的责任，决定了不同主体的资金分担比例，资金分担比例差异又导致减贫作用差异。与此同时，资金来源渠道和缴费标准差异，也会对不同参与者的参与行为产生影响，进而对社会保障的减贫作用产生影响。

一 供款主体与减贫

社会保障资金的供款主体一般包括政府、单位和个人，还可能包括一些社会团体、个人、慈善机构和宗教组织的捐赠。不同供款主体承担的责任不同，社会保障的减贫作用也存在差异。不同供款主体在不同历史时期承担供款责任的大小有一个演变过程。在现代社会保障制度建立之前，社会救助构成社会保障的主体，宗教组织的临时救济在社会救助领域曾经扮演主要角色。直到20世纪80年代德国建立现代社会保险制度之后，产业工人才逐渐成为社会保障资金的供款主体，于是个人缴款构成社会保障资金的主要来源。后来要求雇主也为其雇员承担一部分保险费，作为工人在年老、生病、失业或伤残时基本生活需要的保障，雇员和雇主共同成为社会保障资金的供款主体。而国家仅仅在工人年老退休和丧失劳动能力的情况下，给予固定的年金补贴。也就是说，德国社会保险制度建立初期，其资金主要来源于雇主和雇员缴费。这个俾斯麦社会保障模式对其他国家的社会保障制度建设产生了很大影响。英国《1911年不列颠法》规定：在老年和伤残保险方面，实行政府、雇主和工人三方筹资方式。三方筹资方式的根据是：雇主期望健壮劳动力的充足供给，工人愿为将来可能产生的不安全事件做出一些有益的贡献，政府在改善公民的健康方面具有义不容辞的责任。[①] 三方负担的供款方式在两次世界大战期间被国际劳工组织（ILO）极力推崇，逐渐成为各国建立社会保障制度所遵循的公认原则。此后，无论供款主体及其在社会保障中的责任如何变化，政府、企业和个人三方共同供款的模式实际已被固定了下来，成为社会保障资金供款模式的主流，只有极少数国家的供款主体仅包括三方中的两方或一方。[②] 比如，智利1981年改革后的社会保障资金，就是由个人单方供款，政府和企业不承担或仅承担极少的

① 徐放鸣：《西方工业国社会保障筹资方式的演变及其启示》，《外国经济与管理》1986年第6期，第42—44页。

② 智利社会保险项目的供款主体仅包括个人一方，美国和新加坡社会保险项目的供款主体包括企业和个人两方。当然还需要注意的是，一国之内，不同社会保障项目的供款主体是不一样的，如社会救助项目的供款主体就只有政府一方，而社会保险的供款主体常常包括政府、企业和个人三方。

供款责任。

直到1942年英国贝弗里奇模式才主张以政府供款为主的供款模式。这种供款模式强调社会保障的互助性和再分配性，认为每个公民都有权获得社会保障的保护，社会保障费的缴纳应该体现支付能力原则，收入多的多缴纳。社会保障待遇水平与缴纳数额没有直接关系，社会保障资金主要来源于一般税收，而不再偏重雇主和雇工缴费，政府成为社会保障资金的供款主体。第二次世界大战以后，斯堪的纳维亚国家和爱尔兰也采用政府供款模式。但这种政府承担主要供款责任的模式仅维持到20世纪70年代。实际上，早在五六十年代，发达国家社会保障进入全面扩张阶段，待遇水平越来越高，政府负担也越来越重。随着支付水平提高，养懒汉现象普遍存在，西方各国经济步入滞涨阶段，各国为了加强本国企业在国际市场上的竞争力，普遍减低雇主的社会保障负担，雇主缴纳的社会保障税比重下降。同时，又由于存在福利刚性，为了保证社会保障资金的供给，不得不提高个人缴费比重。

提高个人缴费比重的办法包括：一是提高保费率，即提高缴纳的保险费占工资的百分比，如法国仅在1947年至1981年的35年中就提高了16次。二是取消最高限额，最高限额是指以收入为基础的保险费缴纳只对收入的某一范围而言，收入超过这一上限的部分，不用缴纳保险费。[①] 这一最高限额的存在最初是考虑到社会保障对被保险人的补偿是有一定限量的，为避免过度补偿问题，保险费的缴纳也确定了一个最高缴费上限。由于这一上限的存在常常引起争论，加之去掉这一上限确实能够增加社会保障资金收入，简化征收手续，促进收入再分配，所以现在许多国家都废除了最高限额制度。[②] 个人供款在一些国家成为社会保障资金的主要来源。强调个人供款责任的主张在里根政府和撒切尔夫人的削减福利改革计划中体现得最为明显，最终导致个人供款持续增长。与此同时，由政府供款的社会保障资金也在提高。欧盟15个国家中有11个国家的社会保障资金由

---

① 我国目前的社会养老保障制度就有最高限额规定：超出当地职工平均工资300%的部分不缴纳养老保障费。

② 雷良海：《西方国家社会保障筹资方式及其对我国的启示》，《财经研究》1993年第7期，第16—20页。

一般性税收提供的比重在提高。① 而雇主的供款责任逐渐下降，特别是在20世纪80年代之后，许多国家为了增强企业竞争能力，雇主的社会保障供款明显下降，而个人和政府的供款责任上升。但无论供款责任如何变动，大多数国家都强调政府、企业和个人三方的供款责任。

从减贫的角度来看，政府供款最能够体现社会保障的再分配性质，政府供款主要来源于一般性税收，由于一般性税收往往主要来源于富人，而享受待遇与是否缴税及缴纳多少税收没有直接关系，穷人能够从社会保障中获得补贴往往多于自己缴纳的税款。因此，政府作为社会保障资金的供款主体更有利于减少贫困人口。如果社会保障资金供款主要来自于雇主和雇员的共同缴费，那么这个社会保障制度一般也主要以传统的就业关联型社会保险计划为主。根据保险的对称性原则，只有那些缴纳了保险费的人，即投保人，才可以享受到相应的保险赔偿。虽然社会保险也具有分散横向风险的功能，具有一定再分配作用，如医疗保险和失业保险体现为健康者的缴费实际支付给了生病者，在职者的缴费最后支付给了失业者。但社会保险计划主要针对具有稳定收入来源和一定收入水平的工薪阶层，对于收入水平较低，收入不稳定的穷人而言，往往被排斥在社会保险计划之外。因而以雇主和雇员供款为主的社会保险计划，其减贫作用很大程度取决于制度覆盖面和该国国民的缴费能力。社会保险计划尤其是养老保障计划的互济性较差，雇主和雇员缴纳养老金应该被视为推迟发放的工资的一部分，这部分工资被放在雇员的社会保障账户上，当该雇员符合规定的领取条件，才会获得这部分工资。

社会保险模式与私人保险的区别在于保险金的缴纳不仅仅是受保人即雇员要缴纳，其雇主也要为雇员缴纳。但由雇主缴纳社会保障税实际对穷人的帮助不大，因为如果社会保障税由企业来承担的话，从短期看，经济可能会产生通货膨胀压力，企业将会失去竞争力，最终导致企业利润下降，工资水平下降，从而导致社会保险的缴费基数下降，雇员缴纳的保费总额与获得补助金额也随之下降。而且，企业利润下降还将导致企业资金积累下降，进而企业投资下降，失业率增加，贫困人口增多，对社会保障

---

① 钟晓敏：《欧盟社会保障制度资金来源的比较研究》，《财经论丛》2001年第1期，第26—34页。

体系带来支付压力。而从长期看，企业缴纳的社会保障税最终将被全部转嫁到劳动者身上。[①] 因此，如果社会保障资金主要由雇主和雇员供款的话，可以视为社会保障税费几乎全部由雇员承担，由企业和个人共同供款的方式对于减少贫困人口的作用不如有政府参与供款的三方供款方式。

政府供款主要用于具有互济性的社会保障项目，这类项目的支付与职业收入的损失之间没有直接的对等关系，某种程度体现为不同收入的社会成员之间的互助共济，能够达到调节社会收入分配的目的。个人和企业供款主要用于具有保险性质的项目，这类项目本质上是提高个人及其家庭预防各种贫困风险的能力，通过个人事先预防，避免因为风险侵袭而陷入贫困状态，社会保险项目的受益资格以事先的缴费义务为条件，贫困人口往往不具有缴费能力，无法得到社会保险项目支付，因而社会保险项目（除了非缴费型社会保险项目，如非缴费型基础养老金计划）对现存的贫困人口帮助有限。可以说，主要由政府供款的社会保障项目的减贫作用，较之由个人和企业供款的社会保险，具有更强的减贫作用。

从发达国家社会保障供款主体变化来看，当前各国既强调个人在社会保障中的责任，如提高个人缴费比率，又强调政府在收入分配中的重要作用，增加政府供款占社会保障资金中的比重，而降低企业在社会保障中的供款比例，提高企业竞争力。这一发展趋势是为了适应全球化给企业带来的竞争压力，以及老龄化给社会保障带来的支付压力而进行的调整。强调个人责任有助于鼓励个人就业，避免养懒汉，减轻社会保障支付压力的双重好处。而提高政府供款比例有助于加强社会保障的互济性，增强社会保障在调节收入分配和减少贫困上的作用。因而，降低企业社会保障供款，提高政府和个人社会保障责任的政策调整，不但有利于增强经济活力，同时也有助于减贫。当然，政策调整后的具体减贫效果，还需要看社会保障项目的组合结构，以及社会保障管理的各个环节。

二　资金分担与减贫

社会保障资金分担就是指社会保障资金由哪些主体来承担的问题。从

---

① 钟晓敏：《欧盟社会保障制度资金来源的比较研究》，《财经论丛》2001 年第 1 期，第 26—34 页。

各国实践来看，社会保障资金一般主要由政府、企业和个人共同分担。而不同主体的组合则构成了不同的分担方式。就目前来看，社会保障资金分担方式主要有以下四种：一是国家、企业、个人三方共同负担方式；二是企业和个人共同负担方式；三是政府和企业两方负担方式；四是仅由雇员个人负担的方式。不同社会保障资金分担方式不仅体现了不同主体在社会保障中的责任差异，而且也会带来不同的收入再分配效应，因而不同分担方式的减贫作用也不同。

（一）国家、企业、个人三方共同负担方式

采用这种资金分担方式的主要国家有德国、日本和中国。社会保障资金主要由职工本人和职工所在单位以工资总额为基数，按照规定的比例向社会保障管理机构缴纳。政府在其中的角色主要是组织者和管理者，其首要任务是尽快建立和完善社会保障制度体系，在有关的经济政策方面如税收、利率方面给予适度优惠，同时，适度承担一部分社会保障基金的筹集。这种资金分担方式由多元主体共同分担了社会保障资金的筹集，尤其是加强个人的权利义务对称性，减轻了国家财政和企业的负担，有利于社会保障可持续性，有利于促进经济发展，越来越多的国家的社会保障改革也逐渐向这一方向发展。但需要注意的是，三方负担固然减轻了政府责任，但同时也降低了社会保障的互济性，不利于解决困难群体的生活，一定程度偏离了社会保障制度建立的初衷。

（二）雇主与雇员共同负担方式

主要以美国和新加坡为例，美国实行雇主和雇员共同负担的方式，实行现收现付，体现了社会保障的互助共济性。随着人口老龄化的加剧，社会保障制度负担系数加大，这不仅使政府财政负担加重，还使代际的矛盾加深，为了摆脱这一困境，美国社会保障从20世纪80年代逐渐转向私有化，提倡个人为自己投保，加强对个人的激励机制，它反映了对社会保障制度承担主体选择的一种倾向。这种倾向实际是在削弱社会保障的互济性和收入再分配功能，降低减贫作用。新加坡的中央公积金制度作为一种长期储蓄制度对经济和社会发展起到了积极的促进作用。公积金大部分用于购买政府发行的公债，修建了一系列公共设施，为新加坡的经济快速发展起到了很大作用，但是严格来说，这种制度在社会成员之间缺乏互济功能，它提供的社会保障水平具有明显的个体性特征，保障水平取决于个人经济贡献，可能会加剧贫富差距。这种制度抵抗贫困风险的能力不足，一旦出现大的经济波动，就会对制度参与者的生活产生较大影响，因此，应当对其进行改革，以体现社会保障的再分配功能。

（三）政府和雇主共同负担方式

这种资金分担方式主要指福利型社会保障模式，以瑞典、挪威等一些北欧国家为主，这种方式不要求缴费义务与受益资格的对称性，很低的受益门槛条件能够为全体成员提供基本生活福利待遇，提高公民的生活水平。同时，有利于实现居民收入均等化，缓和社会各阶层的利益冲突，促进经济和社会稳定。这种负担方式虽然实现了社会再分配功能，实现了公平，但是却严重挫伤了劳动者积极性，牺牲了效率。如免除缴费义务的失业保险造成失业者消极对待失业。可见免除社会保障资金缴费义务的资金分担方式可能会严重影响、甚至会阻碍经济的发展，政府负担加重，财政赤字持续加大，最终影响整体福利水平的提高，导致社会保障制度走向减贫的反面。当然，如果能够有效控制支出，并保证社会保障体系的可持续性，则该种资金分担方式的减贫作用最强。

（四）雇员单独负担方式

目前采用这种资金分担方式的国家主要集中在拉丁美洲，典型代表国家是智利。个人缴费建立个人账户的方式，强调了社会保障基金的储蓄功能，国家的社会保障责任降到最低，企业不负担社会保障费，有利于企业资本积累，提高竞争力。但是这种分担方式弱化了再分配功能，无法实现社会保障的社会互济目标，也就是以牺牲公平的代价换来效率的提高。另外，个人积累方式对基金的保值增值要求非常高，进入资本市场的欲望很强烈，对资本市场的成熟度要求也非常高。而每个积累账户需要几十年的积累过程，面临的风险是巨大的，一旦基金贬值，整个社会保障体系就面临崩溃的危险，不仅会影响人们生活，还可能会造成社会动荡。

以上四种社会保障资金承担方式的划分，是相对而言的，主要是依据主要资金来源进行的划分。实际上，瑞典、挪威等北欧国家的社会保障资金分担中，个人也承担了相当一部分。可以说，目前世界上绝大多数国家都采取政府、企业和个人三方负担的方式。而上述划分只是为了方便比较进行的，就上述四种划分在减贫中的作用而言，如果按照政府在当中的责任大小进行排序，则可以排列为：（三）>（一）>（二）>（四）。政府责任的大小同时也表明了该种承担方式所具有的社会互济性的大小，而政府承担责任大小及其互济性大小直接影响社会保障的收入再分配和减贫的能力和效果。因此，在考虑经济发展对于社会保障程度的承受力的同时，也应该充分考虑发挥社会保障在调节收入分配和减少贫困方面具有的重要作用，合理划分不同主体在社会保障资金分担中的比重。

三 资金渠道与减贫

社会保障资金的来源渠道主要包括三个：一是来源于政府一般税收；二是来源于雇主和雇员强制性缴款，以及由此形成的社会保障基金的投资收益；三是来源于企业或个人自愿缴纳的社会保障金。还有少量社会保障资金来源于社会团体、组织和个人的捐赠，还可通过发行福利彩票，对社会福利事业的服务性收费等筹集社会福利事业基金，这些资金来源都能对社会保障基金起到重要的补充作用。从世界范围来看，目前社会保障税或费构成各国社会保障资金的主要来源渠道，其区别在于三种来源在各国社会保障资金中所占的比重不同。

社会保障税或费一般由国家立法强制进行征缴。它一般是由雇员和雇主双方定期按工资一定的百分比向国家社会保障机构进行缴纳。其缴纳的标准按企业的工资总额和职工的收入计算，是对职工收入的一种直接扣除。[①] 由雇主和雇员缴款占社会保障资金比重较大的国家大多是西欧国家，这些国家社会保障制度主要以传统的就业关联型社会保险计划为主，以德国、波兰、奥地利、捷克、斯洛伐克等为代表，社会保障资金主要由几个方面构成：雇主和雇员缴纳的社会保险税、国家和地方财政补贴，以及其他经常性收入（如社会保障基金的利息收入等）。还有一些国家的社会保障资金主要来源于雇员缴纳的社会保险费及其形成的社会保障基金的投资收益，雇主无须缴费或缴费很少，政府也不用从一般税收中补贴，这种情况主要存在于那些已经进行社会保障制度私有化改革的国家，社会保障私有化从 1981 年智利改革之后才出现，以雇员缴费为社会保障资金来源渠道的模式，现在主要存在于拉美地区。此外，许多国家的社会保障资金来源于一般税收的比重也比较大，如瑞典、挪威、丹麦、荷兰等北欧国

---

① 曹明：《社会保障资金来源与利益分配》，《决策探索》1995 年第 5 期，第 16—17 页。

家，以及英国，尽管这些国家社会保障资金的大部分来自于个人和企业缴纳的社会保障税或费，但来源于一般税收也占相当大的比重，而且在养老保险、医疗保险等重要的社会保障项目上，基础保障部分基本都来源于政府的一般税收。来源于一般税收的部分往往具有较强的收入再分配功能，能够发挥更好的减贫作用。而这些国家的社会福利水平往往也比较高，当然政府财政负担也相对较重。

一般税收占社会保障资金比重较大的国家，其社会保障模式基本是福利型模式，社会保障税或费占社保资金比重较大的国家的社保模式一般称为保险型社会保障模式，而基本由个人缴款形成社会保障资金的国家就是储蓄型社会保障模式。但从历史发展趋势来看，福利型、保险型模式国家与救助型模式国家出现趋同趋势。福利型国家来源于公共税收部分的资金在逐渐减少。如瑞典 1995 年来源于公共税收的资金占 GDP 的 32.0%，2009 年这一比重降到 29.8%，到 2013 年继续降到 28.6%；挪威的这一比重几年基本保持不变，2010 年为 23.0%，到 2013 年仍为 22.9%。[①] 这些国家原来公共资金占社保资金的比重就比较高，现在的趋势是逐渐下降。而保险型国家的公共资金部分出现分化，大多数国家在减少，少数一些国家在增长。德国、奥地利、波兰等国家的公共资金占社保资金的比重基本处于下降趋势，而捷克等原来公共资金比重不算高的国家则出现增长的情况。捷克从 2005 年的 18.7% 增长到 2013 年的 21.8%。以社会救助为主的国家，公共资金占社保资金的比重基本上呈逐年提高的趋势。典型的如美国，1990 年这一比重为 13.6%，到 2013 年达到 20.0%。[②] 总的来说，原来公共资金比重高的国家正在降低公共资金占社保资金的比重，而原来公共资金比重国家则在提高这一比重，表现出趋同趋势。公共资金比重的大体趋势是福利型和救助型模式逐渐向保险型模式靠拢。从个人资金比重来看，则表现为几乎所有福利型和保险型国家都通过个人强制性或自愿性缴款的方式来充实社保资金。比较特殊的是实行私有化社保模式的拉美国家，公共资金占社保资金的比重也呈小幅下降，个人自愿性缴款比重变化很小，只有强制性个人缴款在增加。1990 年智利强制性个人缴款仅占

---

① 数据来源于 OECD 统计数据库，http：//stats. oecd. org/index. aspx。

② 同上。

GDP的0.6%，到2009年这一比重提高到1.5%。这似乎说明以个人自愿缴款为主的社保私有化国家最终是否会通过提高个人强制性缴款来充实社保资金，目前还不能判断，但自愿性缴款率始终得不到很大提高，覆盖面较窄是不争的事实。可能由于这种模式缺乏政府配套补助资金支持，因而制度激励性不足的缘故。

三种社会保障资金来源及其所占比重不同，反映了政府在社会保障中的责任也不同，社会保障的收入分配功能也不同，进而减贫能力大小也不同。总体而言，如果社会保障资金主要来源于政府一般税收，或一般税收在社保资金中的比重较大，那么由于资金缴纳与待遇享受之间的关联性较弱，更能体现不同社会成员之间的互助共济理念，收入再分配性质较强，更有利于减贫。政府通过预算拨款为每个公民提供社会保障福利，享受福利计划的范围广，享受福利是一种公民权利，只要具有公民资格，任何人都可以获得福利支持。其缺点是容易造成浪费现象，政府财政负担较重，对劳动力市场可能产生负激励等。如果社会保障资金主要来源于雇主和雇员缴款（或称社会保障税），或社会保障税在社保资金中的比重较大，那么这种社会保障模式强调的是保险的性质，互济性较弱，享受社会福利要以缴款作为前提，容易将低收入者排斥在社会保障的覆盖范围之外。特别在经济衰退期间，失业人口由于收入中断，加上被排斥在社会保障覆盖范围之外而常常陷入贫困。这种社会保障制度实际保障的只是具有稳定收入来源的中产阶层和富裕阶层，对于贫困阶层的保障非常有限，这一点恰恰违背社会保障制度建立的初衷。如果个人缴款构成社保资金的主要部分，则减贫作用就非常弱。如拉美许多国家20世纪80年代以来的社会保障私有化改革，社会保障资金基本来源于个人自愿性缴款，其覆盖面就仅仅达到40%左右，大多数劳动者都没有参保，而且在参保的个人之间也无法实现社会保障资金的调剂使用，代际代内都基本无法实现互济性功能，对穷人和富人的收入无法进行相互调节分配。理论上讲，这种资金来源渠道仅仅具有对个人不同生命时期收入进行调节的功能，所能起到的减贫作用，就是对老年贫困具有一定的预防作用。

此外，中央政府与地方政府承担公共社会保障资金的比重不同，也会影响社会保障在不同地区的减贫效果。特别是在地区发展差距较大的国家，如果中央政府承担的公共社会保障资金比重较大，调节能力较强，资金向贫困地区倾斜，那么贫困地区的减贫能力就会得到提高。但如果公共社会保障资金的主要部分由地方政府承担，那么贫困地区政府往往会由于经济发展水平和财政承受能力限制，而降低社会保障补助标准，使贫困人口难以脱贫，社会保障的统筹层次也难以提升。特别是再分配性质较强的保障项目，应该主要由中央政府承担公共保障资金部分，通过中央财政转移支付，使社会保障资金从富裕地区流向贫困地区，这样更有利于地区之间公共服务均等化发展，体现社会公平，增强社会保障的减贫作用。

四 缴费标准与减贫

缴费（税）主要是针对社会保险项目而言的，社会福利和社会救助项目的资金主要来源于政府税收及各种社会捐赠。因此，这里所说的缴费标准主要是社会保险项目的缴费标准。缴费标准主要包括缴费基数、缴费年限和缴费水平（或称费率）。任何一个标准发生变动都会影响整个社会保障资金的筹集。缴费标准决定缴费总额，缴费总额决定基金总量规模。在没有政府财政补充的情况下，缴费总额的累积及其投资收益率之和等于基金总规模。

社会保险缴费基数是参保单位和参保人员缴纳社会保险费的依据。缴费基数一般可以区分为个人缴费基数和单位缴费基数。个人缴费基数一般以职工工资、当地在岗职工平均工资或社会平均工资为依据。单位缴费基数以本单位员工工资总额为依据。个人社会保险缴费基数有上下限规定，缴费基数上限是指参保个人的工资收入超过上一年当地省、市在岗职工月平均工资（或职工工资，或社会平均工资）一定比例以上的部分不计入缴费基数。缴费基数下限是指参保个人的工资收入低于上一年当地省、市在岗职工月平均工资（或职工工资，或社会平均工资）一定比例的，以这一比例作为缴费基数。具体规定各国有所不同，我国规定缴费基数下限为职工月平均工资的60%，上限为300%。即企业职工最低缴费基数为上年度全市职工月平均工资的60%（私营企业职工、个体工商户雇工和非本市城镇户口职工不得低于50%，私营企业法人、股东、个体工商户业主不得低于100%），低于这一比例的按照这一比例缴费；最高缴费基数为上年度全市职工月平均工资的300%，高于这一比例的部分不用缴费。城镇个体工商户和灵活就业人员参加基本养老、基本医疗保险等的缴费基数为当地上年度在岗职工平均工资。缴费基数设定上下限规定，有利于实现权利与义务对等，确保高收入者不多缴费，而低收入者也要承担缴费义务，避免“养懒汉”现象，有效控制社会保障支出水平。但不利于实现收入再分配和增加社会保障基金收入总量。同时还会加重低收入者和中小企业负担。因为中小企业、劳动密集型企业就业的人员多、收入低，其工资水平往往达不到最低缴费基数，却要按最低缴费基数缴费，由此造成企业和个人缴费负担加重。[①] 为了加强社会保障调节收入分配的力度，自 20 世纪 80 年代以来，许多国家就取消了缴费基数的上限，有利于增加社保基金积累，有利于收入的阶层流动，有利于减贫。

缴费年限是保证社会保障资金充足供给的重要条件。在缴费水平和缴费基数确定的情况下，缴费时间越长，缴费数额越多，社会保障资金积累就越多。而且缴费时间越长，意味着领取时间越短，有利于社会保障资金积累，而缩短支付时间，就能够提高支付水平。这就是许多发达国家提高退休年龄或推迟养老金领取年龄的原因。我国目前提出的推迟退休年龄，实际上也能够达到增加缴费年限，缩短领取年限的作用。从而增加社会保障资金积累，确保社会保障资金支付水平，保障参保人员的基本生活水平。

社会保险缴费水平是指企业、个人依法缴纳的各种社会保险项目费（税）占工资的比例或数量。主要包括养老保险缴费水平、医疗保险缴费水平、失业保险缴费水平、工伤保险缴费水平和生育保险缴费水平。各个社会保险项目基金多寡均与其缴费（税）水平有直接联系。缴费水平越高，社会保险项目积累的资金越多。但社会保险的缴费水平并非越高越好。对个人和企业来说，如果缴费水平过高，会增加个人经济负担，影响个人当期生活水平，降低个人参保意愿和参保率。而企业缴费水平过高，则会影响企业盈利状况，为了降低成本，企业可能会选择逃避缴费，最终导致社会保险项目的覆盖范围缩小。如果缴费过低，则社会保障资金不足以足额支付保障待遇，待遇水平下降，减贫作用降低。对政府补贴而言，如果补助金额过高，则会增加政府财政负担，同时可能影响政府公共投资

---

① 黄庆杰：《关于社会保险缴费负担的几点思考》，《宏观经济管理》2012 年第 10 期，第 26—29 页。

能力，进而影响整个社会经济发展。但是如果政府补贴过低，又会导致社会保险资金支付待遇下降，还可能会减少社会保险政策的吸引力，从而降低参保率。这样，最终不但会导致社会保险覆盖面减少，还会影响减贫作用。因此，社会保险资金筹集需要考虑适度的缴费水平，而确定适度的社会保险缴费水平应该考虑企业和个人的经济承受能力，同时还应分析财政的负担能力。

目前，对于社会保险缴费水平（费率）究竟多少较为适宜还没有统一意见，从实践来看，世界各国费率水平差异也很大。根据对世界127个国家的情况分析，（政府、企业和个人）全部社会保险费率（包括养老、医疗、工伤、失业保险和家庭津贴）在10%以下的有13个国家，占10.2%；费率在10%—20%之间的有43个国家，占33.8%；费率在20%—30%之间的有33个国家，占26%；费率在30%—40%之间的有26个国家，占20.5%；费率在40%以上的国家有12个，占9.4%。[①] 可以看出，费率在10%—30%之间的国家占接近60%的比例。其中，北美和亚太地区发达国家费率较低，这些国家的社会保障体系以社会救助为主，待遇水平较低；欧洲发达国家费率较高，这些国家以社会福利为主，待遇水平较高。我国社会保险费率水平和欧洲发达国家相当，超过40%，但待遇水平则远远低于这些国家。特别是我国企业社会保险缴费负担偏重，逃避缴费现象较为突出。[②] 如我国企业和个人负担的5项社会保险总费率为41%，企业、个人分别为30%、11%。[③] 如果加上住房公积金（单位和职工费率不低于上一年度月平均工资的5%，原则上不高于12%），总费率已达51%—65%，这还不包括企业补充医疗保险和企业年金缴费。企业缴纳各种社会保险的费率平均为40%—50%，企业缴费明显偏高，而个人偏低。企业超负荷运行，逃避缴费现象普遍。[④] 这不但不利于社会

① 刘燕斌：《各国社会保险费率比较》，《中国社会保障》2009年第3期，第36—37页。

② 刘畅：《社会保险缴费水平的效率研究——基于天津市的实证分析》，《江西财经大学学报》2007年第1期，第28—32页。

③ 其中，养老保险费率中，企业费率为工资总额的20%、个人费率为工资总额的8%，医疗保险费率中企业费率为6%、个人费率为2%，失业保险费率中企业费率为2%、个人费率为1%，工伤和生育保险费由企业缴纳、个人不缴费，费率分别不超过工资总额的1%。

④ 刘钧：《社会保险缴费水平的确定：理论与实证分析》，《财经研究》2004年第2期，第73—79页。

保障制度的健康发展，也不利于社会保障减贫作用的发挥。因此，合理的缴费水平是影响社会保障减贫的重要因素，缴费水平过高和过低都不利于社会保障减贫。

第二节 社会保障筹资方式与减贫

社会保障筹资方式是指社会保障管理部门依法为筹集社会保障专用资金所采用的手段和途径。一定的筹资方式往往对应一定的征收主体，而不同征收主体的征缴成本和征缴效率不同，又会影响社会保障资金的筹集。与此同时，不同筹资方式还反映了不同的社会保障观念。因此，社会保障筹资方式往往并非仅仅是筹资问题，筹资方式在某种程度上决定社会保障资金运作、管理和支付方式，甚至决定整个社会保障制度的运行和发展。合理高效的筹资机制是各国社会保障制度建设努力追求的目标之一，探寻合理的社会保障筹资方式，对于发挥社会保障制度的减贫作用具有重要的现实意义。

一 筹资方式分类与减贫

充足的社会保障资金是社会保障制度存在、发展和不断完善的基础，而筹资是获得社会保障资金的途径，是社会保障管理的重要环节，因此确立合理的社会保障筹资方式对建构社会保障体系具有重要的意义。由于国情的差异和所实行社会保障模式、保障范围的不同，世界各国筹集社会保障资金的方式也不尽相同。

从目前世界各国实践来看，社会保障资金筹资方式归纳起来主要有三种：缴税制、缴费制和储蓄制。缴税制就是按照政府规定的税率，由税务部门通过税收形式筹集社会保障资金的一种筹资方式。征缴上来的社会保障税款一般直接构成政府财政收入的重要组成部分，然后经过专门的社会保障预算，将款项划拨给相应的管理部门进行运作、管理和支付。社会保障税一般由雇主和雇员按规定的税率分别缴纳。对雇员来说，其课征对象主要是工资或薪金，因而又称为工薪税。对雇主而言，雇员的工资总和就是课征对象。个体经营者一般由自己全额缴纳，课征对象主要是社会平均工资。征税制一般实行专款专用，不足部分由财政弥补。缴费制是指社会保障管理机构依据有关法律规定，以收费的形式强制向企业和个人征收社会保障资金的筹资方式。社会保障费一般不直接构成政府的财政收入，但是由政府成立专门机构（或政府委托机构）进行管理和运营。课征对象主要也是工资，也实行专款专用。储蓄制是政府通过立法规定统一费率，要求企业和个人缴纳社会保障费的一种筹资方式。企业和个人缴纳的社会保障费统一存入个人账户，需要时从个人账户中支取，因此也称个人账户制。个人账户资金由社会保障管理机构进行统一管理和支配，社会保障费的本金和利息均归雇员所有，政府有权在一定范围内进行适当的调剂。但缴纳的社会保障费不纳入财政收入，政府一般也不承担弥补资金不足的责任。

在目前已经建立了社会保障制度的国家中，采用缴税制的国家占半数稍多。根据国际货币基金组织的不完全统计，在建立了社会保障制度的160多个国家中，征收不同形式的社会保障税或工薪税的国家有80多个。采用缴费制的国家也较多，而采用储蓄制的国家较少，除了新加坡外，采用储蓄制的国家主要集中于拉丁美洲，是1981年智利社会保障私有化改革的产物。与三种社会保障资金筹资方式相对应，社会保障资金的征收主体也可以分为三个：一是税务机关征收；二是社会保障部门征收；三是基金管理公司或其他独立自治机构征收。采用税务机关征缴方式的国家主要包括大部分北欧国家、一些英语国家以及部分中东欧国家，如瑞典、英国、美国等，其中一些国家的社会保障模式属于福利型，而另一些国家的社会保障模式属于救助型，二者共同的特点都是强调社会保障的互济性。当然，福利型国家的社会保障制度更具全面普享性质，而救助型国家的社会保障制度仅仅强调补缺功能。但这些国家的社会保障供款明显具有税的性质。由社会保障管理部门征缴的方式大多存在于西欧国家。这些国家的社会保障制度以就业关联型的社会保险项目为主，供款来自于雇主和雇员的共同缴费，强调权利和义务的对称性。由私营机构征收社会保障资金的国家主要存在于拉美地区，如智利、秘鲁等，欧洲的法国是一个例外，其社会保障资金由“社会保险和家庭补助征收联盟”（URSSAF）负责征缴。[①] 各国所采用的筹资方式与征收主体存在很强的关联性，如果一国的

① 郑秉文、房连泉：《社会保障供款征缴体制国际比较与中国的抉择》，《公共管理学报》2007年第4期，第1—16页。

筹资方式是缴税制，那么征收主体一般就是税务机关。但二者并非是一一对应关系，如新加坡的社会保障资金筹集采用的是储蓄制，但征收主体却是社会保障部门。

采用何种筹资方式某种程度上反映了不同的社会保障观念。采用缴税制反映的是共享和互助的观念。如瑞典、英国的社会保障制度体现的就是共享观念，社会保障体系以普惠型的社会福利为主，强调全民共享。而美国、澳大利亚的社会保障制度体现的是互助的观念，社会保障体系以选择式的社会救助为主，强调对弱者的支持。采用缴费制反映的是保险的观念。如德国、法国的社会保障制度体现的就是保险的观念，社会保障体系以强调权利义务对称的社会保险为主，强调对职业风险的预防。而采用储蓄制反映的是自我保障观念。这实际上是向传统个人保障模式的某种倒退，与工业化社会和后工业化社会（或者贝尔所说的风险社会）要求相互保障的思想相背离，但又与强调个人责任相吻合。此外，采用不同的筹资方式，其社会保障项目的复杂程度不同。一般而言，缴税制和储蓄制的项目设置比较简单明了，而且缴税和支付都要遵循统一的章法，缴费制的项目设置比较繁杂，而且每一项目都有相对独立的一套缴费办法。[①] 当然也有少数例外。

从三种筹资方式还派生出三种资金平衡方式，即现收现付制、完全积累制和部分积累制。当然，三种筹资方式和三种资金平衡方式也并不是一一对应关系。在实践中，人们通常把它们同社会统筹、个人账户这两种社会保险基金存储方式进行交叉组合，形成三种社会保障资金平衡模式：一是社会统筹的现收现付制；二是个人账户的基金积累制；三是社会统筹和个人账户相结合的混合制。显然，缴税制筹资方式对应的是社会统筹的现收现付制，也就是说，社会统筹的社会保障模式实行的是现收现付制，其筹资方式宜采用缴税制。个人账户模式实行的是基金积累制，其筹资方式宜采用缴费制或储蓄制。而社会统筹与个人账户相结合的混合模式，既有公共账户，又有个人账户，其筹资方式宜采用缴税制与缴费制、储蓄制相结合。其中，社会统筹部分采用缴税制，个人账户部分采用缴费制或储蓄

① 杨良初：《关于我国社会保障筹资模式的研究》，《中南财经大学学报》1995 年第 3 期，第 37—42 页。

制。需要提醒的是：一些学者往往把现收现付制、基金积累制和混合制理解为社会保障资金的筹集方式。我们认为这三者当然可以认为是社会保障资金的筹集方式和支付方式，但主要应是社会保障资金的财务平衡方式，属于资金运作和管理的范畴。因此，我们将它们划入下一章的资金运作和管理方式进行论述。

就不同筹资方式的减贫作用而言，缴税制的减贫作用最强，其次是缴费制，减贫作用最弱的是储蓄制。这是因为：其一，缴税制的征收主体是税务部门，各国税务部门一般都形成一套比较成熟的税费征缴系统，人员训练有素，由税务部门代征社会保障税，不需要另外建立一套征缴系统，能够降低征缴成本，利于资金积累。其二，缴税制反映的保障观念是共享和互助，体现的是全面的风险分担机制，具有更强的收入再分配功能。其三，缴税制的社会保障项目设置简单，相关政策容易被认知和理解，保障项目的参与率高，受益面广。而缴费制和储蓄制则不具有这些优点。储蓄制本身的保障观念就是个人保障，缺乏社会互济，也没有政府补贴，不具有收入调节功能，因此，减贫作用最弱。

二　税与费：我国社会保障筹资方式之争

社会保障资金可以“税”的形式，也可以“费”的形式进行征缴，两种征缴方式在实践中均有许多国家采用，在理论上又没有证明哪种征缴方式更具优势，特别是哪种征缴方式更具效率的问题没有被实践很好证明。同时，由于我国面对养老保险费征收困难，以及未来养老保险资金缺口可能持续增大的趋势，许多学者、政策研究人员和实际工作者提出实行社会保障“费”改“税”，开征社会保障税，确保社会保障资金按时足额上缴，填补未来社会保障资金的收支缺口，化解社会保障资金财务风险。于是导致我国学术界和实践部门，在社会保障资金的征缴形式上展开了几次激烈的争论。在我国，社会保障资金究竟由哪个部门来征收，以税收还是缴费形式来征收，被认为在许多方面具有很大不同，由此形成所谓的“税费之争”，这个问题至今也还没有达成一致意见。

从1993年中共十四届三中全会确立“社会统筹与个人账户相结合”的社会保障模式后，我国社会养老保障制度开始从现收现付制转向部分基金积累制。这一转型的最大问题是：由于“老人”没有相应的养老基金积累，而“中人”的养老基金积累不足，实际上“老人”和“中人”的养老金在很大程度上要靠现收现付的“社会统筹”来解决。于是在筹资方式上，一些学者就极力主张社会保障费改税，特别是统筹账户资金应该以税收形式征收。1993 年王绍光等就曾呼吁开征社会保障税。[①] 1994 年又有一批学者加入主张“费改税”的阵营，他们认为开征社会保障税是企业减负和增强社会保障基金征收刚性的关键，有利于社会保障资金的征收。[②] 这种呼吁对一些省份的决策层产生了影响，以至于到 1998 年全国已有 18 个省份实施社会保障税。但多数省市的社会保障资金仍然主要由地方劳动和社会保障部门负责筹集。许多地方的社会保障征缴率低，企业拖欠和逃避缴纳的情况十分严重。养老保险基金缴费率逐年下降：1993 年为 92.4%，1994 年为 90.5%，1995 年为 90%，1996 年为 87%。[③] 于是，社会保障资金征缴方式之争开始浮出水面。

到 1997 年国务院发布《关于建立统一的企业职工基本养老保险制度的决定》时，社会保障资金的筹资方式仍然是缴费制。但由于其规定企业缴纳工资总额的 20%，个人缴纳 4%，并要求按个人工资额的 11% 建立个人账户，企业部分缴费流入个人账户，而社会统筹账户的资金积累不足。所以从 1998 年起，养老保险就陷入了当期收不抵支的困境。1999 年，全国有 25 个省（自治区、直辖市）出现赤字，个人账户被挪用超过 1000 亿元。[④] 在这种情况下，各方人士对养老保障改革提出几种不同的方案，其中一种就是主张用开征社会保障税的办法来强化现收现付制的筹资机制。将基本养老保险费、基本医疗保险费及失业保险费等合并为统一的社会保障税，由税务机关统一征收。一些研究者还从国际潮流和学理上认真提出开征社会保障税的理由：开征统一的、强制性的社会保障税是建立全国统一的、基本的社会保障制度的基础，税收比缴费更加规范、公平，更具有强制性。而且世界大多数国家都采用税收形式，我国的条件也已经

① 王绍光、胡鞍钢：《中国国家能力报告》，辽宁人民出版社 1993 年版，第 206—207 页。

② 安体富、高培勇：《企业社会职能的分离与财政职能的转换》，《财政研究》1994 第 11 期，第 23—27 页；唐才斌：《开征我国社会保障税的设想》，《财经科学》1994 年第 6 期，第 23—26 页。

③ 杨宜勇：《养老保险基金收缴率为何不断下降》，《经济学消息报》1997 年 3 月 7 日。

④ 吴敬琏：《当代中国经济改革教程》，上海远东出版社 2010 年版，第 313 页。

成熟。[①] 但这种主张遭到强烈反对。其中，郑功成教授认为：社会保险是私人物品，社会保障缴款在性质上是费而不是税；社会保障缴款具有有偿性，这与税收的无偿性相矛盾；费改税后，国家财政将由后台走向前台，国家从间接责任主体变为直接责任主体，将会加大财政负担；社会保障税的公共性质与我国实行的部分积累制中个人账户的私人性质不相容等。[②] 重要的原因还在于，开征社会保障税与中共十四届三中全会规定的改革方向完全背离，使养老保险制度向现收现付制回归。而且从长期看，必然加重政府财政负担，尽管在短时期内能够使社会保障体系的财务状况有所改善。因此，开征社会保障税的意见没有得到政府的采纳。税费之争也暂告一段落。

到 2006 年又有媒体报道说“有关部门正在研究社会保障费改税”问题，由此再次引发我国学界关于社会保障资金筹资方式的“税费”之争，当时郑秉文研究员就提出反对意见，认为费改税不符合中国国情。[③] 2010 年 4 月 1 日财政部谢旭人部长在《求是》杂志上发表署名文章《坚定不移深化财税体制改革》，首次以官方的姿态正式提出“研究开征社会保障税”，又再次使筹资方式的“税费之争”成为焦点话题。郑秉文 2010 年又撰文进行反对，这次他首先认真总结了相关研究文献关于支持“费改税”的八个理由。其中主要包括以下几个方面：一是增强征缴力度，提高征收率。因为税是由法律强制实施的，而费是由行政文件和政策约束的，税的强制力更强，更容易征收。二是降低征收成本。尤其是税务系统遍布全国，业务熟练，利用现有的税务机构可以大幅降低征缴成本。三是

---

① 谷祖莎、周英瑜：《我国社会保障筹资方式改革的探讨》，《山东大学学报》（哲学社会科学版）2000 年第 6 期，第 117—120 页；崔光营：《开征社会保障税不应心存疑虑——关于社会保障基金筹集形式的调查分析和思考》，《税务研究》2000 年第 12 期，第 54—58 页；胡鞍钢：《利国利民、长治久安的奠基石——关于建立全国统一基本社会保障制度、开征社会保障税的建议》，《改革》2001 年第 4 期，第 12—18 页；庞凤喜：《论我国社会保障税的开征》，《中南财经政法大学学报》2001 年第 1 期，第 68—72 页；刘永禄、李健：《关于我国社会保障税的政策研究》，《清华大学学报》（哲学社会科学版）2001 年第 6 期，第 25—30 页。

② 郑功成：《社会保障中的费改税及养老保险问题》，《经济研究参考》2001 年第 31 期，第 38 页。

③ 王淼：《社会保障实行“费改税”不符合中国国情——访中国社科院拉美所所长郑秉文》，《中国改革报》，2007 年 9 月 3 日。

提高社保资金的安全性。费改税可以建立税务机关征收、财政部门管理、社保部门支出的“三位一体”管理体制，相互制约，相互监督，有效防止挪用、挤占和腐败。四是可以解决当前社保经办机构与地税系统双重征缴的矛盾，如核准的统计口径、票据的传递时滞、复审存在的差错等，避免出现一些相互推诿的现象。五是有利于扩大社会保障覆盖面。六是“税改费”符合国际潮流，等等。郑文认为费与税具有本质区别，其中最重要的区别在于：缴税制与个人福利待遇没有直接的关联性，私有性质不强；而缴费制强调缴款与权利的对等性，尤其是个人账户的引入，体现了多缴多得，具有完全的“对等性”。然后再对支持缴税制的八个理由进行一一批驳，并提出可能产生的八个新问题来反对缴税制。①

2011 年庞凤喜撰文就郑秉文 2010 年文中的观点进行商榷，庞文认为郑文首先混淆了一般税收与指定用途税的概念，社会保障税属于指定用途税，在支付上与社会保障费没有本质区别，仍然是专款专用，仍然具有完全的“对等性”。只有当社会保障资金来源于一般税收时，才可能弱化个人缴款与其福利待遇之间的关联性。其次近 30 年来的社会保障制度私有化改革或个人账户的引入，本质上体现的是政府、市场和家庭或个人对社会保障责任的重新划分与调整问题，不能就此认为世界出现了“税改费”潮流。再次，费和税均属于财政收入的必要形式，二者之间可以相互转化，名称转化并无任何实质性意义。最后从对行政性资金管理的角度出发，社会保障资金应该采取收支两条线的管理方式，征收与支出相互分离与相互制衡；从社保部门的职责履行范围来看，社保部门与其他部门一样，只应该是政府的一个财政划拨经费的职能部门，其行政成本由财政统一划拨，而不是来源于社保基金，进而加大社保缴款主体的负担；从降低征收成本的角度来看，税务机构可以借助覆盖全国城乡的网络完成社会保障资金征收事务，无须再单设一套社会保障资金征管机构网络，从而达到节约征收成本的目的。② 因此，庞凤喜认为我国社会保障资金筹资方式应该采用缴税制。

---

① 郑秉文：《费改税不符合中国社会保障制度发展战略取向》，《中国人民大学学报》2010 年第 5 期，第 23—30 页。

② 庞凤喜：《社会保障缴款“税”、“费”形式选择中若干问题辨析——兼与郑秉文研究员商榷》，《财政研究》2011 年第 10 期，第 68—71 页。

就目前来看，两种观点均有一定道理，致使在实践中也难以进行选择。财政部门和税务部门大多极力主张费改税，即实施缴税制，而人社部一般认为费改税的时机还未成熟。这当中可能涉及部门利益博弈问题而出现意见相左。但从学术视角来看，我们仍需要进一步讨论清楚，缴税制和缴费制究竟在何种情况下、何种方式是适宜的，且根据我国现阶段社会保障制度建设情况，究竟该选择何种征缴形式。从国际实践来看，缴税制和缴费制均有许多国家采用，实行缴税制的国家稍多一些。但这也不能说明这种征缴方式就是最佳方式。实际上，世界各国在选择社会保障资金征缴方式的时候，更多的是考虑本国社会保障资金的来源，以及各项社会保障项目在社保体系中的比重。我们可以看到，以社会福利项目和社会救助项目为主，即这两个项目在社保体系中占的比重较大，有较大比重的社保资金来源于一般税收的国家，一般都采用缴税制，社保资金由税务部门征收。几乎包括所有实行高福利的北欧国家（瑞典、挪威、芬兰、冰岛、荷兰等），以及社会救助在社保体系中占比较大的英语国家（美国、英国、澳大利亚、加拿大、新西兰等）。当然，另一个原因也是出于这些国家的税制比较完善。而采用缴费制的国家，一般是社会保险在社保体系中占比较大，或以社会保险为主，雇主和雇员缴款占比较大的国家，如德国、波兰、奥地利，以及亚洲国家。社会福利项目或社会救助项目资金占比较大的国家，其社会保障待遇就与缴费之间的关联性较弱。而以社会保险为主的国家，其社保待遇就与缴费之间的关联性较强。所以，有的学者误认为社保资金征缴方式与社保资金支付方式具有紧密联系，但实际上社保资金征缴方式主要与社保资金来源有关。如果社保资金的较大比重来源于一般税收，显然采用缴税制更为方便；而如果社保资金主要来源于雇主和雇员缴款，则采用缴费制更加适宜。进一步地，各国社会保障项目所占比重不同，是区分社会保障模式的关键指标，如社会福利项目占比较大，基本就可以划归福利型社会保障模式，这样，从某种意义上来说，社会保障模式是影响社会保障资金征缴方式选择的一个重要因素。

难怪在 2013 年 10 月 25 日，人社部发言人尹成基声称："关于社会保险费改税，这是由不同国家所实施的保障制度模式所决定的，我们国家实施的是社会保险性质的基本制度模式……所以，我们所采取的是社会保险费的方式筹集资金。”① 这种说法具有较强的说服力，但这只是从静态的角度来看待这一问题。郑秉文立论的观点也是从静态的角度出发的，而且他的主张显然立足于当前我国的社会保障制度以及社会保障项目的设置都是正确的这样的前提假设。而且过去30年里拉美地区、亚洲地区和欧洲国家中，有40个国家不同程度地引入了个人账户，实现了从税向费的转变，因此，他认为世界主流是税改费，而不是费改税。因而得出的结论是：我国不应该实行费改税。然而在下这种结论之前，我们需要搞清楚两个问题：一是这些国家引入个人账户，进行税改费的原因是什么；二是我国当前收入分配制度面临的主要困难和形势是什么，今后一段时期内社会保障制度的主要目标应该是什么。

对于第一个问题，笔者认为智利等拉美国家的社会保障私有化改革引入个人账户，废除社会保障税有其特殊背景，亚洲新兴市场国家引入个人账户是因为这些国家在经济发展过程中需要避免高福利带来的负担，而欧洲国家引入个人账户则是因为这些国家本来福利水平就已经很高，需要减轻多年来的财政负担。但我国整体福利待遇并不高，且企业承担的社会保障缴费较高，政府承担的社会保障责任较少。因此，拉美国家、亚洲新兴国家和欧洲国家引入个人账户的理由和条件，我国并不存在，因而并不能证明我国社保资金征缴方式不宜采用缴税制。

对于第二个问题，我国当前收入分配面临的是依赖市场机制进行的第一次收入分配，导致居民收入差距过大，而第二次收入分配即社会保障调节收入分配失效，甚至起到加大收入差距的逆向作用。其中主要原因在于低收入者没有缴费能力而被排斥在社会保障体系之外。而且，从动态的发展观来看，我国社会保障制度是需要不断发展完善的。一是我国社会保障制度仍处于初创阶段，在很多方面仍需要进行补充、调整和完善。二是我国社会保障制度的再分配作用需要加强，碎片化现状需要整合，统筹层次需要提高。这些因素使我国的社会保障制度整体目标必然要进行调整，社会保障资金的征缴方式也需要发生改变。

---

① 人社部：《社会保险税费改革我国目前难推行》，2013年10月25日，人民网：http：//politics. people. com. cn/n/2013/1025/c1001—23326464. html。

如果从动态的角度出发，考虑社会保障模式的未来发展趋势，以及社会保障需要解决的实际社会经济问题，那么我们需要从理论上进行更深入的讨论。说到底，“税费之争”的焦点不过是哪一种方式在当前更适合我国的社会保障体系。[①] 因此，我们应该先搞清楚我国当前社会保障体系所承担的主要功能是什么。结合我国现实情况，我们认为，我国当前社会保障体系应该发挥三个核心功能：一是缩小收入差距，减少贫困，促进社会公平，维护社会稳定；二是扩大内需，促进经济发展方式转变；三是适应人口流动尤其是人才流动要求，促进就业，增强就业激励功能。[②] 这三个功能需要社会保障满足三个条件：一是具有较强的再分配功能；二是保障基本生存底线；三是全国统一费率（税率）和待遇标准。这三个条件又要求我国社会保障制度应该从当前以社会保险为主，企业和个人供款为主的社会保障模式，转向以社会福利和社会救助为主，政府供款为主，资金来源于一般税收的社会保障模式。此外，从行政管理原则、部门职责的履行和降低征收成本的角度，采用缴税制确实具有比缴费制更大的优势。这样，缴税制就成为我国社会保障资金征缴方式的必然选择。当然，采用缴税制也存在一个时间选择的问题。李绍光认为：“在不同阶层之间收入分配差距过大时或中等收入阶层太小时征收工薪税或社会保障税，将无法实现缩小社会净福利配置差距的初衷。……开征工薪税或社会保障税需要掌握恰当的时机。”[③] 实际上，郑功成和郑秉文也表达过类似观点。也就是说，缴税制并非不适宜我国，而是在何时开征的问题，是个时间问题。

此外，从减贫的角度而言，缴税制具有更好的减贫作用，因为税收的征收对象具有普遍性，税收主要用于满足公共需要，具有无偿性；而缴费制的征收对象是特定的受益者，一般与特定的行为挂钩，基本上属于对等

① 尧金仁：《关于社会保障税的文献综述》，《税务与经济》2011 年第 3 期，第 65—71 页。

② 至于维持社会保障体系内部的财务平衡问题，原本就存在历史欠账问题没有解决，而要解决欠账问题需要政府承认、承担责任，并实施积极的财政补贴计划，且不是一个短期能够解决的问题，可能需要几十年甚至几代人来消化历史欠账。因而，财务平衡问题不可能也不应该是我国当前社会保障筹资方式争论的核心问题。“社会保障体系在财务上的可持续性并不是权衡是否征收社会保障税的唯一依据。”参见李绍光：《社会保障税与社会保障制度优化》，《经济研究》2004 年第 8 期，第 48—56 页。

③ 同上。

补偿性质。[①] 这样，缴税制更有利于低收入阶层，从而达到减贫的目标。我国实施的是“统账结合”的社会保障模式，采用社会统筹的现收现付制与个人账户基金积累制相结合的筹资模式。这种模式既引进了个人账户储存基金制的机理，从而强化个人责任，能够发挥个人账户应对老龄化带来资金支付压力的长处；同时又保持了社会统筹互助调剂的保障机制，保留了政府责任，能够发挥社会统筹在调节收入分配上的优势，以及保证对“老人”和“中人”的养老补偿。这显然是一个择优方案。[②] 但问题在于，一方面，政府没有或无力真正履行责任，无法消化社会保障转制带来的隐性债务，“社会统筹”资金不足以支付“老人”和“中人”的养老金，只能从个人账户抽出资金弥补不足，导致个人账户空账。“统账结合”的部分积累制实际变成了现收现付制。另一方面，我国社会保障统筹层次过低，各地区之间的社会保障资金不能相互调剂使用，形成了基金缺口与部分地区基金结余并存的现象。外来劳动力多的城市如深圳、广州等，保险基金充盈，费率较其他省（自治区、直辖市）低（广东单位的缴费率 12%，河南是 22%），而劳动力外出较多的地区则出现较大的资金缺口。[③] 这无疑阻碍了劳动力地区间的顺利流动，同时也导致地区间社会保障发展不平衡。缴费制本身不利于费率统一问题，也是造成地区之间社会保障发展不平衡的重要原因。而地区之间社会保障发展不平衡，尤其是不同地区社会保障资金无法相互调剂使用，又是导致贫困人口集中在经济欠发达地区的重要原因。因此，无论从地区层面还是个体层面而言，缴税制都比缴费制具有更好的减贫作用。

根据以上分析，我们认为，我国应建立以社会保障税为主，多种筹资方式相结合的社会保障资金筹资机制。一是要强化政府的筹资责任，政府通过一般税收或出售国有资产，偿还隐性债务。二是要提高统筹层次，实现地区之间社会保障资金的调节使用，同时有利于劳动力跨地区流动。三是要降低企业负担，增强企业活力，吸纳更多就业。从而更好地发挥我国

---

① 李建平：《社会保障“费”改“税”的制度性约束》，《中央财经大学学报》2005 年第 7 期，第 28—30 页。

② 王文童：《社会保障筹资模式及其税式管理问题的研究》，《税务研究》2007 年第 4 期，第 75—79 页。

③ 吴敬琏：《当代中国经济改革教程》，上海远东出版社 2010 年版，第 316 页。

社会保障的减贫功能。

三　征缴效率与减贫

社会保障“税费之争”的本质是社会保障资金的征缴效率①问题，而资金征缴效率是社会保障资金积累的关键环节，也是社会保障发挥减贫作用的重要影响因素。从理论上讲，社会保障资金的征缴方式与减贫作用和效果无关，只有社会保障资金的支付方式直接影响减贫作用和效果。但征缴效率直接关系到征缴成本和社会保障资金的充足程度，而支付是以一定的资金为前提的，如果没有社会保障资金或资金不足，或如果征缴成本过高，必然影响资金支付问题。从这个角度来看，社会保障资金的征缴与减贫之间存在间接关系。

征缴效率主要包括征缴力度、征缴成本、扩大覆盖面。上文提到的社会保障资金安全性问题，则与征缴效率无关，而是社会保障资金管理的问题，是征缴完成之后才应该考虑的问题。征缴过程中出现的相互推诿现象实际属于增加征缴成本的问题。从征缴力度来看，绝大多数学者（包括反对征税制者）均认为税制的强制力大于费制，只有郑功成认为“征税并不必然比征费好，其强制性不在于名称而在于对社会保险基金筹集的立法”。② 但同时，反对税制的学者认为，社会保障资金的征缴力度与是否实行征税制并无关系，而与社会保障的制度设计有关。参保门槛高低、便携性程度、制度复杂性、透明性高低③，以及法律规范、执法力度和当时当地经济发展状况等因素④，都是影响征缴力度的重要原因。总的来说，尽管征税制的强制性强于缴费制，但这只是理论上的比较，征缴力度强弱最关键的还得看立法情况及其实际执行力度。我国计划生育政策就是一个

① 效率一般指从事某项任务时需要的投入与得到的产出之比，通常是指取得的成绩与所用的时间、精力、货币等的比值。效率有正负之分，当产出大于投入，就是正效率；而产出小于投入，就是负效率。社会保障资金的征缴效率是评定征收工作能力的重要指标。

② 郑功成：《社会保障中的费改税及养老保险问题》，《经济研究参考》2001 年第 31 期，第 38 页。

③ 郑秉文：《费改税不符合中国社会保障制度发展战略取向》，《中国人民大学学报》2010 年第 5 期，第 23—30 页。

④ 李建平：《社会保障“费”改“税”的制度性约束》，《中央财经大学学报》2005 年第 7 期，第 28—30 页。

很好的例子，计划生育当初虽然只是一种国家行政政策，但其在执行过程中的力度却是很强的，这一点是众所周知的。因此，社会保障的征缴力度强弱并不会因为采用税制还是费制而有所区别，重要的是在执行过程中的强制性如何，是否是“一把手工程”，征缴效果是否与政绩挂钩。换句话说，社会保障资金的征缴力度与政府的重视程度有关，而与征缴形式无关。因此，采用缴税制还是缴费制并不会影响社会保障资金的征缴力度。进而征缴力度也不会影响社会保障的减贫作用。

从征缴成本来看，西方国家社会保障税的筹资方式借助已有的税收征管机构和国家预算管理系统，由现有的税务机构负责统一征收社会保障税，并将其纳入国家预算，而且税收形式具有较强的统一性和相对的稳定性，尤其是便于进行收支两条线式的预算管理。这样，缴税制不仅可降低社会保障筹资成本，节约管理费用，还有利于保证国家对社会保障资金的统一调度、监督和管理，还有利于提高筹资的统筹层次。避免了缴费制需要设置专门的机构负责征管，由各地方或部门设立的社会保障管理机构分头管理，不便于对资金的统一调度和社会监督，筹资成本较高等问题。[①] 税收部门现成的网络确实一定程度有助于降低征缴成本。但必须看到，征缴成本不仅仅涉及征缴部门及其管理经费开支问题，还涉及计税收入计算的难易程度，当前我国居民收入难以准确计算，特别是高收入阶层的收入往往具有多种来源，准确统计高收入阶层的收入数量存在一定困难。这就需要由社会保障管理部门来计算费率，并及时交给税务部门执行，对部门之间的协调要求较高。这样看来，究竟缴税制还是缴费制的征缴成本更低，确实难以比较。但就减贫作用方面而言，缴费制采取的是多缴多得的激励机制，往往容易导致社会保障的逆向分配，即社会保障资金更多流向富人，而不是穷人，最终导致更大的财富分配不均。因此，缴税制具有更强的减贫作用。

从社会保障覆盖面来看，我国覆盖面窄的主要原因并不是征税与缴费的区别，而是我国社会保障制度缺乏激励机制，[②] 个体工商户自身缺乏参

---

① 黄君洁：《社会保障筹资方式的国际比较与借鉴》，《经济纵横》2006 年第 10 期，第 56—58 页。

② 郑秉文：《费改税不符合中国社会保障制度发展战略取向》，《中国人民大学学报》2010 年第 5 期，第 23—30 页。

保意识，私营企业、独资企业不给员工办理社保，以及社会保障费清缴缺乏法律和行政手段的保证等。① 也就是说，采用征税制还是缴费制跟扩大社会保障覆盖面无关，征税制并不能帮助扩大覆盖面。而且，扩大覆盖面短期可能增加社会保障资金，如养老保险，由于缴费人口当期并未进入老年阶段，未达到领取养老金年龄，他们成为缴费人口。但是当他们进入老龄阶段，则会增加养老金支付压力，从长期来看，扩大覆盖面并不一定是好事。社会保障税是一种专门税，与一般税收不同。只有采用一般税收收入作为社会保障收入主要来源，才有助于扩大覆盖范围。因为这时，社会保障计划对每个公民来说是自动实现的，只要具有公民资格就能够享受相应的福利待遇，政府通过预算拨款为每个公民提供社会保障福利。当然，就征缴效率而言，覆盖面越大，工作量越大，征缴效率越低。然而，就减贫而言，社会保障的覆盖面越大，受益人群就越多，社会保障的减贫能力就越强。

总之，就征缴效率在减少贫困方面的作用而言，征缴力度强，则能够保证社会保障资金的足够储备和积累，有利于资金支付和积累。如果能够降低征缴成本，也就减轻了供款主体的缴费负担，或节约了社会保障资金用于支付征缴上的资金，相对地增加社会保障资金。但计算征缴成本不能只考虑征缴人员的劳动报酬问题，还应该考虑其他影响因素。扩大社会保障征缴覆盖面，可以暂时增加社会保障资金，但长期来看，如果是社会保险，则支付更多，因为包括政府补贴部分，但减贫作用也更强。如果是福利性或救助性项目，扩大征缴覆盖面确实有助于社会保障资金增加，进而有助于减贫。因此，总体而言，缴税制比缴费制具有更强的减贫作用。

至于究竟哪种征缴方式更具效率，这要看一国社会保障制度属于何种模式，以何种保障项目为主，针对不同的保障项目，征缴效率是不同的。从理论上来讲，采用现收现付制的社会保障项目如社会福利和社会救助，比较适合采用税的形式征收，因为一是这些项目的资金本来就主要来源于政府税收，由财政转移支付；二是这些项目的再分配性质较强，福利权利与缴款义务并不对等，获得福利补助金额也与缴款数额的关联性不大。而

① 李建平：《社会保障“费”改“税”的制度性约束》，《中央财经大学学报》2005 年第 7 期，第 28—30 页。

采用完全积累制的社会保障项目如社会保险和储备基金计划则比较适合采用缴费形式征收。

我国目前社会保障资金征缴效率不高，主要与筹资方式有关，如我国社会保障资金征缴业务环节复杂，给参保个人和单位带来诸多不便；社会保障资金征收主体与执法主体不统一，税务部门只有代征权，没有执法权，征缴力度较弱，拖欠缴费现象时有发生；基金征缴的核定与征收分离，使扩面和征缴工作脱节等。[①] 另外还与其他因素有关，如缺乏有效的基础数据，管理和稽查缺乏依据，漏缴、少缴的情况难以遏制。所以，从减贫角度出发，我国社会保障资金的征缴方式应该采用缴税制，而不是现在采用的缴费制。当然，要想获得理想的减贫效果，不仅需要考虑社会保障资金如何筹集，由谁供款，以及缴费比例的问题，还必须考虑社会保障资金如何运作、管理、投资、监督和支付的问题。

本章小结

稳定的资金来源和充足的资金供给是社会保障制度正常运行和健康发展的基础，而有效的社会保障资金筹集系统是社会保障资金的保证。一般而言，政府、单位和个人供款构成了社会保障资金的三个主要来源，也体现了这三种在社会保障中的责任。从减贫的角度来看，政府供款具有更强的减贫作用。这是因为政府提供的社会保障资金直接来源于一般税收，主要用于具有互济性的社会保障项目，其支付具有无偿性，更有利于低收入者。政府、单位和个人的不同组合构成了不同的社会保障资金分担方式。目前主要有四种：一是国家、企业、个人三方共同负担方式；二是企业和个人共同负担方式；三是政府和企业两方负担方式；四是仅由雇员个人负担的方式。就减贫作用大小来看，可以排列为：（三）>（一）>（二）>（四）。

社会保障资金的来源渠道和缴费标准也会影响其减贫作用，社会保障资金的来源渠道主要包括三个：一是政府一般税收；二是雇主和雇员强制

① 社会保障资金筹集与管理研究课题组，《社会保障资金筹集与管理研究》，《经济研究参考》2004 年第 81 期，第 17—27 页。

性缴款，以及由此形成的社会保障基金的投资收益；三是企业或个人自愿缴纳的社会保障金。来源于政府税收的减贫作用最强，个人自愿性缴费基本没有减贫作用，而只对自身老年期贫困具有预防作用，雇主和雇员强制性缴款的减贫作用处于二者之间。缴费标准的合理性是社会保障发挥减贫作用的关键，缴费水平过高和过低都不利于社会保障减贫。

社会保障资金筹资是社会保障制度的重要环节。社会保障资金的筹资方式主要分为三种：缴税制、缴费制和储蓄制。不同的筹资方式反映了不同的社会保障观念，缴税制反映的是共享和互助的观念，缴费制反映的是保险的观念，储蓄制反映的是自我保障观念。共享和互助观念体现的是全面的风险分担机制，具有更强的收入再分配功能，因此减贫作用最强。保险观念强调权利义务对称性，注重对职业风险的预防，减贫作用次之。个人保障观念缺乏社会互济，不具有收入调节功能，因此，减贫作用最弱。

围绕我国社会保障资金征缴方式应该采取缴税制还是缴费制的问题，我国学界和实践部门从 20 世纪 90 年代初开始，就展开了激烈争论，至今仍未达成共识。本章从减贫的角度出发，认为缴税制的减贫作用更强，这是因为：一是税收的征收对象具有普遍性，而支付则具有无偿性，更有利于低收入阶层；二是缴税制有利于统一不同地区的税率，提高社会保障的统筹层次，进而有利于社会保障资金在不同地区调剂使用，实现富裕地区与贫困地区的平衡，从而达到减少贫困人口；三是缴税制更适宜于互济性较强的社会福利和社会救助项目，有助于加强政府的社会保障责任，进而有助于减少贫困。因而我国（至少在社会统筹账户上）建议采用缴税制而不是缴费制。

第五章 社会保障资金运作、管理与减贫

社会保障的功能是通过社会保障资金运作来实现的。保障资金或基金的有效运作是社会保障体系的重要环节，也是影响社会保障制度充分发挥减贫作用的重要因素。有效的社会保障资金运作方式不仅对于建立健全社会保障体系具有重要作用，而且对于缩小贫富差距、消除贫困，以及维护社会和谐稳定具有重要的现实意义。在资金运作中首先需要遵循收支平衡原则，也就是要在资金筹集与资金支付之间维持一个大体平衡关系。这样才能保证社会保障是一个独立于市场经济和政府财政的有效运行系统。如果长期支大于收，社会保障制度就会因失去经济上的保证而无法维持；如果长期收大于支，就会加重缴费人的负担，阻碍社会保障互济功能的正常发挥，使贫困人口难以抵御贫困风险，也会影响企业经济的发展和人们的正常生活。资金运作方式直接影响社会保障基金积累，也影响着社会保障互济功能的有效发挥，而互济性程度又与社会保障减少贫困的作用紧密相关。

第一节 社会保障资金运作与减贫

社会保障资金运作模式主要是指财务制度模式。从目前世界各国实践来看，存在着三种典型的社会保障资金运作模式：现收现付制、基金积累制和混合制。三种运作模式各有特点，减贫作用也不一样。事实上，许多学者仅将这三种社会保障资金运作模式看作资金筹集模式，所谓“筹集”意味着这三者只涉及社会保障资金的征缴问题，但实际上社会保障资金运作模式不仅包含了社会保障资金的筹集，还包括了社会保障资金的财务平衡方式和待遇给付方式两个方面的内容。因而，将它们仅仅视为社会保障

资金的筹集方式并不准确，不能完全反映其所包含的内容。因此，这里我们既将它们归入财务制度模式进行分析，也简单说明这三种资金运作模式的筹资与支付特点，并着重对比三者之间的减贫作用差异。

一 运作方式概述

（一）运作方式的概念及其优缺点

1. 现收现付制

现收现付制是一种短期横向平衡的财务运作制度。现收现付制的筹资依据是以支定收，通过确定给付水平的基础上，按照资金需求测算出缴费水平，进行资金筹集。其运作规则是量入为出，根据人口数量先测算当年某项社会保障总开支，再按照一定比例分摊到参加该种保障项目的所有单位和个人。支付方式是当年提取，当年支付，争取略有结余。就养老保险而言，其实质是工作的一代人赡养退休的一代人，当年提取当年使用，预先不留储备，实现当期收支平衡。若出现入不敷出，则由财政补足差额，承担最后责任。这种模式管理方便，管理成本较低。现收现付制运作模式适用于社会人口年龄小、人口结构较年轻、经济实力较强以及具有较完善的税收征收体系的国家，同时还必须有较完备的养老法律和养老基金管理制度。西欧一些高福利国家在相当长的时间里都采用过现收现付制。

现收现付制的优点主要有几个方面：一是社会共济性强，具有较强的再分配功能。包括代际再分配和代内再分配功能。代际再分配是指年轻人向老年人的再分配；代内再分配是指富人向穷人、男人向女人的再分配，能够有效抑制老年人特别是老年妇女的贫困发生率。二是不受通货膨胀困扰，管理成本低。通常当年提取、当年支付，以支定收，不留积累，即使当年略有结余，数额也相对有限，因而不存在基金保值增值问题，不受通货膨胀的困扰，同时不设立个人账户，无须管理巨额基金，管理简便、成本低廉。三是不需要资金积累，有利于在短期内迅速建立起新的保障项目。由于现收现付制是一种横向制度，在任何一个时间点，都可以根据退休人员的总需求来计算在岗人口的总供给，其支付并不是靠过去的缴费，而是靠现在的缴费，方便建立新项目。四是现收现付制容易实现不同地区之间的统一，减少劳动力流动障碍，优化劳动力资源配置，符合现代社会发展要求。①

现收现付制的缺点主要集中在以下几个方面：一是难以应对人口老龄化的挑战。现收现付会引起代际收入再分配，一代人的受益需要下一代人的供款来支付，其收支结果与负担水平随着参与者结构和需求水平变动而变动。当一国或地区进入人口老龄化社会，即由于老年人增加或年轻人减少导致的人口年龄结构向老龄化变动时，负担水平就会大大提高。因为此时领取养老金的人数增加，而缴纳养老金人数相对减少，因而缴款比例会不断上升，阻碍经济社会健康发展，老年人的生活质量也难以得到保障，由此也容易造成代际矛盾。二是容易出现逆向选择和“搭便车”现象。逆向选择问题主要表现在效益好的企业逃避，效益差的企业积极参与。“搭便车”现象主要体现在提前退休现象。② 三是由于社会保障支出的刚性，随着人们需求水平增长和人口年龄结构变化，社会保障资金支付受到的影响较大，特别是养老保险制度，每年筹资的资金和支付的保险费会随着人口老龄化及有资格享受保险金的人数不断增长而相应增加，在养老支付高峰期时，只能通过提高税率或缴费率筹资，这会使承受缴费负担的一代人和企业不堪重负。四是没有基金积累储备，抵御突发性风险的能力较弱。

2. 基金积累制

基金积累制也称完全积累制，是一种长期纵向平衡的财务制度。它的筹资依据是以收定支。在对未来时期社会保障支出的需要进行预测的基础上，计算劳动者在享受保险待遇期间可能所需开支的保险基金总量，并将其按照一定比例分摊到劳动者整个就业期间或投保期间。完全积累制实质上是一种强制储蓄。支付原则按照个人账户内的积累额加上利息等增值部分来进行支付。这是一种把劳动者工作期间的部分收入转移到退休期间使用的制度安排。实质是个人一生收入的平滑，是个人一生内的收入再分配。它是靠劳动者本人融资，没有收入再分配功能，不会造成政府额外的财政负担。这种社会保障资金运作方式的主要特点在于：一是建立个人账

① 李文华：《两种社会养老保险金积累模式的比较》，《财会月刊》（理论版）2007 年第 5 期，第 67—68 页。

② 李珍：《社会保障理论》（第二版），中国劳动社会保障出版社 2007 年版，第 157—160 页；穆怀中：《社会保障国际比较》（第二版），中国劳动社会保障出版社 2007 年版，第 82—85 页。

户，雇主与雇员的缴费全部计入雇员的个人账户；二是资金支付是缴费确定型；三是个人账户积累基金进行投资运营，资金积累和投资回报率直接决定退休后的养老金水平。完全积累模式一般适用于经济发展水平差别较大、经济总体水平不高、生产和经营较分散的地区和国家。在社会化程度不高、收入差别较大、国家制度水平较落后的地区，实行完全积累模式具有透明度较高、激励作用较强的特点，更容易被人们所接受。但是应当看到，在积累制下由于基金积累规模大、时间长、风险大，造成保值增值压力大，并且在转型初期可能产生在职劳动者同时承担未来自己养老和已退休或即将退休的劳动者养老的双重负担。

基金积累制的优点包括几个方面：一是不受人口结构特别是老龄化的影响。个人老年收入取决于其终身储蓄和积累的数额，而不取决于人口的结构。二是以收定支，个人账户有多少就按多少发放，转移了政府的支付风险和压力。三是个人所得与个人缴费紧密关联，强调个人责任，激励个人工作。基金积累制是一种自我保障模式，自己筹集为自己养老，强调个人的责任，待遇水平与缴费义务相对应，具有较强的激励作用，并在一定程度上减轻了国家和企业的社会保障负担。四是增加储蓄，促进资本形成，有利于投资，对经济起推动作用。

基金积累制的上述优点虽然得到大多数学者的认可，但是这种财务制度模式本身也存在缺点：一是个人账户在所有制上是私有制，不具有再分配性质。基金积累制的出发点是强调个人责任，提倡谁缴费，谁受益，因此，不具有社会再分配功能，不利于缩小收入差距，与社会保障制度的初衷相违背，无法通过调节不同收入者的收入，发挥社会保障的互济性，实现社会保障的减贫目标。二是面临基金保值增值的风险。基金积累制争议最大的是有关其增值风险问题，个人账户积累的基金必须能够保值增值，否则会由于通货膨胀的原因，使几十年后积累的资金不足以保障退休人口的基本生活水准。随着国际基金一体化的不断深入，个人账户基金还面临着国际经济周期波动的风险、市场投资风险、政治政策变化风险等。[①] 三是管理成本高。四是对社会保障制度不同发展阶段的适用性不同。对于初建社会保障制度的国家比较容易实施，但是对于那些现收现付制已实行多

① 李珍：《社会保障制度与经济发展》，武汉大学出版社 1998 年版，第 144—151 页。

年的国家而言，将面临巨大的转轨成本，改革难度相当大。

3. 混合制

混合制也称为部分积累制，它实际上是完全积累制和现收现付制的结合，兼顾近期横向平衡和远期纵向平衡的筹资模式。其保障基金分为两部分：一部分采取现收现付方式，满足目前的支出需要；另一部分采取积累方式，满足将来支付需求增长的需要。它是在现收现付社会统筹模式的基础上，在国家、企业和个人支付能力范围内，比现收现付社会统筹多征集一部分金额作为积累基金，使收大于支，从而积累一部分基金，可以适应人口结构变动的需要。混合制模式兼具现收现付制和基金积累制的优点，避免了两种模式的弱点。混合制筹资模式的特点在于：初期的缴费较低，以后将逐渐稳定，缴费具有较大的灵活性，既避免了基金制的较大风险，又可以缓解现收现付制缺乏储备和负担不均的问题。但问题在于，这种模式虽然好，但操作起来难度较大，尤其是在各种缴费比率掌握上，很难做到恰到好处。

混合制一般由社会统筹和个人账户两个部分组成，其立意是充分吸收现收现付制的筹资模式与完全积累制筹集模式的优点，同时，避免二者在制度设计和运行中存在的弊端，这种新的模式成为各国普遍采用的形式。从理论上讲，这种模式的优势主要表现在：一是兼顾了现收现付制和社会保障制度的再分配功能，同时又体现了完全积累制自我保障的特点。既能够实现社会互济功能，又激发了个人在社会保障中的积极性。统筹的资金用于保障全民的基本生活需要，个人账户上的积累用于个人未来的需要，这样既体现了公平，又兼顾了效率。二是具有较大的灵活性。该模式的供款率可根据储蓄和实际需要进行调整，一方面避免了基金积累制在长期中面临的巨大增值风险；另一方面也缓解了现收现付制中存在的缺乏储蓄以及代际间负担不均的问题，对于安全渡过老龄化危机具有一定的积极意义。

混合制的缺点主要体现在：一是混合制的立意虽好，但是在实际操作中难度较大。既要对现收现付制短期平衡做预算，也要对基金制的长期运作进行规划，无疑会增加管理成本。二是影响该模式的因素较多，既要考虑利率、通货膨胀和工资增长率等因素的影响，又要考虑人口因素变动的影响，其缴费率的计算较烦琐。

（二）资金运作方式的发展趋势

社会保障制度建立的初衷就是为了平均社会各个阶层之间的收入，减少收入不平等，缩小收入差距，减少甚至消除贫困现象。因此，互济性和再分配性质是各国建立社会保障制度的题中应有之义，而社会保障制度的主要功能和作用也体现在这个方面。从上文分析的三种主要的社会保障资金运作方式来看，现收现付制是最先出现的资金运作方式，也是最易于操作的方式，既不需要复杂高深的精算技术，也不需要为资金保值增值问题费尽心机，同时还具有较强的代际间再分配和代内高低收入阶层之间再分配的功能。事实上，现收现付制的最大优点就是能够实现社会互济和代际互济。因此，出于调节各个阶层之间的收入差距的需要，许多国家在社会保障制度建立之初主要采用的资金运作方式是现收现付制。

然而，现收现付制最大的弱点是难以应对人口老龄化的挑战。老龄化使供款人口减少，而受益人口增加，现收现付制便逐渐出现支付能力不足的问题。于是许多国家开始将现收现付制改为基金积累制，这种转变的本质是将个体之间的横向收入调节方式变为个体自身的纵向收入调节方式。其重要的意义是个人为自己今后的保障支出负责，大大减轻了政府的社会保障责任，同时也削减了社会保障制度的收入再分配功能。由于个人需要对自己今后的收入保障承担最大责任，因而基金积累制的优点被认为在于其对个人具有明显的激励作用。① 同时通过完全积累形成大量强制性的长期储蓄，为经济发展提供有力的资金支持。② 基金积累制以自我保障为基础，强调个人一生消费资金的自我平衡，尽管弱化了社会互济和代际互济，但可以避免养老保险所面临的人口老龄化危机。③ 特别是1955年新加坡创立公积金制度和1981年智利的完全积累制改革取得成功，基金积累制引起全球广泛关注，越来越多的国家将现收现付制养老保险基金转变为完全积累制或混合制。

---

① 赵耀辉、徐建国：《我国城镇养老保险体制改革中的激励机制问题》，《经济学》（季刊）2001年第1期，第193—206页。

② 龙朝阳、申曙光：《中国城镇养老保险制度改革方向：基金积累制抑或名义账户制》，《学术月刊》2011年第6期，第86—93页。

③ 国际劳工与信息研究所：《国外社会保障资金管理与运作模式》，《劳动保障通讯》2004年第4期，第44—47页。

我国出于适应国有企业改革发展需要，1997 年创造性地提出建立社会统筹与个人账户相结合的部分积累保障制度，其目的在于一方面适应人口流动的需要，增加社会保障的可携带性；另一方面是利于扩大覆盖面，将非公有部门员工和外来劳动力纳入缴费范围，分担社会保障体系的支付负担。这种混合制曾被认为充分吸收了现收现付制和基金积累制的优点。统筹账户部分采用现收现付制，资金主要用于支付当前已退休的老年人，避免受到通货膨胀的干扰；而个人账户部分采用基金积累制，资金用于支付参保者未来的保障费用，应对人口老龄化压力。正是基于这种认识，许多国家除了对社会保障制度进行参数改革以外，如采取延长退休年龄、限制提前退休、提高费率等，还对社会保障制度进行了结构性改革，将社会保障资金运作方式从现收现付制转向了积累制或混合制运作模式。例如，瑞典 1998 年在公共年金制度中引入个人积累账户（18.5% 的缴费率，16% 划入现收现付，2.5% 划入个人账户），实行了混合运作管理模式。

但基金积累制或混合制中的个人账户是否真正具有缓解人口老龄化的养老金支付危机，为经济发展提供资金支持，以及对个人缴费起到积极的激励作用等等，这些在理论上仍然存在不小的争议。尼古拉斯·巴尔（2006）曾撰文对人们普遍认为的积累制的十个优点进行反驳，认为这些优点其实都是缘于人们没有很好地理解有关约束和假设条件而导致的谬误。在应对人口变化带来的问题时，采用现收现付制还是基金积累制都是次要的，关键的变量是产出。无论供养人口变得多么少，只要总产出增加，供养就不会成为问题。积累制与经济增长之间也并不存在直接的联系，因为从储蓄增加到产出提高中间还存在许多关键环节，如果不能保证储蓄增长带来产出提高，则积累制有助于经济增长的论断便不成立。关于基金制对个人缴费具有激励作用的论断也是不确定的。① 有学者认为，实现基金积累制的良性运行是有条件的。最重要的一个条件是基金能够保值增值，保持基金积累与支付之间的平衡。基金的积累与支付要达到平衡，要求基金的积累量与退休后所需退休金现值相等。这最终取决于基金收益

---

① 相关详细证明请参见［英］尼古拉斯·巴尔著：《养老金改革：谬误、真理与政策选择》，郑秉文译，载于郑秉文、［美］麦克尔·奥尔扎格主编：《保险与社会保障》，中国劳动社会保障出版社 2006 年 1 月第 1 辑。

率是否高于通货膨胀率，且高于工资增长率。[①] 同时，基金积累制的良性运行还取决于储蓄是否能够完全转化为资本进行投资。[②] 另一个条件是基金积累制还要求较高的征缴率和足够的缴费密度，否则覆盖面就难以扩大，造成保障范围狭窄。[③] 薛惠元、王翠琴（2009）从制度成本[④]（缴费水平）视角对现收现付制和基金制进行了比较，得出的结论是：当养老保险制度赡养率[⑤]高于自我负担率[⑥]时，只有当基金投资收益率不低于工资增长率时，基金制才会比现收现付制更有效，否则，基金制是无效的。[⑦] 此外，基金制在引入时间上也是一个问题，在不恰当的时机引入基金制也会带来一些不利的后果。[⑧] 因此，可以说，既然基金制不能弥补现收现付制的缺点，那么混合制也是存在许多问题的。

我国统账结合混合制面临的最大问题是转轨成本巨大，而且政府未承担转轨成本；加上财务上实行养老基金混账管理的办法，允许统、账基金相互调剂使用；而个人账户只是作为一个计发方法，个人账户积累的资金实际已被支付给退休的老年人，个人账户实际上是一个“名义账户”，最终导致基金管理未能实现向部分积累制过渡的目标，仍然是现收现付制。这种结果造成年青一代人实际上承担了上一代老年人的养老负担和自己这

---

① 李珍主编：《社会保障理论》（第二版），中国劳动社会保障出版社 2007 年版，第 161—162 页。

② 袁志刚、葛劲峰：《由现收现付制向基金制转轨的经济学分析》，《复旦学报》（社会科学版）2003 年第 4 期，第 45—51 页。

③ 郑秉文、房连泉：《拉美“增长性贫困”与社会保障的减困功能——国际比较的背景》，《拉丁美洲研究》2009 年增刊，第 3—29 页。

④ 从理论上讲制度成本包括缴费水平和管理费用，他们的研究排除管理费用，而仅指缴费水平。

⑤ 2005 年我国养老保险制度赡养率为 1∶2.1。

⑥ 自我负担率是退休后平均生活年数与职工平均工作年数之比。我国职工参加工作的平均年龄约为 20 岁，平均退休年龄男职工为 60 岁，女职工为 50 岁，根据《中国统计年鉴 2008》的数据，我国 2000 年的人口预期寿命男性为 69.63 岁，女性为 73.33 岁，因此，职工平均工作年数约为 35 年，退休后平均生存年数约为 16.48 年，因此，自我负担率约为 16.48/35 = 0.471。

⑦ 薛惠元、王翠琴：《现收现付制与基金制的养老保险制度成本比较——基于养老保险收支平衡数理模型》，《保险研究》2009 年第 11 期，第 59—64 页。

⑧ 王延中：《中国社会保险基金模式的偏差及其矫正》，《经济研究》2001 年第 2 期，第 20—28 页；袁志刚、葛劲峰：《由现收现付制向基金制转轨的经济学分析》，《复旦学报》（社会科学版）2003 年第 4 期，第 45—51 页。

代人的养老负担。鉴于现收现付制、基金积累制和混合制都分别具有各自的优点和缺点，特别是现收现付制与基金积累制之间的优缺点不能够相互补充，混合制也并不像许多人所鼓吹的那样具有优势。因此，一些学者认真研究西方国家社会保障发展及其改革实践提出：既然我国社会保障的个人账户是实际上的“名义账户”，那么还不如顺势将我国的个人账户基金积累制直接改为“名义账户制”，一举解决转轨成本问题，提供更加安全可靠的收益，同时，名义账户制还具有较高的透明度与较好的可携带性，有利于扩大保障的覆盖面，着实是建立养老保障长效机制的理性选择。①

“名义账户制”是兼有现收现付制和积累制二者优势的一种混合体。其融资方式是DB型现收现付制，社会保障缴费直接用于支付当前的退休者；其支付方式则严格按照DC型积累制规则计发；而其资金运作方式仅仅是一种“记账”的管理方式，而不需要实际存入资金，不需要承担实际的资金保值增值风险。因此，这种运作方式既能够应对老龄化，又避免了通货膨胀的困扰。并且欧洲的瑞典、意大利、波兰、拉脱维亚和中亚的蒙古、吉尔吉斯斯坦六个国家引入这个新模式是成功的和令人满意的，基本上达到和实现了制度设计者的目的。② 但名义账户制也是采用基金积累制的计发办法，个人养老金与缴费挂钩，再分配功能并不强，减贫作用也打了折扣。从减贫的角度来看，名义账户制的计发办法是值得认真考虑的。当前，名义账户制虽然在我国学界经常有人讨论，但总体而言并未引起政策制定者的高度重视。我国政策制定者仍将目光投向基金积累制，2005年年底在总结东三省坐实个人账户试点经验的基础上，国务院颁布《关于完善企业职工基本养老保险制度的决定》（国发〔2005〕38号），文件中明确提出“逐步坐实个人账户”，以实现真正意义上的部分积累制。然而，个人账户在坐实之后，将直接面临资金保值增值的问题。为此，我国也不时有学者提出反对实行部分积累制的意见：一方面是现收现

---

① 郑秉文：《建立社会保障长效机制的12点思考——国际比较的角度》，《管理世界》2005年第10期，第58—66页；《名义账户制：中国养老保障制度的一个理性选择》，《管理世界》2003年第8期，第33—45页。

② 郑秉文：《OECD国家社会保障制度改革及其比较》，《经济社会体制比较》（双月刊）2004年第5期，第111—123页。

付制仍然可行；[①] 另一方面是基金积累制很难保值增值，无论是资本市场不成熟还是基于投资风险考虑。[②] 但这些意见并没有受到足够重视。大多数人看到的仍然是现收现付制和基金制的各自优点，因而认为二者结合的混合模式仍然具有优势。为此，世界银行还积极鼓励各国，尤其是发展中国家采用混合体制（三支柱体系），包括强制性的现收现付制（第一支柱）、强制性的个人账户（第二支柱）和自愿性的商业保险（第三支柱）。[③] 这样看来，混合制仍将是世界各国今后较长时期内的改革方向和目标，名义账户制是否能够成为主流，仍有待长期观察。

二 不同运作方式的减贫作用

不同的社会保障资金运作方式对于缓解贫困，维护社会稳定具有不同的作用。由于社会财富分配并不平均，导致一些人成为富人，而另外一些人则成为穷人。从短期来看，要想减少贫困，就需要将富人的一部分收入转移到穷人手中，实现收入再分配，使社会财富的分布趋于平均。而社会保障就是收入再分配的重要手段。因此，研究和比较三种社会保障资金运作方式的减贫作用关键在于比较三者的收入再分配力度。收入再分配强，公共性、福利性、公平性和互济性高的运作方式，风险分担能力就越强，就能够达到“劫富济贫”、保障贫困人口的目的；反之，则减贫作用甚微。

现收现付制是以近期横向收支平衡原则为基础的社会保障资金运作方式，政府向正在工作的年青一代人征税，用所得税款支付当期退休人员的养老金，实现再分配功能。现收现付制具有明显的代际和代内收入转移效应。在代际收入转移上，主要体现在年青一代的收入向年老一代转移、在职人员向非在职人员转移。这是因为缴纳保费（税）是在职人员、年青

① 程永宏：《现收现付制与人口老龄化关系定量分析》，《经济研究》2005 年第 3 期，第 57— 68 页。

② 袁志刚：《养老金在资本市场获得高回报的前提条件》，《劳动保障通讯》2004 年第 8 期，第 30—31 页；《中国养老保险体系选择的经济学分析》，《经济研究》2001 年第 5 期，第 13—19 页。

③ 封进：《中国养老保险体系改革的福利经济学分析》，《经济研究》2004 年第 2 期，第 55— 63 页。

一代的义务，但他们由于还未退休而不能当期受益，而当他们退休后，又只能从当时在职人员和年轻人的缴费（税）受益，这体现了收入由年轻人向老年人的转移支付。在代内收入转移上，主要体现为高收入者向中低收入者转移、健康人口向患病人口转移。以养老保险为例，现收现付计划往往是通过规定受益的方式来实施的，每一个职工都按照收入的一定比例缴纳保费（税），然后按满足基本生活需求的相同标准享受养老金。从缴纳方面看，高收入者所缴纳的保费（税）绝对值肯定要大于低收入者；从受益方面看，不同收入者却又有着相同的受益水平，从而实现了收入由高收入者向低收入者的转移支付。[①] 以医疗保险为例，无论健康人口还是患病人口都需要缴纳基本相同的保费，但只有患病者受益，健康者做出了贡献。总体而言，现收现付制具有较强的代际和代内收入再分配功能，尤其是它的代内再分配功能充分体现了社会保障的互助共济性。

基金积累制是以远期纵向收支平衡原则为指导的社会保障资金运作方式，个人拥有私人账户，并把工作期间的一部分工资和由此所得的利息存入该账户，个人账户的资金用来支付其年老时的养老保险支出，从而达到个人生命周期内的收支相抵。在基金制下，在职者按收入的一定比例向个人养老金账户缴纳保费（税），老年时期再按个人账户所积累的资金总额确定受益水平。个人老年时期所领取的养老金数额主要取决于个人账户积累的资金总额。个人账户积累的资金总额越大，其老年时期所领取的养老金就越多；反之则相反。由此可见，基金积累制实际上是为个人建立一个私人账户，使个人在生命周期的不同阶段进行转移支付，因此，对个人有着较大的激励作用，同时，积累的资金也可以促成资本的形成，既为经济发展做贡献，又能使制度本身分享经济发展的成果。但是，它缺乏现收现付制所具有的代际和代内收入再分配功能，不能使财富发生转移，不利于缓和贫富差距，公共性和福利性也较差，背离了社会保障制度建立的初衷。

混合制社会保障筹资模式是对现收现付制和基金积累制的整合，是一种兼容近期横向平衡原则和远期纵向平衡原则的筹资模式。保障资金一部

---

① 刘健、马滋滋：《现收现付制与收入再分配——不同养老保险筹资模式的比较福利分析》，《湖北经济学院学报》（人文社会科学版）2010 年第 3 期，第 58—59 页。

分采取现收现付方式，保证当前开支需要；另一部分采取长期积累方式以满足未来支付需求。这种筹资模式是对原有两种模式的创新和综合。它在维持现收现付制的基础上引进个人账户基金制的形式，既保持了社会保障的统筹互济功能，又保持了个人账户的激励和监督机制，集中了现收现付制和基金积累制的优点，但也一定程度保留了二者的弱点与不足。混合制可能会受到通货膨胀的影响，互济性不明显等，同时还由于两种运作模式并存，增加资金管理难度。混合制的收入再分配作用介于现收现付制和基金积累制之间，其减贫作用的大小具体取决于现收现付制与基金积累制的比例大小。

影响社会保障资金运作模式减贫作用的因素主要有两个：一个是财务可持续性；一个是再分配作用。首先，无论是现收现付制、基金积累制，还是混合制，都是社会保障资金的财务平衡制度。保障财务平衡是制度发挥减贫作用的首要前提，因此，哪种制度的财务容易平衡，哪种制度就具有更强的减贫作用。现收现付制是短期财务平衡制度，受到通货膨胀、投资收益等因素的影响较小，因而更容易实现财务平衡。但现收现付制遇到的最大问题是，伴随着人口老龄化发展，赡养率不断提高，若要继续保持体系的财务平衡，便只能降低替代率，或者提高缴费率。但降低替代率具有一定限度，低于60%便不能保障基本生活水准，而提高缴费率又必然加重就业人口的负担，财务可持续性会受到一定影响。基金积累制是长期财务平衡制度，资金的投资管理过程难免受到通货膨胀、经济结构变动的影响，资金的收益率难以保障。特别是从宏观经济的视角来看，如果总体经济发展状况向好，产出保持增长，则基金也容易获得高收益。但如果产出保持不变甚至下降，那么基金制对于未来的养老金支付也无能为力。[①] 尼古拉斯·巴尔（Nicholas Barr，2000）曾经指出：产出及其增长是解决养老问题的关键，而有关现收现付制和基金制的争论是次要的问题。[②] 因此，提高劳动人口的工作能力和创造财富的能力是社会保障体系财务可持续性的关键，也是实现社会保障减贫作用的有效途径。当然，由于社会保

① 封进：《中国养老保险体系改革的福利经济学分析》，《经济研究》2004年第2期，第55—63页。

② Nicholas, Barr, Reforming Pensions: Myths, Truths, and Policy Choices, *IMF Working Paper*, 2000.

障体系往往独立于国家经济体系，因此，社会保障制度本身的财务平衡及可持续性也是影响减贫的重要因素。从这个方面来看，显然现收现付制的减贫作用更强。

其次，社会保障收入再分配作用大小直接影响社会保障制度降低贫困风险、减少贫困人口，进而提高人们的福利水平的能力。而社会保障资金运作方式则是社会保障制度收入再分配作用大小的重要影响变量。那么哪种社会保障资金运作方式的收入再分配作用更强就成为选择和争论的焦点。现收现付制由于具有代际和代内收入转移效应，且一般采用待遇确定型的支付方式，因而收入再分配能力较强。基金积累制是代内转移，是个人福利的跨时配置，一般只是真实记录参保者的缴费以及应得的投资收益，按照事先约定的方式将其个人账户上的积累及其回报发还给本人。所以，基金制不像现收现付制那样带有社会福利性质，无法实现收入再分配功能，只能根据精算公平或者边际公平的原则来进行收费和计发。① 从某种程度来说，基金制仅仅体现为个人年青赚取收入为老年贫困做好预防，这种预防能力取决于基金的投资收益。但如果将个人账户的管理成本考虑在内，基金积累的收益将会大打折扣。在个人账户的管理体制下，每一个参保人都有一个独立的账户，增加了管理的强度和难度，同时基金还有很大的投资决策和管理成本。据相关测算，基金制的每个账户每年的管理费用相当于资产的1%，而现收现付制的管理成本远低于这个水平。例如，1998 年英国的社会保险基金的平均管理费用为个人账户总值的 1.49%，管理费用使个人账户的价值减少了 36%，② 个人账户的巨额管理成本严重侵蚀了基金收益。而相比之下，现收现付制又还具有管理成本小的优势。总体而言，现收现付制的减贫作用比基金制强。

因此，在一个收入差距较大的社会中，社会保障的收入再分配功能应该成为政府政策选择的一个重要目标，而现收现付制正好具有较强的收入再分配功能。因此，从这个角度来看，现收现付制对于贫富差距较大的社会是一种更有利的社会保障资金运作方式。正是由于现收现付制具有更强

---

① 李绍光：《养老金：现收现付制和基金制的比较》，《经济研究》1998 年第 1 期，第 59—65 页。

② 中国经济改革研究基金会、中国经济体制改革研究会联合专家组：《中国社会养老保险体制改革》，上海远东出版社 2006 年版，第 60 页。

的收入再分配功能，在当前我国收入差距扩大、低收入人口增加的现实情况下，许多学者仍然坚持认为我国社会保障制度主要应该坚持现收现付制，而不是急于倾向和扩大基金制[①]，至少应该提高社会统筹部分的比例。[②] 同时，正值我国处于转变经济发展方式的新阶段，扩大内需是我国经济进一步深入发展的需要，而现收现付制有利于增加内需。这是因为现收现付制具有较强的替代效应[③]，这种效应会使个人减少储蓄，增加当期消费。基金制是个人牺牲当期消费，换来退休后的消费，替代效应不明显。[④] 现收现付制还有利于减少自愿性贫困现象。[⑤] 更重要的是现收现付制还具有广覆盖、消除贫困、免受资本市场冲击及较低的管理成本等优点。因此，基于减少贫困人口、缩小收入差距的考虑，中国社会保障体系尤其是养老保险体系应该以现收现付制为主，充分发挥代内和代际再分配功能，从而获得社会福利的最大化。

第二节　社会保障资金管理与减贫

社会保障资金的运作需要由相应的部门或机构来管理，随着社会保障资金规模越来越大，对其进行有效管理成为重要问题。目前，全球养老基金资产规模急剧扩大，从2001年的15.73万亿美元增加到2011年的30.9

---

① 朱青：《当前养老保险筹资模式不宜转向基金式》，《经济理论与经济管理》2001年第12期，第16—21页；徐梅、邱长溶：《不同群体对中国养老保险体系选择的经济学分析》，《数量经济技术经济研究》2006年第4期，第22—29页；封进、宋铮：《中国人口年龄结构与养老保险制度的福利效应》，《南方经济》2006年第11期，第22—33页；封进：《公平与效率的交替和协调——中国养老保险制度的再分配效应》，《世界经济文汇》2004年第1期，第24—36页；封进：《中国养老保险体系改革的福利经济学分析》，《经济研究》2004年第2期，第55—63页。

② 杨俊：《社会统筹养老保险制度收入再分配效应的分析》，《社会保障研究》2011年第1期，第164—176页。

③ 替代效应是指养老金收益对工资收入部分替代，由于获得养老金收益而减少工资储蓄的部分就是替代效应。

④ 柳清瑞、穆怀中：《基于代际交叠模型的养老保险对资本存量和福利的影响》，《辽宁大学学报》（哲学社会科学版）2003年第2期，第100—105页。

⑤ 自愿性贫困就是由于缴纳社会保障费，参保者可能会尽量减少当期消费支出，这样从消费的角度衡量贫困状况时，他们可能就处于贫困状态，但这种贫困是他们自愿的，而并非没有能力进行消费。

万亿美元，10 年几乎翻了一倍。[①] 加上国际上许多国家由于人口老龄化发展，在社会保障资金运作方式上，也从现收现付制模式逐渐向部分积累制，乃至完全积累制模式转变。与此相应，就会有大量的保障资金长期积累下来，形成社会保障基金，如何管理日益庞大的社会保障基金便成为重要的课题。[②] 采用何种管理方式，由何种部门和机构来进行管理，关系到社会保障基金管理成本和效率问题，对基金的安全性和流动性也存在重要影响，因而也会影响社会保障的减贫作用。

一 管理方式概述

社会保障基金管理方式可以分为政府管理模式、私营管理模式和混合管理模式。虽然不同学者区分的角度不同，分类具有一定差异，叫法不一致，但基本意思是相同的。如郭殿生（2003）将其分为三种类型：政府集中型管理模式、分散型管理模式和适当集中型模式。[③] 另外一些研究者将社会保障基金管理方式区分为两类：一类是公共管理模式；一类是私人管理模式。[④] 有的直接区分为集中管理和分散管理两种类型。分为三种和两种类型的区别在于，分为两种管理方式的，实际上将美国和欧洲国家与新加坡的社会保障基金管理方式合并为一类，即将混合管理模式或适度集中型模式归入公共管理类或集中管理类。但实际上二者存在明显区别：在新加坡的政府管理模式下，社保基金统一由政府部门（或政府批准成立的准政府机构）集中管理，包括基金的征缴、支付、管理和投资几个环节均由政府部门运作。欧美国家的社会保障基金虽然也由政府部门征缴和支付，但管理和投资则一般分为两部分，一部分由政府部门直接管理和投资；另一部分采用信托的方式交给私人机构管理和运作。因此，将社会保

---

① 韩立岩、王梅：《国际养老基金投资管理模式比较及对我国的启示》，《国际金融研究》2012 年第 9 期，第 52—61 页。

② 李珍、辜胜阻：《社会保障基金管理制度的国际比较研究》，《财政研究》1998 年第 2 期，第 40—44 页。

③ 郭殿生：《集中投资还是分散运营——中国社会保障基金投资管理模式选择》，《税务与经济》2003 年第 4 期，第 26—29 页。

④ 章萍：《养老保险基金个人账户管理模式的国际比较与借鉴》，《财会研究》2009 年第 10 期，第 69—72 页；黄永洪：《养老基金管理的国际经验及启示》，《云南财贸学院学报》2002 年第 2 期，第 115—118 页。

障资金管理模式区分为三种是比较合理的。

政府管理模式是一种由政府部门或国家直接管理社会保障基金的管理方式。在这种管理模式中社会保障基金管理可以形成规模经济效应，降低管理成本；这种管理模式一般由政府负责保底，政府预先制定了收益率或给付标准，保障基金的安全性，有效避免参保人的收益风险；参保人不能自由选择基金公司，降低了信息搜寻成本。私营管理模式是一种由私营公司对社会保障基金进行管理的方式。私营基金管理公司一般有多家，个人可以自由选择基金公司，因此这种管理模式能够激励基金公司提升自身的管理效率。但同时，多家基金公司分散管理，降低了管理的规模效应，增加了管理成本；基金公司为了吸引客户，推销费用较大，进而增大管理成本；[①] 参保人要想搜寻效益好的基金公司，其搜寻成本较高，不利于中低收入者的信息获取。混合管理模式，顾名思义，是由政府管理与私营管理组成的一种混合管理方式。这种管理方式一般由政府部门筹集社会保障基金，然后将一部分社会保障基金委托给私营基金公司进行投资管理，一部分由政府部门直接进行投资管理。其在投资管理上既能够避免政府垄断，比政府管理模式具有更高的效率，又可以克服私营管理模式资金过于分散的弱点，在管理上可以发挥一定的规模经济效应，管理成本相对较低。另外，参保人在选择基金公司上还有较大的自由度。但是这种模式是政府把一部分社会保障基金委托给私人基金公司经营管理，产生了委托—代理关系，管理更加复杂化，需要制定合适的约束与激励机制，规范基金公司的经营管理行为，保障基金安全，提高运营效率。

我国社会保障基金目前采用的管理方式既不是政府集中管理，也不是私人分散管理，而是由各级政府分散管理。除了全国社会保障基金[②]由全国社会保障基金理事会负责管理运营外，个人账户社会保障基金目前仍由各地方政府部门管理，企业年金由企业自行管理或委托专业机构管

① 社会保障基金管理成本在美国低于课税的1%，而智利的私营管理模式的成本是所提资金的19%。参见庞凤喜：《社会保障缴款“税”、“费”形式选择中若干问题辨析——兼与郑秉文研究员商榷》，《财政研究》2011年第10期，第68—71页。

② 全国社会保障基金是由国有股减持划入资金及股权资产、中央财政拨入资金、经国务院批准以其他方式筹集的资金及其投资收益形成的社会保障基金，由全国社会保障基金理事会负责管理。

理，最终导致没有统一的独立机构来管理社会保障基金，没有专业技术人员来运用社会保障基金进行投资，也没有统一的部门对社会保障基金的投资行为进行监督。从而往往导致社会保障基金被挪用或管理不善，管理效率低下，投资收益率不高，不利于社会保障基金的可持续性和财务平衡。

二　管理方式与减贫

从减贫的角度来看，安全性、管理效率和管理成本会对社会保障基金的减贫作用产生影响。其中，基金的安全性与组织结构和法律制度的约束性有关。各个基金管理部门及单位首先需要明确权责关系，在管理权力上能够相互制衡，基金的安全性就容易得到保障；而各个管理部门相互协调配合得好，则管理效率就高。需要注意的是，社会保障基金的不同管理方式都是针对个人账户资金而言的，公共账户一般都采取现收现付制，属于短期性储蓄，不存在资金管理问题。个人账户资金并不具有互济性，因此不需要考虑不同社会保障基金管理方式的再分配性质。那么，影响不同社会保障基金管理方式减贫作用出现差异的因素便主要是安全性、管理效率和管理成本。如果某种管理方式的安全性好，管理效率高，管理成本低，则个人账户基金充足，社会保障基金积累就大，基金在财务上就能够实现收支平衡。如果管理成本高，基金出现漏损或挪用，就会出现基金积累不足，或基金遭受贬值，未来能够领取的养老金就少。

根据上文分析，政府管理模式下，基金管理人受基金所有人的委托直接负责基金的投资运营，集投资、管理、监督职能于一身，委托—代理关系简单，易于操作。政府管理模式采用集中统一管理，能够实现规模效应，管理成本较低，[①] 但过于追求稳定的投资策略和投资组合，导致收益率也较低。这样，扣除物价影响因素，资金的保值增值就成为问题。尽管这种管理模式往往由政府保障一定的养老金支付水平，但势必会加重政府

---

① 如，新加坡社会保障基金的管理成本仅为其资产总额的 0.07% 和年度缴费的 0.5%。参见李珍、孙永勇：《新加坡中央公积金管理模式及其投资政策分析》，《东北财经大学学报》2004 年第 4 期，第 14—18 页。2015 年瑞典个人账户管理成本仅为 0.31%，而智利为 1.20%。参见陈志国：《公共养老强制基金制个人账户投资管理模式研究——基于瑞典、俄罗斯模式的国际比较与中国选择》，《中国经济问题》2012 年第 3 期，第 30—39 页。

财政负担，养老保障体系也难以形成独立的运行系统，基金的财务可持续性将受到影响。政府管理模式总体运行效率不高，制度运行缺乏透明度，管理漏洞使社会保障基金损失严重。据统计，由于英国的社会保障以国家经办为主，英国每年的福利支出中，大约有40亿英镑因官僚主义机制漏洞而白白遭受损失。① 政府管理模式下由于管理环节中资金漏出比较严重，资金的充足性难以保障，因而这种管理模式在减贫上要大打折扣。正因为如此，所以很多国家倾向于转向私营管理模式，当然这一转向主要是由于个人账户发展的要求。

私营管理模式下，基金公司作为独立的市场竞争主体，具有较为充分的运营决策自主权，为增强社保基金投资运营的灵活性创造了有利的前提条件。② 同时基金管理透明度高，管理效率高，投资回报率也高。但管理成本、交易成本也偏高。③ 且由于存在多家公司，政府需要对多家公司进行监督管理，可能也增加监管成本。基金积累过程较长，受市场影响严重，波动大，经济发展的稳定性、资本市场完善程度和政府对养老基金运营过程的监管，对私营管理模式具有重要的影响。因此，私营管理模式虽然收益率高，但风险也大，需要具备的条件较多。正是这种模式由于风险大，影响因素较多，如果资金的安全性经常受到威胁，那么其减贫作用也是难以令人满意的。但是，如果从社会保障基金能否顺利转化为资本进行投资，有效适应市场经济规律，从而推动经济发展的角度来看，私营管理模式比政府管理模式具有更大优势。与此同时，社会保障基金推动经济发展的同时，往往能够增加就业岗位，更多的人能够获得经济收入，从而减

① 邵艳梅、孙玉芹：《当代英国社会保障制度及其启示》，《经济论坛》2006年第13期，第119—122页。

② 韩立岩、王梅：《国际养老基金投资管理模式比较及对我国的启示》，《国际金融研究》2012年第9期，第52—61页。

③ 如，1981—2000年AFP平均每年按缴费收入一定百分比收取的佣金占到缴费收入的3.02%，额外加收的年管理费为参保人个人收入的2.4%—3%，年营销成本平均为31.2%。参见周志凯：《国外养老保险个人账户管理模式比较——以智利、新加坡、瑞典为对象》，《社会保障问题研究》2006年00期，第420—437页。到2004年年末，智利账户管理费用累计占养老金资产的比例大约为23.82%，也就是说，超过1/5的养老基金资产会被管理佣金消耗掉。参见Mauricio Soto，Chilean Pension Reform：the Good，the Bad，and the in Between，*Boston College Retirement Research Center*，2005.

少了贫困人口。从这个意义上来讲，对社会保障基金管理不应仅仅追求基金的保值增值，而应同时考虑基金对劳动力市场的有效配置问题，即从基金对经济发展的贡献的角度来选择基金管理模式。

混合管理模式是一种相对折中的办法，兼顾了社会保障基金在投资、运营和管理上的安全性与收益性，所以是目前采用最多的基金管理模式。但是这种管理模式的委托—代理关系较为复杂，监督管理也较困难。这一方面是由于这种管理模式一般在中央和地方均设有社会保障专门管理机构，分别对某一项社会保障基金进行管理，或共同管理同一项社保基金。如，美国的老年、残废遗嘱保险和健康保险，由联邦政府负责举办和管理；工伤事故保险由州政府负责办理；而失业保险则由联邦政府和州政府合办。[①] 不同行政层级分开管理无疑增加了委托—代理关系的复杂性，以及监督管理的困难。另一方面是这种模式对社会保障基金进行分割，将一部分基金委托给政府机构直接管理，一部分委托给私营机构进行运作，由于政府机构和私营机构的性质不同，在运作方式和追求目标上也存在差异，这也增加了委托—代理关系的复杂性和监督困难。同时，混合管理模式的收益率不但取决于其基金分配比例，而且与基金公司的运作状况，经济发展稳定性、金融市场的完善性等因素有关，影响因素较多，采用这一管理模式的各国在收益率上也存在较大差异。因而这种模式的减贫作用也具有不稳定性特征。尽管如此，由于基金分配比例可以根据外部影响因素进行灵活调节，混合管理模式无疑是一种兼顾了基金安全性与营利性，是一种较为稳妥的管理模式。即使基于减贫的角度，混合管理模式也是一种较为理想的选择。

总的来说，不同社会保障基金管理模式的收益率不同，特别是政府管理模式与私营管理模式在收益率上的差异较大，一般而言，多数政府经营的社会保障基金的实际投资收益率较低甚至为负数；而私人经营的则能够获得较高的投资收益率，即使在同一个国家也是如此。例如，美国政府管理的基金中，收益率较好的社会养老保险基金（OASI）在 20 世纪 80 年代的实际投资收益率也仅为 4.8%，但同期的企业退休基金的投资收益率

① 余小平、王玲：《社会保障资金管理体制的改革与对策》，《财经问题研究》1997 年第 4 期，第 51—60 页。

却高达8.0%。[①] 政府管理模式和私营管理模式都属于比较极端的情况，于是许多国家开始寻找这两种模式的一个结合点，也就是向混合管理模式转向。特别是看到智利在推行私有化管理取得巨大成功之后，一些国家在社会保障基金管理中引入私人基金公司，在投资组合上则希望在基金的安全性与收益性之间寻找平衡。实际上，混合管理模式也确实是一种比较稳妥的社会保障基金管理模式，因为兼顾了社会保障基金对安全性和收益性的要求。而就减贫作用而言，混合管理模式也由于较好地考虑了基金的保值增值问题，因而在未来基金支付中也能够更好地发挥减贫作用，取得更好的减贫效果。

目前我国社会保障基金管理存在“政出多门，多头管理”的混乱局面。一方面，没有权威性机构进行统一管理，部门分割严重，运作效率低下。具体表现在：劳动部门主管城镇职工的养老保险、失业保险和工伤保险；人事部门负责干部的养老保险和公费医疗；卫生部门参与公费医疗的管理；而民政部门则负责农村的养老保险。另一方面，社会保障部门又集社会保障基金的行政主管、投资运营与评估监督于一身，形成“政事合一”的管理格局。而缺乏相应的具体法规，政事合一的管理模式无法进行自我监督，进而导致社保基金被挤占、挪用的现象屡屡发生。而混合管理模式采取多渠道、多层次和分项举办的方式，既可以避免风险过于集中，减轻国家的财政负担，同时又可以照顾各地的实际情况，做到因地制宜，扬长避短，发挥各种优势。[②] 当然，这种模式一定程度存在难以实现管理上的规模效应，降低管理成本的问题。但由于采取政府管理模式与私营管理模式的组合，兼顾了资金的安全性与收益性，这对于处于经济转轨阶段，市场经济发展还不成熟，资本市场和法律还不完善的时期，采用这种混合管理模式既可以分散基金投资风险，又可以提高基金的收益率，这对于充分发挥我国社会保障制度的减贫作用无疑具有重要的现实意义。

---

① 李珍、辜胜阻：《社会保障基金管理制度的国际比较研究》，《财政研究》1998年第2期，第40—44页。

② 余小平、王玲：《社会保障资金管理体制的改革与对策》，《财经问题研究》1997年第4期，第51—60页。

本章小结

社会保障资金运作模式主要是指财务制度模式。目前主要存在三种典型模式：现收现付制、基金积累制和混合制。三种运作模式各有优缺点，减贫作用也不一样。一般认为混合制兼具现收现付制和基金积累制的优点，而避免了两者的缺点。许多学者对此提出反对意见，但这些意见并未受到足够重视。尽管混合制（部分积累制）存在许多缺点，而名义账户制的优点比较明显，但名义账户制采用的仍然是基金积累制的计发办法，再分配作用并不强。混合制仍然是世界各国社会保障制度改革的方向，名义账户制是否能够成为主流，则仍有待长期观察。

就减贫作用而言，现收现付制由于是短期财务平衡制度，受到通货膨胀、投资收益等因素的影响较小，因而更容易实现财务平衡。同时具有代际和代内收入转移效应，且一般采用待遇确定型的支付方式，因而收入再分配能力较强，减贫作用也较强。基金积累制是长期财务平衡制度，资金的投资管理过程难免受到通货膨胀、经济结构变动的影响，资金的收益率难以保障。基金积累制是代内转移，是个人福利的跨时配置，不像现收现付制那样带有社会福利性质，无法实现收入再分配功能，减贫作用较小。在一个收入差距较大的社会中，应该选择现收现付制，以缩小收入分配差距。我国当前的社会保障资金运作模式宜凸显现收现付制的再分配功能。

社会保障基金管理方式关系到社会保障基金管理成本和效率问题，对基金的安全性和流动性也存在重要影响，因而也会影响社会保障的减贫作用。社会保障基金管理方式可以分为政府管理模式、私营管理模式和混合管理模式。政府管理模式是一种由政府部门或国家直接管理社会保障基金的管理方式。这种管理模式能够形成规模经济效应，管理成本低，基金具有安全性，信息搜寻成本低。私营管理模式是一种由私营公司对社会保障基金进行管理的方式。这种管理模式能够激励基金公司提升管理效率，但管理成本高，推销费用较大，搜寻成本较高。混合管理模式，是由政府管理与私营管理构成的一种混合管理方式。这种管理方式能够避免政府垄断，又可以克服私营管理模式资金过于分散的弱点，管理成本相对较低，参保人有较大的自由度，但是管理复杂。

从减贫的角度来看，安全性、管理效率和管理成本会对社会保障基金的减贫作用产生影响。政府管理模式采用集中统一管理，管理成本较低，但过于追求稳定的投资策略和投资组合，导致收益率也较低，减贫作用受到影响。私营管理模式下，基金公司具有充分的运营决策自主权，管理透明度高，管理效率高，投资回报率也高，但管理成本、交易成本、监管成本也偏高，减贫作用也会受到影响。混合管理模式是一种相对折中的办法，兼顾了社会保障基金在投资、运营和管理上的安全性与收益性，所以是目前采用最多的基金管理模式。从减贫的角度来看，混合管理模式也是一种较为理想的选择。

目前我国社会保障基金管理存在“政出多门，多头管理”的混乱局面。一方面，没有权威性机构进行统一管理，部门分割严重，运作效率低下。另一方面，社会保障部门又集社会保障基金的行政主管、投资运营与评估监督于一身，形成“政事合一”的管理格局。结合我国社会保障基金管理的现状，我国宜采用混合管理模式，兼顾资金的安全性与收益性，充分发挥我国社会保障制度的减贫作用。

第六章　社会保障基金投资、监管与减贫

这里之所以称为“社会保障基金”，而不是“社会保障资金”，是因为社会保障资金包含社会福利、社会保险和社会救助资金，而社会保障基金一般仅包含社会保险基金，因为一般只有社会保险项目才形成基金积累。采用现收现付制资金运作模式的国家或社会保障项目，其社会保障资金是当期筹资当期支付，不留结余或仅有少量结余。而采用完全积累制或部分积累制运作模式的社会保障项目，其资金或部分资金并不需要当期筹集当期支付完毕，会有大量资金积累下来，形成所谓的社会保障基金。由于这个社会保障基金是逐步进行支付的，基金池中始终有大量资金积累，那么考虑到通货膨胀等因素，如果只是将其原值储存，必然会导致基金贬值，不能维持未来社会保障基金的收支平衡，使参保人遭受损失。因而如何使社会保障基金保值增值，就需要考虑有效的投资方式问题。同时，基金投资能够带来收益，也有可能带来风险，因而需要政府或政府委托的机构对基金的投资行为进行监督。

第一节　社会保障基金投资与减贫

社会保障基金的独立运行是社会保障制度健康发展的必然要求。社会保障体系能够自成系统，独立运行，社会保障基金能够自我平衡，不需要政府财政大量补贴，是社会保障制度健康可持续发展的关键，也是各国政府追求的目标。而如果一国的社会保障基金总是需要政府填补亏空，那么该国社会保障体系将有面临崩溃的危险。而要保障社会保障体系的财务可持续性，基金的保值增值就显得特别重要。这是因为，一是

社会保障基金面临参保人需求的刚性增长，即对每位参保人而言，社会保障支付一旦达到一定水平就很难降下来，这种需求是刚性的，且呈增长趋势。二是人口老龄化和就业需求减少会导致社会保障基金支出增加。三是通货膨胀使基金不断贬值。有效投资则是实现资产社会保障基金保值增值，实现基金长期收支财务平衡，满足社会保障足额支付的重要途径。

一 投资方式概述

社会保障基金投资是指社会保障管理机构或受其委托的机构，用社会保障基金购买国家政策和法律许可的特定的金融资产或实际资产，以期获得适当预期收益的基金运用行为。由不同性质的机构进行投资管理，不同的基金运作方式，会形成不同的基金投资方式。一般而言，投资主体不同，投资方式也就存在差异。因此，社会保障基金投资方式一般按照投资主体进行划分。王洪春等（2004）从投资管理主体的角度，将社会保障资金管理模式划分为国家直接投资模式、私营投资模式和部分私营化投资模式。[①] 刘蜜（2006）将其分为新加坡模式、拉美模式和欧美模式。[②] 而韩立岩和王梅（2012）仅仅区分了法定机构模式和法人机构模式两种模式。[③] 但他们所说的法定机构模式，实际上包括了新加坡的政府管理模式和智利的私营管理模式。如此，便可归纳为三种投资方式，这里称之为信托投资方式、政府投资方式和私人投资方式。

信托投资方式是政府将社会保障基金委托给专业化的基金管理公司、信托投资公司、银行、保险公司等金融机构进行运营的一种投资方式。这

① 王洪春、白占立、张占平：《国外社会保障基金投资模式比较研究》，《河北师范大学学报》（哲学社会科学版）2005 年第 5 期，第 24—27 页。

② 刘蜜：《国外社会保障基金投资运营比较分析及经验借鉴》，《珠江经济》2006 年第 8 期，第 91—96 页。

③ 韩立岩、王梅：《国际养老基金投资管理模式比较及对我国的启示》，《国际金融研究》2012 年第 9 期，第 52— 61 页。

种投资方式以欧美国家为代表。① 其社会保障基金的征缴和支付仍由政府部门负责，但基金的管理和投资一般委托给专业的基金管理公司进行投资运营。信托投资方式的特点是其投资主体一般是私人机构，但事务管理则是政府部门。将基金委托给公共的、私营的、公私合作的各类机构实施投资操作和服务，实行管理和监督分离，基金的收与支分离。但一般由国家的专门机构负责监督，由政府、雇主和雇员三方或雇主和雇员两方组成一个委员会对基金实施具体监督，如德国、法国、西班牙等一些欧盟国家采取的就是这种模式。这种投资方式的优点是：投资主体的自由度较大，能够适应市场变化；分工明确。缺点是：委托层级多，委托—代理关系复杂，管理难度大。

政府投资方式是指中央政府通过强制手段，将参保人的部分收入以费或税的方式集中到一家公共管理的中央基金，政府社保部门直接负责这部分资金的投资运营，从而实现对社保基金的投资管理。这种投资方式以新加坡为典型。该模式的一个重要特点就是国家建立一个专门的机构来代表国家管理社会保障基金，其他任何机构都不能参与。这种投资方式的优点是：统一管理基金有利于保障投资的安全性，降低管理成本。弊端则表现为由于政府对基金实行集中管理，缺乏竞争机制，导致收益率过低；政府设立的专门机构全权负责对社会保障基金进行直接投资操作、管理和监督，导致权力过于集中，不便于群众监督，不利于防止基金被挪用、占用等现象。

私人投资方式是将社会保障基金交由专门的私营基金公司（AFP）进行投资，政府不直接参与投资管理，也不保障收益率。但政府规定 AFP 要达到一定收益率，并建立风险补偿机制。若投资失败，政府除了对该

---

① 实际上欧美国家之间的社会保障基金投资管理方式千差万别，其内部还可以划分为好几种模式。如郑秉文（2008）将欧盟国家的社保基金投资管理和治理模式分为三种：分散管理型、中央投资型和中央控制型。分散管理型主要采用“自治管理”，投资和管理主体是私人机构，但社保基金管理的实际事务由工会控制，以德国的“职业保险”和法国的“行业自治”为典型。中央投资型在投资上采取的是完全市场化的投资方式，但具体管理事务仍由中央政府集中管理，这种模式以瑞典为代表。中央控制型则无论是社会保障基金的投资营运，还是具体事务管理均由中央政府集中控制，包括投资的资产配置也严格限制于国债投资，该种模式以英国和爱尔兰为代表。严格说来中央控制型模式应该属于政府投资方式。参见郑秉文：《欧盟国家社保基金监管立法及其对中国的启示》，《中国社会保障》2008 年第 11 期，第 26—29 页。

AFP 进行清算外，还给予一定补贴，同时个人账户转由其他 AFP 管理。这种投资方式以智利为代表，[①] 还包括一些拉美国家和东欧国家。其特点是在基金的投资管理中引入竞争机制，委托多家民营管理公司按市场法则运作和投资，可获得较高的收益率。智利私人投资方式的优点在于：由于有众多的私人养老基金管理公司参与投资管理，形成了一个竞争性市场，各公司为了自身的生存，会以提高投资收益率来吸引顾客；同时降低了收费标准；促使基金公司选择良好的投资方向和合理的投资组合，降低投资风险；基金的私有化还促进了资本市场的快速发展。弊端在于：养老基金管理公司为了拉拢客户，扩大基金规模，聘用了庞大的专业队伍，推高营销费用；[②] 市场竞争也使基金公司的相关运作成本提升，增加了个人为私人基金管理公司缴纳的管理费用；个人在各基金管理公司之间过分转换，导致搜寻信息成本增加。

随着我国各项社会保障制度的逐步建立，覆盖面逐渐扩大，社会保障基金规模逐渐增大，社会保障基金的保值增值问题变得越来越重要。截至 2012 年，全国社会保障基金资产规模为 8932.8 亿元，地方管理的城镇养老保险基金达 23941 亿元。如果加上新农合、新农保基金和企业年金，全部社保基金已达到一定规模，社会保障基金的投资问题开始引起各方密切关注。我国社会保障基金主要分为两个部分：一是个人账户社会保障基金。目前在各省市统筹层次不一样，有的省市实现了省级统筹，但另外一些省市仍然是地区级统筹甚至县级统筹，在管理和投资上由各统筹单位进行自我管理和投资，由此形成所谓的“碎片化”投资管理模式。这种模式的最大缺点就是由于统筹层次不高，目前数万亿元的个人账户社保基金被分散在 2000 多个省、市、县级统筹单位，无法形成规模优势。[③] 二是

---

① 实际上，智利政府规定如果个人账户养老金因不能足额缴费或投资失败等而影响养老金支付时，由政府财政部门负责支付最低养老金，约为每月每人 100 美元。参见周志凯：《国外养老保险个人账户管理模式比较——以智利、新加坡、瑞典为对象》，《社会保障问题研究》2006 年第 00 期，第 420—437 页。

② 智利 1981—2000 年营销成本年平均高达 31.2%。参见周志凯：《国外养老保险个人账户管理模式比较——以智利、新加坡、瑞典为对象》，《社会保障问题研究》2006 年第 00 期，第 420—437 页。

③ 郑秉文：《中国社会保险“碎片化制度”危害与“碎片化冲动”探源》，《社会保障研究》2009 年第 1 期，第 209—224 页。

全国社会保障基金。它是指全国社会保障基金理事会负责管理的由国有股减持划入资金及股权资产、中央财政拨入资金、经国务院批准以其他方式筹集的资金及其投资收益形成的由中央政府集中的社会保障基金。是2000年8月经国务院批准设立的用于弥补今后人口老龄化高峰时期社会保障需要的国家战略储备，这个基金实行的是集中管理的方式。但是相较而言，全国社会保障基金的规模仍然较小。因此，总体而言，我国社会保障基金仍是一种分散化的投资方式，由各统筹单位社会保障管理部门自行管理和投资。

二　投资方式与减贫

社会保障基金投资的核心目标就是基于安全基础上的投资收益。一定的投资收益率是参保人分享未来经济发展成果的前提保证，也是社会保障制度发挥减贫作用的重要基础。因此，如何在保障社会保障基金安全性的基础上，实现基金的保值增值，保障财务平衡和足额支付，是任何一国或地区社会保障基金投资管理面临的主要难题。由于社会保障基金主要由采用积累制的个人账户基金构成，个人账户基金并没有互济作用，基金的投资收益率越高，个人获得支付越多，社会保障预防和减少贫困的作用就越强。因而影响投资方式发挥减贫作用的主要因素是投资收益率。从减贫的角度而言，一是风险控制会影响减贫作用的发挥；二是投资收益直接影响社会保障的减贫能力。显而易见，哪种投资方式的风险小，而获得的收益大，哪种投资方式就越有利于社会保障基金的保值增值，增强社会保障的减贫能力，进而有利于预防和减少贫困人口。但事情往往是，投资收益越高，风险越大，因而就存在一个对投资风险进行控制的问题。对社会保障基金投资风险进行控制包括投资组合设计、投资人的内部风险控制，以及委托人对投资行为的监管。

社会保障基金投资会面临两类风险：系统风险和非系统风险。系统风险主要指外部风险，主要是指资本市场固有的投资风险，是所有投资者必然要面临的共同性风险。系统风险包括经济周期波动风险、利率变化风险、通货膨胀风险和汇率变化风险等。非系统风险主要指内部风险，主要体现为社会保障基金管理公司的运营风险。这种风险主要包括投资公司的管理水平风险、委托代理风险、信用风险等。系统风险是不可规避风险，非系统风险是可以通过分散或组合投资进行规避的风险。一般情况下，社会保障基金投资风险主要指的是非系统风险。在实际投资运作过程中，非系统风险主要通过制定合理的投资组合进行规避，而合理的投资组合模式是寻求一组收益率高且安全性好的投资组合。

政府投资方式由于对投资行为限制过多，包括对基金进入资本市场的各种严格规定，投资主体的自由度较低，选择余地不大；加上投资主体的工资由财政单独拨款，对基金的投资收益没有剩余索取权，投资主体利益与基金收益没有多大关系。因此，投资主体倾向以追求安全性为目标，没有动力寻求最佳的投资组合，以追求最大化投资收益。此外，由于有政府财政最后兜底，投资主体对投资风险并不敏感，说明政府投资模式也并不一定能够保证基金安全。私人投资模式则由于政府较少干预基金公司的投资行为，投资选择的自由度较大，且具有一定的基金投资收益索取权，因为投资公司的利益与基金的收益率有关，因而投资主体愿意且有动力追求最大化投资收益率，寻求合理的投资组合。从规避投资风险的角度来看，由于基金公司自负盈亏，因此对投资风险比较敏感，更能够控制投资风险。其缺点主要是容易导致过度竞争，推高管理成本和交易费用，造成参保人的负担。信托投资模式往往也会受到政府相关规定的制约，但政府干预程度少于政府直接投资方式，因此也有一定动力寻求最佳投资组合，提高基金投资回报率，并规避投资风险。

从投资收益率来看，收益率最高的当属私人投资方式，智利在1981—1995年，18个AFP的年平均投资回报率达13.5%；1981—2000年的20年里年平均收益率达到11%（见表6—1）。这主要是投资主体对基金的投资收益拥有剩余索取权的原因。采用信托投资方式的投资收益率也较好，世界银行1993年的养老金报告显示，美国1982—1993年的社会保障基金投资平均回报率为9.6%；同期，英国的平均回报率也达10.8%。[①]虽然比不上智利私营投资模式的收益率，但也比新加坡的政府投资模式高了许多。政府投资方式的收益率最低，新加坡在1983—1997年的16年

① 刘蜜：《国外社会保障基金投资运营比较分析及经验借鉴》，《珠江经济》2006年第8期，第91—96页；冉萍：《社保基金投资的国际比较及对我国运营的借鉴》，《经济问题探索》2008年第1期，第169—174页。

间，个人账户的年平均收益率仅为3.4%。可见，对投资行为限制较少，投资主体能够直接从投资结果获得利益，是决定投资收益率高低的关键因素。政府直接投资管理的成本虽然比较低，但由于对投资组合限制过多，往往导致投资效率不高，难以获得较高的回报率。这样，从减贫的角度而言，理论上首先是收益率高的私人投资方式显然更能增强社会保障制度的减贫能力，其次是信托投资方式，最后是政府投资方式。

不同投资管理模式下，社会保障基金的收益率存在较大差异。以我国为例，由全国社会保障基金理事会管理的全国社会保障基金2014年年底资产总额达15000亿元，其中自有资产为12350亿元，委托资产不到3000亿元，绝对回报额是1390亿元。全国社会保障基金2014年平均收益率为11.43%，自2000年成立以来14年的年平均收益率为8.5%，投资收益率是比较高的。与之相比，我国个人账户基金的投资收益率是相当低的，截至2009年，我国个人账户基金名义收益率不到2%，没有跑赢2.2%的CPI。[①] 从2000年至2012年年底，个人账户基金累计“缩水”规模高达1700亿元以上。我国个人账户社保基金出现了连年贬值的危机，究其原因，主要是目前我国个人账户社保基金结余部分95%以上都是以银行存款方式获取银行利率的。[②] 人社部数据显示，截至2012年年底，全国城镇职工基本养老保险基金累计结存2.39万亿元，其中绝大部分为财政专户存款，高达2.02万亿元，协议存款1058亿元，债券投资仅为196亿元，委托投资运营918亿元。可见，对投资主体干预较大，对投资渠道进行严格限制是我国社会保障基金投资收益率不高的原因。

近几年，虽然已经开始允许社会保障基金入市，但规模较小。如2012年3月，国务院批准全国社保基金理事会接受广东省政府的委托，投资运营广东省城镇职工养老金1000亿元，开启了养老金“入市”的先河。但到2014年各地共计委托给全国社会保障基金理事会进行投资营运的基金总额还不到3000亿元。企业年金的投资范围也逐渐放开，如人社部在2013年4月发文进一步扩展企业年金投资范围，提出企业年金基金

① 冯卓、冯恩新：《试论我国养老金投资监管模式的选择》，《国际金融》2011年第7期，第70—74页。

② 魏志华、林亚清：《社保基金的投资管理模式及其困境摆脱》，《改革》2014年第3期，第47—55页。

投资范围增加商业银行理财产品、信托产品、基础设施债权投资计划、特定资产管理计划、股指期货。然而由于建立企业年金制度的企业不多，基金规模有限，因而这一政策对社会保障基金总体影响也相当有限。从各国的投资经验来看，股票和国外资产投资的收益率最高，但投资风险也相对较高，因而各国对这类资产投资一般都有严格限制。而我国个人账户基金则基本被禁止进入股市，原因也是因为股市投资风险大。如果把社会保障基金看作被动受股票市场变动的影响，那么风险程度无疑是较高的。但是由于社会保障基金数额庞大，当这么大的基金规模进入股市，它应该成为市场的主导，不仅能够稳定市场，而且还能影响市场变动方向，而不是被市场变动所左右。这样看来，社会保障基金入市风险并没有想象的那么大。当然，在投资主体选择上应该谨慎，对入市比例也应该有严格限制。当前鉴于我国社会保障基金投资收益率不高，保值增值困难，而资本市场又不完善的情况下，建议各地将一定个人账户基金的一定比例委托给全国社会保障基金理事会进行投资管理，企业年金基金则采取完全市场化管理模式，提高我国社会保障基金的投资收益率，进而充分发挥其减贫作用。

表 6—1　　三种社会保障基金投资方式比较

	信托投资方式（欧美模式）	政府投资方式（新加坡模式）	私人投资方式（智利模式）
投资主体	私人基金公司	中央部门或单独设立的挂靠机构	专门的养老基金公司（AFP）
投资限制	1999 年美国社会保障基金投资组合：股票 48%，债券 37%，存款 9%，国外资产 4%，其他资产 2% 等。 英国的投资组合：66% 股票，国外资产 18%，债券 15%，财产 9%，存款 8%，其他资产 6% 等。	最初，新加坡规定社会保障基金只能投资于政府债券。1968 年允许投资住房，1978 年允许投资公共汽车公司股份，20 世纪 80 年代，相继引进了住宅产业计划、非住宅产业计划、教育计划。1997 年又允许一部分资金投资于国内股票和公司债券、一些指定国家的股票以及其他投资工具。	1999 年智利对养老基金投资种类限制：政府债券不超过 50%，定期存款不超过 50%，抵押债券不超过 50%，公司债券不超过 45%，股票不超过 37%，外国投资不超过 12% 等。

续表

	信托投资方式（欧美模式）	政府投资方式（新加坡模式）	私人投资方式（智利模式）
投资收益	1982 年到 1993 年，美国社保基金投资的平均回报率为 9.6%。 同期，英国的平均回报率为 10.8%。	在 1960—1990 年获得了 5.36% 的年均名义收益率和 2.02% 的年均实际收益率。 在 1983—1997 年的 16 年间，个人账户的年平均收益率为 3.4%。	1981—1995 年智利的 18 个 AFP 的年平均投资回报率达 13.5%。 1981—2000 年的 20 年里年平均收益率达到 11%。
监管方式	审慎性监管	严格限量监管	严格限量监管

第二节　社会保障基金监管与减贫

社会保障制度的健康运行，依赖于社会保障基金的有效投资。因而对社会保障基金投资进行监管，确保社会保障基金安全，是保障社会保障制度良性运行的重要环节。从世界各国实践来看，无论采用何种投资方式，各国政府为了保障社会保障基金安全，都会制定各种规定来避免基金投资管理人做出损害参保人利益的行为。特别是从财务收支平衡上来考虑，许多国家都要求基金投资公司要达到一定的投资收益水平，保障参保者的最低回报率。在确保社会保障基金安全的前提下，追求投资收益最大化是基金投资公司的目标，也是提高社会保障制度支付水平的重要途径。然而，高收益往往与高风险并存，采用不同的监管方式意味着基金投资面临的风险不同，基金收益也会存在差异，采用适合本国国情和具体社会保障制度的监管方式，对平衡基金的安全性和收益率会产生重要的影响，进而也会对社会保障的减贫作用产生影响。

一　监管方式概述

对社会保障基金投资环节的监管是否有效，不仅关系到社会保障基金收益问题，也关系到社会保障制度正常、有序地运行，还会影响到社会保障在收入再分配与减少贫困人口方面所发挥的作用。社会保障基金监管是由国家授权专门机构为保证社会保障基金的良性发展，依法对社会保障基金的筹集、储存、管理与运营、分配、支付等过程进行监督管理的一项系统工程。当前许多国家面对人口老龄化的挑战，纷纷从现收现付制转向基金积累制，与此对应，对社会保障资金的营运管理模式也逐渐由政府管理模式转向私营管理模式和混合管理模式。政府逐渐从直接参与市场运作退出，将社会保障基金交给私营机构进行投资管理，引入市场竞争机制，但仍然保留对社会保障资金在投资运营方面的监管权力。因而，对基金投资进行监管仍然主要是各国政府的责任。

从监管手段来看，国际上将监管模式分为两种：审慎性监管模式和数量限制监管模式。审慎性监管模式也称为审慎人规则，是指由投资管理者按照审慎人规则进行管理的一种监管模式。所谓“审慎人”就是要求受托人在进行投资决策时，谨慎对待受托资产，从委托人的利益出发，尽职尽责。审慎性监管模式关注的重点是参与人的行为方式和过程。对相关投资机构评估重点是内部控制、治理结构和信息披露，而不是资产组合的具体构成情况。[①] 审慎性监管规则根植于英美法系国家的信托法，它是在以判例为基础的普通法中发展起来的。因此，采用审慎人规则模式的主要是英国和美国，及其曾是英国殖民地、附属国的国家和地区，包括印度、巴基斯坦、新加坡、加拿大、澳大利亚、新西兰、马来西亚等英美法系国家。在审慎性监管模式下，监管者对社会保障基金的投资比例和投资类别不做具体要求，而只是要求社会保障基金投资机构执行审慎人经营规则，加强内部风险控制；同时监督投资机构的审慎人规则执行情况，评估并及时进行风险预警和控制。[②] 审慎性监管模式的优点是投资者具有高度的灵活性，能够及时调整投资组合适应市场环境的变化，从而能够实现收益最大化的目标；同时社会保障基金投资过程遵循市场机制规则，不会扭曲市场。缺点在于规则不够明确，对受托人和金融市场要求较高，包括要求资本市场发展水平较高、相关法律和制度环境比较完善、信息披露制度比较健全以及社会监督能力较强，还要求受托人即投资人具有较高的投资管理

---

① 肖汉平：《养老基金投资监管模式国际比较与借鉴》，《社会保障问题研究》2006 年第 00 期，第 448—467 页。

② 江玉荣：《养老保险基金投资监管模式的国际发展及对我国的启示》，《学术界》（月刊）2013 年第 1 期，第 205—214 页。

水平和丰富经验。如果不具备这些条件，则难以控制投资风险，保证基金的收益水平。

数量限制监管模式就是指对社会保障基金投资于特定资产类进行简单的数量或比例限制。数量限制监管模式关注的重点是投资的资产类别和投资结果，其核心是通过对基金投资的资产类别及比例进行限制，以达到控制投资风险的目的。具体做法是控制投资的资产组合，控制操作风险以保障参保人的利益，确保受益人免受不能偿付的危险。严格说来，数量限制监管模式实际就是执行比审慎性监管模式更谨慎的监管方式。实行数量限制规则的主要是欧洲大陆法系国家和一些发展中国家，如法国、德国、意大利、西班牙、葡萄牙、奥地利、比利时、瑞士等，以及进行养老体制改革的拉美国家。数量限制监管模式的特点是监督机构独立性强，权力较大，除了要求基金达到最低的审慎性监管要求外，还对基金的结构、运作和绩效等具体方面进行严格的限量监管。特别是限制基金的投资组合，严格控制基金投资股票和外国证券，还要求基金能够达到一定的投资收益水平。数量限制监管模式的优点是便于操作，有利于降低监管成本；严格限制投资组合，便于控制操作风险。缺点是限制过多，投资人缺乏灵活性；对投资组合的限制会影响投资人根据市场具体变化，对资产进行合理配置和对投资资产类别进行选择，反而可能增大投资风险；[①] 投资人只关注是否合法而忽视回报率，导致投资收益率可能较低；国家过多干预，扭曲资本配置，损害整个金融市场的活力。[②] 因此，可以说采用数量限制监管模式着重考虑的是基金安全性，基金收益率是次要目标。其本意是严格控制投资风险，保障基金安全是第一位的。但由于严格限制投资组合，可能导致投资人无法根据市场风险合理配置资产类别和投资比例，可能会使政策执行结果走向反面，即反而增大了投资风险。

在具体实施监管的过程中，审慎性监管模式要求政府社会保障部门或基金理事会尽量减少干预基金的具体运营活动，日常监管主要依靠审计师、精算师、法律顾问，以及资产评估机构等中介组织对投资行为过程进

---

① 王信：《养老基金营运监管的国际经验及启示》，《经济社会体制比较》2000 年第 2 期，第 51—56 页。

② 江玉荣：《养老保险基金投资监管模式的国际发展及对我国的启示》，《学术界》（月刊）2013 年第 1 期，第 205—214 页。

行监督，只有在当事人提出要求或基金出现问题时，政府机构才适合介入。这种模式一般适合经济发展比较成熟、金融体制比较完善、法律制度比较健全的发达国家。数量限制监管模式要求政府成立专门机构对社会保障基金的投资运作过程、基金绩效和投资结果进行监管。政府一般采取一些措施实施监管：一是对基金管理公司实行严格的特许经营权管理制度，严格控制基金管理公司的数量和质量；二是要求基金公司只能从事与社会保障基金有关的投资经营和服务业务；三是对基金投资比例作出严格的限制性规定；四是要求投资收益要达到一定水平，制定严格的止损标准；五是要求基金管理公司要有严格的信息披露制度。① 相比较而言，审慎性监管模式能够给予基金投资人更大的自由空间、更多的支配权力和收益分享，能够激励投资人追求投资收益最大化，增强社会保障基金的保值增值能力，从而也更好地保障了基金的安全性和支付水平。而且，由于基金公司能够及时根据市场风险调整投资策略，有效降低投资风险。也就是说，从某种程度来说，无论从安全性还是收益率来考虑，审慎性监管模式都比数量限制监管模式更具优势。因此，目前世界上越来越多的国家开始由数量限制监管模式转向审慎性监管模式。

需要说明的是，从监管的组织结构来看，还可以将社会保障基金投资监管模式分为集中监管和分散监管两种。所谓集中监管是指一国政府在构建社保基金监管体系时，将监管职能赋予单一的机构，由该机构代表政府集中履行对社保基金的监管职能。实行这种体制的有智利、阿根廷等国家。分散监管则是指一国政府在构建社保基金监管体系时，将国家对社保基金监管的职能赋予两个以上相互独立的主体，并且这些主体大多是由政府现有的经济管理部门组成。② 实行这种体制的有德国、法国等国家。监管与投资、管理不同，因为采用分散投资、分散管理的国家，不一定实行分散监管，如美国、智利等国家。同样地，实行集中监管的国家，也可能采用分散投资、分散管理的方式，如美国。因此，监管和管理不是一回

---

① 黄勤：《“谨慎人”法则和定量限制：两种养老基金投资监管模式的比较》，《社会科学》2003 年第 9 期，第 14—19 页；肖汉平：《养老基金投资监管模式国际比较与借鉴》，《社会保障问题研究》2006 年第 00 期，第 448—467 页。

② 李连友、赵孟华：《集中监管还是分散监管——社会保险基金监管组织结构分析》，《湖南社会科学》2004 年第 4 期，第 70—72 页。

事。实际上，无论是集中监管还是分散监管模式，都是从组织结构而言的，并没有涉及具体的监管方式和手段。因此，从减贫的角度来看，理论上讲无论采用集中监管还是分散监管都与社会保障的减贫作用强弱无关，因为减贫作用的强弱实际上只与监管成本与监管效率有关。因而只有不同的监管方式和手段才会影响社会保障的减贫作用。

二　监管方式与减贫

监管的目标是使代理风险和系统风险最小化，通过合理的资产组合在保障基金安全的基础上实现最大收益。但由于各国金融市场发育程度、投资管理人的经营水平、监管经验等差异，社会保障基金投资面临的风险和投资收益率存在较大差异。使各国采用不同的方式对社会保障基金的投资行为进行监管。从减贫的角度而言，哪种监管模式的管理成本低，而投资收益好，这种监管模式就能增强社会保障的减贫能力，相反，哪种监管模式管理成本高，而投资收益差，就会削弱社会保障的减贫能力。

一般而言，监管机构的组织结构并不会直接影响投资收益，只有监管手段才会影响投资人的投资行为，进而影响投资收益。审慎性监管模式由于政府介入较少，投资人拥有较大自由度，更有利于投资人追求合理的资产投资组合，从而降低基金投资风险，降低管理成本，提高投资收益，更好地使基金保值增值，最终更好地保障投保人的利益。从世界各国实践来看，采用审慎性监管方式的国家，其社会保障基金的投资收益较高。如，美国1982—1993年的社会保障基金投资平均回报率为9.6%。[①] 同期英国社会保障基金的投资回报率为10.8%，加拿大为8.9%。[②] 与此同时，采用审慎性监管方式的国家的管理费用也比较低。如，美国的社会保障管理费用占保费总额仅为1%左右，1998年英国的社会保险基金的平均管理费用为个人账户总值的1.49%。[③] 而管理费用低，实际上相当于增加社会保

---

① 刘蜜：《国外社会保障基金投资运营比较分析及经验借鉴》，《珠江经济》2006年第8期，第91—96页。

② 冉萍：《社保基金投资的国际比较及对我国运营的借鉴》，《经济问题探索》2008年第1期，第169—174页。

③ 中国经济改革研究基金会、中国经济体制改革研究会联合专家组：《中国社会养老保险体制改革》，上海远东出版社2006年版，第60页。

障基金积累，从而提高基金支付能力，有利于预防和减少贫困人口。

数量限制监管模式由于政府干预较多，严格限制基金的投资组合，影响资产的合理配置，基金公司的投资行为受到很大限制，理论上降低了基金的投资收益。如新加坡在1983—1997年的16年间，个人账户的年平均收益率为3.4%。1982—1992年荷兰社会保障基金的投资收益率为7.7%，瑞典为7.6%，低于英国、美国和加拿大。但这并不能说明所有实行限量监管模式的国家，基金收益率都低。如法国和比利时在1982—1993年期间社会保障基金的投资收益率分别高达13.0%和9.5%，达到甚至超过实行审慎性监管方式的英美国家。最突出的是智利，在1981—2000年的20年里，其社会保障基金的年平均收益率达到11%，据有关资料分析，到1999年6月，其养老基金资产的61%是由投资收益形成的，来自缴费的仅占39%。[①] 同样实行限量监管的阿根廷和秘鲁的投资收益率也很高。1997、1998年阿根廷社会保障基金投资收益率分别为14.4%和12.8%，秘鲁分别为11.1%和19.9%。[②] 可见，监管方式并不是影响基金投资收益的唯一因素，可能还有其他影响因素。

当然，我们应该看到，一些实行数量限制监管方式的国家，其基金投资收益率高的原因主要是政府对投资组合逐渐放松管制所致。如，长期来看，智利除了政府债券投资比例保持稳定外，低风险低收益的投资工具所占的比重在减少，高风险高收益的投资工具比重在增加，特别是国外投资这种高风险高收益的投资资产比例得到较大幅度增长。可见，尽管实行数量限制监管方式，但智利政府允许投资高风险资产的比重较高，因而获得较高收益率。与此相反，新加坡由于严格限制社会保障基金投资于高风险资产，因而收益率始终较低。新加坡的社会保障基金最初只能投资于政府债券。后来虽然逐步放宽投资限制，引进新的投资计划。如1968年允许投资住房，1978年允许投资公共汽车公司股份，20世纪80年代，相继引进了住宅产业计划、非住宅产业计划、教育计划。1997年又进一步放宽投资工具，允许一部分资金投资于国内股票和公

① 周志凯：《国外养老保险个人账户管理模式比较——以智利、新加坡、瑞典为对象》，《社会保障问题研究》2006年第1期，第420—437页。

② 刘蜜：《国外社会保障基金投资运营比较分析及经验借鉴》，《珠江经济》2006年第8期，第91—96页。

司债券、一些指定国家的股票以及其他投资工具。[①] 但新加坡允许社保基金投资高风险高收益资产的比例始终不高，大多数基金只能投资于安全性高但收益率低的资产，因而总体收益率始终难以提高。这说明社保基金投资收益率高低不仅与监管方式有关，还与具体限制的资产类别和比例有关。此外，社会保障基金投资收益状况，很大程度上还取决于一国的经济环境。[②] 如果一国或地区经济发展向好，则收益率高，如果经济衰退，则收益率差，甚至出现亏损的情况。那么可以说，如果在其他影响因素大致相同的情况下，监管方式是影响社会保障基金投资风险和投资收益的一个重要因素。

总体而言，采用审慎性监管方式的国家，社会保障基金的投资收益率较高。其原因主要有：一是实行审慎性监管方式，政府干预较少，投资人可以根据资产类别风险与收益率自由配置投资组合，既保障基金安全又能够获得较高收益；二是一般而言，采用审慎性监管方式的国家，其国内资本市场都较为发达，基金投资股票的比重较大，从而能够获得较大收益；三是基金投资人的专业化程度和投资技术水平较高，能够较好地控制基金的投资风险，并保证较高收益。而采用数量限制监管方式的国家，社会保障基金的收益率较低。其原因主要有：一是实行限量监管方式，政府干预过多，对投资组合进行严格限制，投资渠道单一，大多数基金投资于回报率低的公益性项目；二是采用限量监管方式的国家，国内资本市场往往不成熟，投资于高收益资产类别的风险较大，因而基金用于投资股票等比重较小，能够获得的受益也较少；三是与资本市场成熟度相关联，这些国家的基金投资人的专业化程度和技术管理水平往往也较低，难以保证基金投资收益。因此，可以说，采用审慎性监管方式更有利于社会基金投资行为，提高投资收益，更能增强社会保障制度的减贫能力。但这种作用并非全部来自于监管方式，同时还与总体经济发展状况，以及资本市场的发达程度，投资人的专业化程度和投资管理水平有关。无论如何，审慎性监管模式从总体上要优于数量限制监管模式，目前许多实行严格数量限制监管

---

① 周志凯：《国外养老保险个人账户管理模式比较——以智利、新加坡、瑞典为对象》，《社会保障问题研究》2006 年第 1 期，第 420—437 页。

② 冉萍：《社保基金投资的国际比较及对我国运营的借鉴》，《经济问题探索》2008 年第 1 期，第 169—174 页。

模式的国家正逐步过渡到审慎性监管模式。[①] 这是不争的事实。

目前我国社会保障基金监管模式实施的是严格限量监管。从监管实践来看，劳动和社会保障部从1998年起设立了社会保险基金监督司，但人员长期处于缺编的状态。[②] 2000年我国成立了全国社会保障基金理事会，并于2001年出台了《全国社会保险基金投资管理暂行办法》，对基金的投资渠道和内容进行了规定。2010年10月出台了《社会保险法》，对社会保险基金的监管也进行了相关规定。但由于立法滞后，我国对于社会保障基金的监管力度比较有限，事实上形成了“松监督、严管制”的局面。[③] 其中，“严管制”是指政府部门对社保基金的投资、运营，以及其他市场化的行为设定了非常严格的政策限制。这虽然有利于保证社保基金的安全，但是割裂了社保基金与资本市场的关联，加大了社保基金保值增值的难度。而“松监督”则是指由于社保基金监管立法滞后，造成监管主体缺乏执法依据，使对社保基金的监管力度明显滞后。[④] 放松监督最终导致对社保基金的征缴、管理、运营和支付等各个环节的监管依然无章可循，缺乏配套的具体条例、办法和政策来指导实际操作。结果导致我国个人账户资金不敢进入资本市场，大量基金只能存入银行，收益率相当低。截至2009年，我国个人账户基金名义收益率不到2%，低于通货膨胀率2.2%，基金处于贬值状态。而获得投资许可的全国社会保障基金，自2000—2014年则取得了8.5%的年平均收益率。可见，放宽投资限制是社会保障基金获得高收益的关键因素。就目前而言，我国应该逐步放宽社会保障基金投资的资产类别，并出台具体条例和办法，规范基金的投资行为，或将地方社会保障基金委托全国社会保障基金理事会进行投资管理，逐渐允许部分基金进入资本市场。最终实现基金的保值增值，维持社会保障制度的财务平衡和良性运行，使社会保障制度能够发挥更大的减贫作用。

---

① 江玉荣：《养老保险基金投资监管模式的国际发展及对我国的启示》，《学术界》（月刊）2013年第1期，第205—214页。

② 巴曙松、谭迎庆、丁波：《社保基金监管的现状、问题与建议》，《当代经济科学》2007年第5期，第75—79页。

③ 刘俊霞：《我国社会保障基金监管模式的选择》，《计划与市场》2001年第5期，第11—13页。

④ 李友德：《建立合理有效的社会保障基金监管方法研究》，《财经论丛》2011年第5期，第45—51页。

本章小结

社会保障基金投资是实现社会保障体系自我平衡、独立运行和良性发展的重要途径。不同的投资方式会影响社会保障基金的收益率，进而影响社会保障的减贫作用。归纳起来主要有三种社会保障基金投资方式：信托投资方式、政府投资方式和私人投资方式。信托投资方式是政府将社会保障基金委托给专业化的基金管理公司、信托投资公司、银行、保险公司等金融机构进行运营的一种投资方式。政府投资方式是指中央政府通过强制手段，将参保人的部分收入以费或税的方式集中到一家公共管理的中央基金，政府社保部门直接负责这部分资金的投资运营，从而实现对社保基金的投资管理。私人投资方式是将社会保障基金交由专门的私营基金公司进行投资，政府不直接参与投资管理，也不保障收益率。

从减贫的角度而言，哪种投资方式的风险小，而获得的收益大，这种投资方式越有利于社会保障基金的保值增值，增强社会保障的减贫能力，进而有利于预防和减少贫困人口。政府投资方式由于投资行为限制过多，投资主体对基金的投资收益没有剩余索取权，没有动力寻求最佳的投资组合，追求最大投资收益。因而投资收益率不高，可能削弱了社会保障的减贫能力。私人投资模式则由于政府干预较少，投资选择和自由度较大，且具有一定的基金投资收益索取权，投资主体愿意且有动力最大化基金投资收益率。因而投资收益率最高，大大增强社会保障的减贫能力。信托投资模式往往也会受到政府相关规定的制约，但政府干预程度少于政府直接投资方式，因此对投资人寻求最佳投资组合具有一定的激励作用，从而有助于提高基金投资回报率，规避投资风险，社会保障的减贫能力也得到增强。

对社会保障基金投资进行监管，是确保社会保障基金安全，保障社会保障制度良性运行的重要环节。监管模式分为两种：审慎性监管模式和数量限制监管模式。审慎性监管模式是指由投资管理者按照审慎人规则进行管理的一种监管模式。数量限制监管模式就是指对社会保障基金投资于特定资产类进行简单的数量或比例限制。审慎性监管模式由于政府介入较少，投资人拥有较大自由度，更有利于投资人降低管理成本，提高投资收益。而数量限制监管模式由于政府干预较多，严格限制基金的投资组合，影响资产的合理配置，基金公司的投资行为受到很大限制，降低了基金的投资收益。当然，社会保障基金投资收益状况还受诸如经济环境的影响，但监管方式是影响社会保障基金投资风险和投资收益的一个重要因素。由于审慎性监管模式从总体上要优于数量限制监管模式，许多国家正从严格数量限制监管模式逐步过渡到审慎性监管模式。

我国由于资本市场不完善，又缺乏监管规则，各地严格限制个人账户基金投资，投资渠道少，主要存款于银行，投资收益率低，甚至出现基金连年贬值的情况。我国社会保障基金监管模式实施的是严格限量监管，虽然有利于保证社保基金的安全，但是割裂了社保基金与资本市场的关联，加大了社保基金保值增值的难度。我国应该逐步放宽社会保障基金投资的资产类别，并出台具体条例和办法，规范基金的投资行为允许部分基金进入资本市场，实现基金的保值增值，维持社会保障制度的财务平衡和良性运行，使社会保障制度能够发挥更大的减贫作用。

第七章　社会保障资金支付与减贫

社会保障资金支付也叫社会保障资金支出，是社会保障功能得以实现的关键性环节，也是社会保障资金运行的最后一个环节。社会保障资金支付一般分为两大类：社会保障管理支付和社会保障待遇支付。社会保障管理支付是针对社会保障制度各个运行环节所产生的费用的支付，上文已有讨论，这里主要讨论社会保障的待遇支付，它包括支付条件、支付标准、支付方式、支付水平、支付结构等内容，这些方面都会影响支付效果。所谓支付效果，就是社会保障资金发放后各方面的结果反映，包括社会保障财务的收支平衡，这涉及社会保障项目的可持续性问题。但最重要的是社会保障资金支付后，在安定居民生活、保护人民健康、挽回灾害损失等方面所表现出来的，对受益者生活、健康、精神方面的改善情况。支付效果是检验社会保障机制所起作用大小的重要衡量指标。减少贫困人口就属于社会保障资金支付效果的重要方面之一，也是检验社会保障制度运行状况及其运行效果的重要指标。社会保障资金支付会直接影响整个社会保障体系的减贫作用和效果。

第一节　社会保障资金支付条件、支付方式与减贫

社会保障资金支付是指社会保障资金管理或经办机构按照社会保障法律规定的条件、标准和方式，将资金发放给符合条件的保障对象，以保障他们的基本生活需要的行为过程。社会保障待遇支付按照社会保障体系的项目来设置，主要包括社会保险待遇支付、社会福利待遇支付、社会救助待遇支付等，其中最核心的是社会保险待遇支付。社会保险又包括养老保险、失业保险、医疗保险、工伤保险、生育保险等具体的保险项目，每一

项目的支付过程都有其独特的特点和内涵，它们在支付条件、支付范围和标准以及支付方式上又存在较大差别，进而导致不同的社会保障制度及社会保险项目的减贫作用存在差异。

一　支付条件、支付标准与减贫

社会保障支付条件是社会保障支付行为过程首先需要明确规定的问题，它是社会保障资金支付行为发生的前提和基础。社会保障资金的支付条件是指社会成员获得社会保障待遇的资格。支付条件主要是关于什么样的人才能获得社会保障资金给付的相关规定，这些规定包括缴费时间长短、缴费数额多少、贫困程度、受灾程度等，只有具备法律所规定的相应支付条件或给付资格才有可能享受到保障待遇。社会保障资金的支付标准是指社会保障待遇的支付水平。它既关系到社会保障对象的生活水平，又关系到社会经济的健康发展。因而社会保障资金支付标准是社会保障制度的核心内容。通常情况下，社会保障待遇的支付标准，主要取决于一定时期的经济发展状况，同时还要考虑社会成员基本生活保障需要，并随物价的上涨而适当调整，不应过高或过低，以使社会保障既发挥其功能，又不致产生所谓的“福利依赖”。因此，社会保障支付标准应具体根据经济承受能力和基本生活保障线来确定。

（一）支付条件与减贫

社会保障体系包括不同保障项目，而不同保障项目的目标对象不同，支付条件也不同。具体而言，社会救助是社会保障体系的最低层次，是居民生活的最后一道安全网，它的对象是低收入阶层尤其是生活贫困的人群，救助目标是免除国民的生存危机，消除贫困现象。社会救助强调结果公平，即所有低收入者，无论是由于主观原因还是客观原因陷入贫困状态，都应该得到国家的救助，享有最起码的生活水准。然而，为了避免救助资金浪费和救助对象出现偏误的情况，获得社会救助需要具备一定的资格和条件。因而需要进行相应的财富调查来确定受益对象，以确保救助资金发放的准确性。从理论上说，收入或消费水平低于一定界限的人都应该获得社会救助，如果这个社会救助线刚好等于或高于贫困线，则贫困现象是可以被消除的。但在实践中，如何确定收入或消费水平低于某个水准却是一件难事，收入调查的结果往往将一些贫困人口排斥在社会救助之外，而将另一些非贫困人口纳入救助范围，从而导致救助对象出现偏误的情况。这样，实施社会救助并不能彻底消除贫困现象，因为社会救助的减贫作用的发挥和实际减贫效果严重依赖于贫困线高低和收入调查的准确性。贫困线高低的问题属于支付标准问题，而收入调查的准确性问题则属于支付条件问题。社会救助的支付条件宽松，救助线等于或高于贫困线，则救助对象就多，减贫人口就多；相反，支付条件严格，救助线低于贫困线，则救助对象减少，减贫作用较小。

社会福利是社会保障体系的最高层次，它的对象一般是全体公民，不具体针对任何人口群体和特殊个人，强调的是享受福利待遇的权利。社会福利的目标在于提高国民收入，而不是保障最低限度的生活水平。支付条件一般是公民身份，不需要进行财富调查，不存在支付条件高低和受益资格有无的问题。从理论上说，富人和穷人一样，都能够享受同等的社会福利待遇。社会福利支付有助于减少贫困人口的同时，还促进了社会和谐。需要注意的是，我国目前所谓的社会福利主要是针对特殊人群，如残疾人福利、儿童福利和老年人福利等，甚至还有职业福利、单位福利等，前者实质属于社会救助项目，需要一定的资格条件；后者则相当于职业津贴，不属于社会保障的范畴。因此我国的社会福利实际上存在一定的支付条件，符合一定条件的对象才能享受相应的社会福利项目，因而其减贫作用与社会救助类似，减贫作用取决于福利标准和对象确定。与发达国家社会福利项目相比，减贫作用大大降低。

社会保险是社会保障体系的中级层次，它的对象主要是工薪阶层和有稳定收入来源者，强调权利与义务的对称性，目标是预防劳动人口的贫困现象。获得社会保险金的支付一般以缴费为前提，履行缴费义务是享有社会保险金支付的资格和条件。此外，还需要被保险人符合保险支付承诺的各项条件。如，养老保险一般要求被保险人达到规定的退休年龄才能获得支付，医疗保险和失业保险要求被保险人确实发生保险支付承诺的事件，如患病、失业，才能获得支付。换句话说，社会保险中的养老、医疗、失业等各个保障项目的支付条件一般都与被保险人的收入状况、年龄、投保年限、工作年限等密切相关。在有的国家还与居住年限有关，如澳大利亚、新西兰的基础养老金；我国农村的新农保补助则与户籍和年龄紧密联系。社会保险支付的减贫效果与项目的覆盖率有关，如果一国或地方国民收入比较平均，绝大多数都是有缴费能力的工薪阶层，获得支付的人口较多，社会保险的减贫效果就好；反之，如果国民收入贫富差距严重，拥有稳定收入的人口比例小，社会保险的减贫效果就差。

社会保险制度内部设置复杂，涉及项目多，不同社会保险项目的支付条件差异较大。以养老保险支付条件为例，各国实践表明，养老保险支付条件一般包括：一是确实履行缴费义务，且一般要求缴费累计达到一定年限；二是达到规定的退休年龄，退休事件真实发生；三是居住时间满足一定年限或具有某种身份证明，如户籍等。只有在满足各项规定条件的情况下，才能获得社会保险支付。需要注意的是，支付条件可能会随着社会、经济、人口状况而发生改变。如，在人口年龄结构年轻的情况下，处于工作年龄的大量人口缴纳的养老金费大于现阶段退休人口的养老支付，那么养老金规定的支付条件中，退休年龄就会小一些；如果人口年龄结构老化，则退休年龄就会大一些，或推迟领取养老金年龄。就减贫而言，退休年龄小，会有更多的人具备领取养老金资格，当然，由于强调缴费在前，受益在后，每位退休者主要领取工作时自己（强制或自愿）储蓄的养老金，与他人关系不大，因而养老保险是否能够解决其年老时所需的生活费用，主要看工作期间的工资水平和缴费比例，以及领取年限。因此，退休年龄小，领取养老金的年限就长，养老金水平自然要低一些，减贫作用也会弱一些。如果退休年龄延长，养老金积累相应增加，领取年限缩短，养老金支付就会充裕一些，减贫作用会强一些。时下，中国决定推迟退休年龄，目的就在于保障养老金足以支付老人退休后的生活费用。但老年人留在劳动领域中，是否排挤了年轻人的工作，增加年轻贫困人口，从而导致整个社会的减贫人口数量减少，则需要进一步的数据分析。

总之，无论哪个社会保障项目都需要具备一定的支付条件，才能获得相应待遇支付。只不过有的项目要求的支付条件高一些，有的要求低一些。支付条件要求高的项目，能够获得支付的人数就少，减贫效果就差一些。而支付条件要求低的项目，具备待遇支付条件的人数就多，减贫效果就强一些。社会福利项目由于支付条件要求不高，受益人群面广，因而减贫效果最为明显。社会救助项目尽管主要针对低收入者，但其支付条件要求较为严格，待遇支付水平不高，受益人群面窄，而且获得实际支付严重依赖收入调查准确性，因此实际减贫作用强弱要看具体政策执行情况而定。社会保险项目以履行缴费义务为待遇支付的前提条件，项目设计主要针对工薪阶层，对预防在职人口的贫困现象具有重要作用，但对于本身处于贫困状态没有缴费能力的人口则几乎没有任何减贫作用。因此，在财力允许的情况下，降低社会保障支付门槛，是提高社会保障减贫作用的有效方法。

（二）支付标准与减贫

社会保障资金的支付标准归纳起来主要有两个：一是比例制。这种支付标准与被保障对象的收入相关，又称收入关联制，由于大多数人的收入主要来源于工资，因而又可以称为工资比例制。其保障金支付标准以被保障对象在停止工作前一段时期内的平均（工资）收入或某一时点上的绝对工资收入为基数，根据被保障对象资格条件的不同，乘以一定的百分比而确定。二是均一制。又称为绝对金额制，其保障金支付标准按某些统一的资格条件确定，如就业年限、缴费年限等，凡符合规定条件者，按同一绝对额标准支付社会保障金。就养老金来讲，也有定额计划和收入关联计划。定额计划（一般是普享制的，即向所有人发放养老金的计划）也叫统一比率（flat - rate）的养老金计划，是按统一标准，向计划的参加者提供一笔与其他收入或者先前的收入没有任何关联的养老金收益。收入关联计划也叫收入关联（earnings - related）的养老金计划，它以某种与参加者的其他收入具有相当程度关联的方式来计发养老金，通常情况是参加者的其他收入越高，得到的养老金收益就越低。收入关联计划中的一些保障项目如社会救助，往往需要事先知道每一个参加者的养老金收益之外的收入是多少，因此需要附带财富审查（means - testing）机制。①

就减贫作用而言，均一制社会保障计划的减贫作用要强一些，因为其受益资格与先前的收入无关，穷人和富人一样享受同一支付标准，实现了收入分配的横向调节，有利于增加穷人收入，减少贫困人口。比例制或收入关联制社会保障计划的减贫作用要弱一些，因为其支付标准或待遇往往与缴费额挂钩，缴费越多，领取的保障金越多。结果是富人领取的保障金多，而穷人由于只能承担少量保障费，因而领取的保障金自然就少。这种

① 李绍光：《养老金：现收现付制和基金制的比较》，《经济研究》1998 年第 1 期，第 59—65 页。

支付标准难以实现收入分配的横向调节，导致社会保障资金逆向分配，拉大贫富差距，而不是缩小贫富差距，社会保障劫富济贫的功能难以得到发挥，减贫作用大打折扣。陈建宁（2010）、唐钧（2010）、谷成等（2004）就认为我国的社会保障制度非但没有起到调节收入差距的作用，反而加剧了居民贫富差距。[①] 原因就在于我国当前采用的支付标准和激励机制属于收入关联制。在社会保障体系中，社会福利和社会救助是非缴费型的，尽管受益资格也可能与收入相关联，但其支付标准是均一制，因此减贫作用较明显。而社会保险是缴费型的，保障待遇与其缴费相关联，支付标准是比例制，不利于穷人获得更多保障待遇，因此减贫作用较之社会福利和社会救助项目弱。当然，如果实现充分就业，大多数社会成员都能够参加社会保险，那么社会保险的减贫作用也可能很明显，如当前许多西欧发达国家的情况就是如此，以德国、法国为代表，它们的社会保障以社会保险为主，但由于覆盖面广，保障水平高，减贫作用也较强。虽然我国社会保障体系以社会保险为主，但覆盖范围和保障水平有限，社会福利和社会救助支出占比很低，因而减贫效果并不理想。

总之，社会保障资金的支付条件和支付标准对其减贫作用具有重要影响。放宽支付条件，采用非收入关联支付标准，保障范围就会扩大，社会保障的再分配性质得以充分发挥，收入分配能够实现横向调节，就能够增强社会保障的减贫作用。但由于降低支付条件相当于扩大支付范围，而非收入关联计划的资金主要来源于税收，随之而来的问题是社会保障制度或项目的财务可持续性将受到影响。在资源既定的情况下，提高社会保障的减贫效果与维持社会保障制度的良性运行在一定程度上存在矛盾。因此，社会保障资金支付的适度性问题就显得相当重要。因为，如果支付过高，社会保障制度的健康发展就会受到影响，而支付过低，则社会保障制度的减贫作用难以发挥。如何进行权衡，完全依赖当地的具体情况与决策者的判断，而没有统一标准。

二 支付范围、支付方式与减贫

社会保障基金的支付条件一旦确定，就必须按照一定的支付标准，选

---

① 邓大松、仙蜜花：《社会保障转移支付对收入分配差距的调节效应——基于东部12个省市的实证研究》，《社会保障研究》2013年第6期，第3—9页。

择一定支付范围和支付方式将社会保障基金按不同类型发放给享受不同社会保障服务的个人。支付范围和支付方式不同，社会保障的减贫作用也会存在差异。

（一）支付范围与减贫

支付范围既可以按照保障项目划分，也可以按照保障对象划分。按社会保障项目进行区分，社会保障资金的支付范围包括社会福利项目、社会保险项目和社会救济项目，甚至还包括优抚安置项目等。然而，这里所谓的社会保障资金的支付范围，是指每个社会保障项目内部，其资金最终被用来支付在哪些方面，即费用类别。一般分为两大类：社会保障待遇支付和社会保障管理支付。社会保障待遇支付是指按照一定支付标准，将社会保障资金支付给符合支付条件的被保障者，是最主要的支付部分，也是其法定的职责。社会保障管理支付是指社会保障资金运营过程中必要的管理费用支付，这部分管理费用有时会从保障基金中扣除，其支出项目主要包括内部管理服务费用、银行业务服务费用、投资费用等。无论社会福利、社会救助，还是社会保险，都包括这两项支出类别。显而易见，过多的社会保障管理费支付必然会影响资金的保障能力，削弱减贫作用。我国社会保险经办机构的管理费用由国家统一拨付，并不从社会保险资金中提取任何费用，因此我国社会保障资金的支付范围主要是社会保险待遇支付。

另外，一个社会保障项目可能包含几个支出类别，以社会保险中的医疗保险为例，医疗保险支付范围实际包括医疗补贴支付和疾病补贴支付。医疗补贴的内容是病员就诊时直接支付治疗、药品和住院费用，这些费用全部或部分地从社会保险机构处取得补偿。疾病补助是就患者丧失工作的部分收入进行的补偿。但目前大多数国家的医疗保险支付范围仅包含医疗补贴支付，还未包括疾病补贴支付。很显然，如果医疗保险的支付范围包括疾病补贴支付，则其减贫作用肯定会得到加强。目前我国的“社会统筹与个人账户相结合”的医疗保障模式，仅解决了居民的医疗费用问题，未能解决居民患病期间工资收入损失的弥补问题。① 减贫作用打了一定

① 杨良初：《关于社会保障基金的支付与使用》，《经济研究参考》1996 年第 69 期，第 20—31 页。

折扣。

按照支付对象覆盖率进行划分，社会保障资金支付范围可以分为：普享式与选择式。社会保障体系的三大保障项目中，社会福利一般采用普享式，即全体公民均可获得同等的社会福利待遇支付，几乎没有支付条件。支付范围非常广，资金需求量大，因此能够承受普享式支付的一般是发达国家。社会救助采用选择式支付，支付范围仅包括特殊人群和困难人口，资金来源于政府一般税收，一般伴有严格的财富审查才能获得相应支付资格。尽管社会救助的目标群体是贫困人口，但由于支付范围较窄，且在执行中往往出现偏差，因而减贫作用大小也严重依赖于政策执行的具体情况。社会保险在保障权利和给付资格的取得上，严格说来也是选择式的。虽然现代社会中，绝大多数人口都是通过某种形式的就业来获取工资收入，因而社会保险的覆盖面非常广，但由于社会保险强调缴费义务在前，享有保障待遇支付权利在后，因此，社会保险在支付范围上本质上也是选择式的。

从减贫视角来看，目前世界各国实践似乎呈现出：以普享式支付为主的国家，贫困人口较少，贫困率较低，如北欧国家；以选择式支付为主的国家，贫困人口较多，贫困率较高，如美国。虽然普享式支付的减贫作用较好，但由于支付范围过广，资金量需求大，政府常常也因此而负债累累。正因如此，近年来，福利国家纷纷改革，社会福利支付范围逐渐从普惠性转向选择性，从消极福利转向积极福利，“变被动的恩惠式福利为主动的进取式福利，变事后补救性福利为事前预防性福利，变生活福利为工作福利”。[①] 这种改革实际上就是减少社会福利和社会救助项目开支，缩小非缴费型福利项目的支付范围，而增加缴费型社会保险项目在社会保障体系中的比重。那么可以知道，转型后的社会保障体系在减贫方面将主要依靠社会保险在个人不同生命周期进行纵向收入调节，而非不同个人之间收入的横向调节。一句话，减贫主要依靠公民个人而非国家。因此，对公民个人进行人力资本投资，千方百计帮助其实现就业等，将在减贫方面扮演越来越重要的角色。

---

① 臧秀玲：《从消极福利到积极福利：西方国家对福利制度改革的新探索》，《社会科学》2004 年第 8 期，第 28—35 页。

当然，非缴费型社会保障项目并不会消失，只是其支付范围会逐渐缩小，只针对少数贫困人群。非缴费型社会保障项目尽管减贫作用较强，但也依赖于资金供给充足程度。如果社会保障资金供给充足，支付范围越大，非缴费型社会保障的减贫作用越强；但如果社会保障资金固定，则支付范围越大，平均摊到每个被保障者身上的资金就少，起到的减贫作用就会减弱。因此，一个国家或地区在决定支付范围时，应充分考虑自身经济承受能力。

（二）支付方式与减贫

社会保障基金支付方式是指社会保障经办机构在支付社会保障基金时所采取的具体形式或方法。根据不同的标准，可以将社会保障资金的支付方式划分为不同的类别，如从支付标的来看，可以分为实物支付和现金支付，传统社会救济常常采用实物支付，现代社会保险主要是现金支付。从支付频次来看，通常有一次性支付和多次性支付。从支付的时间间隔来看，分为定期支付和不定期支付。社会保险一般按定期支付，社会救助以前主要按不定期支付，如今逐渐转向定期支付，如最低生活保障项目已经变为（按月或季度）定期支付。与此同时，不同的社会保障项目的资金支付方式差异较大，下面以养老保险和医疗保险为例，对社会保障资金的支付方式及其减贫作用进行讨论。

根据受益水平是否预先确定来划分，养老保险的支付方式可以分为：待遇确定型（DB 型）和缴费确定型（DC 型）。这二者既是缴费方式，也是支付方式。从支付方式的视角来看，缴费确定型实际就是待遇不确定型，被保障者的受益水平没有被事先确定下来，而是根据其缴费及资金的投资收益情况来确定。待遇不确定型（DC 型）是基金积累制，待遇支付时根据基金积累情况来确定每月（或季度、年）的支付额度。这种支付方式可能导致的结果是：参加者在工作期间的平均劳动收入越高，积累缴费数额越多，所得养老金收入就越多。待遇确定型（DB 型）是现收现付制，通过税收进行融资，实际上是以支定收，根据当前养老金支付额需求决定融资数额。[①] 这种支付方式是一种负向的收入关联制，即参加者的其

① 李绍光：《养老金：现收现付制和基金制的比较》，《经济研究》1998 年第 1 期，第 59—65 页。

他收入越低，所得的养老金收益就越多。

从减贫的视角来看，待遇确定型的支付方式比待遇不确定型的减贫作用更强。DB 型可以说是针对不同受益者之间实际收入差别而设计的一种调节机制。它通过同等对待参与者的方法，来缩小收入差距较大的不同受益者之间的实际生活水平。它的最大优点是具有较好的再分配作用，财富会通过转移支付的方式流入穷人手中，改变财富在穷人和富人之间的分配，从而达到减贫目的。这种支付方式的弱点是容易受制于老龄化和寿命预期延长等人口因素的影响，支付能力日益受到限制，甚至可能最终会导致养老制度破产。DC 型是按照受益者本人的年龄或贡献来决定支付养老金额度的，与他人没有关系。这种支付方式的再分配功能较弱，无法实现财富在富人和穷人之间的调节使用，减贫作用也弱。它的最大优势是对老龄化等人口变动因素具有抵御能力，保障社会保障的财政可持续性，但对通货膨胀等“纯粹的货币现象”却束手无策。① 同时，DC 型还会减少劳动供给的扭曲状态，这是减少“养懒汉”带来的结果。

一般而言，待遇确定型的支付模式实行固定数额或固定比例的待遇给付，与个人缴费没有必然联系，对于一些缴费较少的个人，相对获益更大。缴费确定型的支付模式则与个人缴费的多少相关联，多缴多得、少缴少得，这种模式的收入分配调节效果较差，还可能拉大高收入者与低收入者之间的待遇差距。实证研究也证实了这一理论推断：Peter Diamond（1998）分析了美国的养老保险体制，认为 DB 型比 DC 型具有更高的回报率和更大程度的贫困风险分担能力。② Michael J. Pries（2007）也考察了美国养老保险由 DB 制向 DC 制转变的福利和分配效应，结果也表明：实行 DB 制对低收入者来说是有利的；DC 制的实行使得低工资者无法从养老保险体系中得到转移支付。③ 因为现收现付制的支付方式能够实现财富从富人转移到穷人那里，因而政策的实施结果增加了穷人的财富，使穷

---

① 郑秉文：《OECD 国家社会保障制度改革及其比较》，《经济社会体制比较》（双月刊）2004 年第 5 期，第 111—123 页。

② Peter Diamond, The Economics of Social Security Reform, *NBER Working Paper*, No. 6719, 1998, p. 9.

③ Michael J. Pries, Social Security Reform and Intertemporal Smoothing, *Journal of Economic Dynamics & Control*, 2007 (31), pp. 25—54.

人能够摆脱贫困状态。总之，养老保障资金支付方式如果采取的是待遇确定型，则收入分配调节作用较大，减贫作用大；如果是待遇不确定型，则收入分配调节作用相对较小，减贫作用小。

医疗保险的支付方式较为复杂，按支付对象区分，医疗保险的支付方式还可以分为对医院和对医生的支付方式。按事件前后区分，可以分为后付制和预付制。后付制发生在医疗服务提供之后，主要按服务项目付费；预付制发生在医疗服务提供之前，包括总额预算制和定额付费制，以及按人头付费、按病种付费等方式。其中，按服务项目付费是医疗保险运用最广泛的一种费用支付方式，是指医疗保险机构根据约定的医疗机构或医生，定期向保险机构上报医疗服务记录，按每一个服务项目（如诊断、治疗、化验）等向服务提供者支付费用。按人头付费是指由医疗社会保险机构根据医院或医生服务的被保险者人数，定期向医院或医生支付一笔固定的费用。按病种付费是指按照疾病分类方法，将住院病人的疾病按照诊断分成若干组，每组又根据疾病的严重程度及有无并发症分为若干个级别，对每一组不同级别的病种分别制定不同的价格标准，社保机构按照该标准和住院人次向定点医疗机构支付住院费用。

从减贫的角度来看，对参保者而言，无论哪种付费方式，只要不增加自付资金支出，不提高医疗保险缴费比例，又能得到合理的治疗，即能够解决“看病难，看病贵”的问题，医疗保险的减贫作用就能够正常发挥。由于按项目付费会诱导医生过度诊疗行为，一方面会导致医疗资源浪费，另一方面也会增加参保者自付资金，同时还可能会提高参保者的医疗保险缴费比例，最终影响按项目付费减贫作用的发挥。我国目前主要采用这种支付方式。按人头付费由于是在提供服务前，费用已经固定，因此按人头付费方式的费用控制能力极强，而且管理成本很低，操作简便。但容易导致吃“大锅饭”，医疗机构的收入不与服务收入挂钩，而是事先固定的，那么医疗机构有动机降低服务成本来相对提高利润，导致提供的医疗服务量不足，服务质量下降以及服务积极性不高，最终导致医保参与者得不到合理的治疗，影响身心健康。因此，按人头付费的减贫效果不理想。按病种付费这种支付方式使医疗机构资源消耗与所治疗的住院病人的数量、疾病复杂程度和服务强度成正比。按病种付费的特点是，医疗机构的收入与每个病例及其诊断有关，而与医疗机构治疗该病例所花费的实际成本无关。[①] 按病种付费规定了某一种疾病该花多少钱，避免了医疗单位滥用医疗服务，既防止医院小病大治，又保证了医疗质量，有效地控制医疗成本，提高医疗质量。目前这种支付方式的减贫作用最强，美国、德国等发达国家采用这种支付方式。

总额预算制属于预付制，由医疗社会保险机构与医院协商确定的年度预算总额进行支付。医院在既定的医疗费用总额下为被保险人提供合同规定的医疗服务，收入不能随服务量的增加而增加。如果全部医疗服务费用超出了年度总预算，亏损由医院自负，医疗社会保险机构不再追加支付。这种支付方式由于对医疗费用支付总额进行了控制，可能会造成医院推诿病人、使用目录外药品和耗材等消极状况，导致患者得不到合理的医疗服务，或不得不去大医院和支付更多的费用。如此，总额预算制的减贫作用受到负面影响，减贫效果不佳。定额付费制也属于预付制，指按照预先确定的住院日费用标准支付住院病人每天的费用，按预定的每次费用标准支付门诊病人的费用。特点是对同一医院所有病人的每日住院或每次门诊费用支付都是相同的、固定的，与每个病人每日或每次治疗的实际花费无关。这样，随着住院日的增加，医疗服务机构的收入会不断增加。这就会造成医疗服务机构故意延长平均住院日，增加门诊次数，从而达到增加收入的目的。这种支付方式由于预先确定了每日住院费用和每次门诊费用的支付标准，优点是鼓励医院或医生降低住院日和每次门诊的成本，缺点是鼓励增加平均住院日和门诊次数。更为关键的是，同一病种的重症者由于花费的医疗费用较高，医院出于控制成本考虑，致使患者得不到合理的治疗。因而这种支付方式的减贫作用也不理想。

经过比较得知，医疗保险支付方式中，按病种付费是比较好的一种支付方式。它既能够避免医疗资源浪费，有效控制医疗成本，不会加重患者医疗负担，同时又能保证医疗质量，因而这种支付方式的减贫作用最强，是医疗支付方式改革的发展方向。

---

① 邵红英：《按病种付费的现状及思考》，《中外健康文摘》2012 年第 26 期。

第二节 社会保障支付水平及结构与减贫

社会保障支付或支出是指政府通过财政转移支付向由于各种原因而导致暂时或永久性丧失劳动能力、失去工作机会或面临生活困难的社会成员提供基本生活保障的支出。社会保障支出至少包括社会保险支出、社会福利支出、社会救济支出、军人优抚支出和教育福利支出、住房保障支出等内容。减少贫困人口数量、降低贫困率是衡量社会保障支出效果的重要指标，是评价社会保障制度绩效的重要标尺。社会保障支出水平和支出结构对减贫具有直接影响，社会保障制度的建立和实施，对于减少贫困人口、保障人民生活、促进国民经济发展和社会稳定起到了积极作用，中国市场经济体制的发展和完善客观上也要求建立一套与之相适应的完善的社会保障体系。随着经济体制改革的深化和人口老龄化的发展，社会保障资金投入也在逐年增加，但社会保障制度在消除贫困方面的效果并不是很理想。说明社会保障制度的减贫效果不仅取决于资金的总量投入，还与社会保障支付结构有关。因而有必要讨论社会保障的支付水平与支付结构对减贫效果的影响。

一 社会保障支付水平与减贫

社会保障支付水平也可以称为社会保障支出水平，具有宏观和微观两个层次。宏观层次包括社会保障支出占 GDP 的比重和社会保障支出占财政支出的比重。前者反映一国或地区对社会保障支出的投入状况，也是国际上通用的测量社会保障水平的主要指标。[①] 后者反映的是政府对社会保障的投入状况，表明社会保障在政府公共财政支出中的地位。微观层次是指受益人的受益水平或保障水平，一般指社会保障金占个人工资或收入的比重，称为工资替代率；或指补助津贴对相关损失的补偿程度，称为补偿率。二者都是收入再分配在个人层面的体现。

在宏观层面，从理论上讲，社会保障支出水平越高，即社会保障支出占 GDP 比重和占政府财政支出的比重越高，最终分配到每个受益者的收

① 李珍：《社会保障理论》（第二版），中国劳动社会保障出版社 2007 年版，第 94 页。

入越多，越有利于减少贫困人口。如果增加宏观社会保障支出确实具有减贫效果，那么这两个比重提高应该有助于降低转移支付后的贫困率，并有助于提高转移支付前贫困率减去转移支付后贫困率所得到的减贫效果的百分点。而且，社会保障支出占 GDP 比重和占政府财政支出的比重与转移支付后的贫困率应该是负相关，而与减贫效果应该是正相关。为了验证这一假设，我们用部分 OECD 国家 2011 年的相关数据进行相关分析（见表 7—1）。相关分析结果是：社会保障支出占 GDP 比重与转移支付后的贫困率的相关系数为 -0.786；社会保障支出占政府支出比重与转移支付后的贫困率的相关系数为 -0.679。社会保障支出占 GDP 比重与减贫效果数据相关系数为 0.925；社会保障支出占政府支出比重与减贫效果数据相关系数为 0.898。结果证明了增加社会保障支出水平确实具有显著的减贫作用。

尽管增加宏观社会保障支出水平有利于减少贫困人口，但要在短时间内提高社会保障支出水平，也是不现实的。一方面，社会保障支出水平高低会受到国民收入总量和经济增长速度的影响。一般而言，经济发展较好的时期，社会保障支出水平较高。如美国从 20 世纪 40 年代到 60 年代，经济总体发展形势很乐观，在世界经济发展格局中处于执牛耳的地位。政府提出向贫困宣战政策，扩大社会保障支出。然而步入 70 年代，世界经济结构发生了很大变化，美国经济的绝对优势地位受到冲击，尽管经济总量世界第一，但国家垄断资本主义的黄金时代已经过去，美国经济陷入“滞胀”之中。在 70 年代末政府不得不提出削减社会保障支出的政策。两个阶段经济形势的变化，对政府制定社会保障政策及其社会保障支出有着不同的影响。① 说明一国社会保障支付水平很大程度受到其经济发展程度的影响。

另一方面，社会保障支出水平还受到其他非经济因素的影响。社会保障支出水平与经济发展程度二者并不存在完全对应关系。因为社会保障支出水平除了受经济发展水平影响外，还受到诸如经济社会发展政策取向、政策制定者的偏好、社会主流思想和社会民意的影响。在经济发展水平基本相同的国家，社会保障支出水平存在明显差异。从表 7—1 可以看出，

① 卓越：《当代美国政府社会保障政策演变探因》，《西安交通大学学报》（社会科学版）2005 年第 4 期，第 28—33 页。

表 7—1　　部分 OECD 国家 2011 年社会保障支出与减贫效果　　单位：%

国别	公共社保支出占 GDP 比重	公共社保支出占政府支出比重	转移支付前贫困率	转移支付后贫困率	减贫效果（转移前贫困率—转移后贫困率）
澳大利亚	17.8	48.9	26.0	13.8	12.2
新西兰	20.7	47.5	24.7	9.8	14.9
加拿大	17.4	42.6	24.6	11.7	12.9
美国	19.0	45.5	28.4	17.1	11.3
智利	10.1	—	22.5	17.8	4.7
墨西哥*	7.7	32.9	27.4	21.4	6.0
土耳其	12.2	32.7	22.3	19.2	3.1
芬兰	28.3	51.4	31.9	7.5	24.4
法国	31.4	56.2	35.0	8.0	27.0
德国	25.5	56.6	32.9	8.7	24.2
意大利	27.5	55.4	31.6	12.6	19.0
英国	22.7	47.3	30.4	9.5	20.9
挪威	21.8	49.7	25.7	7.7	18.0
瑞典	27.2	52.8	26.5	9.7	16.8
丹麦	30.1	52.1	24.7	6.0	18.7
希腊	25.7	49.5	35.8	15.2	20.6
日本※	22.0	52.8	32.0	16.0	16.0
韩国	9.0	29.8	17.3	15.2	2.1

数据来源：OECD 统计数据库，http：//stats. oecd. org/index. aspx。贫困线统一为人均收入的 50%。*墨西哥为 2012 年数据，※日本数据为 2009 年。

法国和丹麦 2011 年公共社会保障支出占 GDP 的比重分别达到 31.4% 和 30.1%，而美国和加拿大分别只有 19.0% 和 17.4%，智利和墨西哥更低，分别只有 10.1% 和 7.7%，韩国也只有 9.0%。欧洲福利国家特别是北欧国家深受社会民主主义思想的影响，其经济社会发展政策往往把“公平”放在更加重要的位置，以实现收入的均等化为政策目标，这些国家往往以高税收来支撑高福利，达到调节收入分配的目的。美国和加拿大则更为注重经济效率，避免过高的社会福利对自由竞争规则造成损害，因而社会保障支出水平不高。智利和墨西哥的社会保障主要以私人保险为主，政府承担的保障责任较少，因而社会保障支出水平相对较低。韩国（早年甚至包括日本）一方面是因为作为相对后发工业国家，在其赶超过程中需要避免高福利造成社会负担；另一方面日韩等东亚文化国家比较重视家庭的保障作用，因而社会保障支出水平较低。

因此，虽然社会保障支出水平与减贫效果存在正相关，即提高社会保障支出水平有助于减少贫困人口，但是各国的具体情况却可能限制社会保障支出水平的提高。而且，实际上，社会保障的减贫效果不仅与支出水平有关，还与其本身的制度设计，如筹资模式、对象范围、支付方式，以及项目组合等因素紧密相关，只有这些制度设计使整个社会保障体系更具有收入再分配性质，更有利于穷人，社会保障制度的减贫作用才能够更好地发挥，提高社会保障支出水平才能够更好地达到减少贫困人口的目的。因此，社会保障支出水平越高，有时也并不表明社会保障的减贫作用越大。但是社会保障支出水平不高，则减贫效果肯定也不好。因而，在经济承受能力范围许可的情况下，在社会保障制度设计有利于穷人的情况下，增加社会保障支出有利于减少贫困人口。

从微观层面来看，不同社会保障项目的支付水平采用不同的指标进行衡量。社会福利和社会救助项目，以及社会保险中的医疗保险等项目的支付水平以补偿率作为衡量指标，补偿率的高低反映了支付水平的高低。社会保险中的养老保险项目以替代率来衡量，替代率的高低反映了支付水平的高低。所谓“补偿”就表明这种支付是对个人损失的弥补，具有更多的无偿性质；而“替代”则是指养老金对工资收入的取代程度。替代率和补偿率在社会层面和个人层面代表不同的意义。在个人层面，替代率和补偿率越高越有利于减贫。但在社会层面，替代率和补偿率是一个平均数值，其水平高低并不能反映每个个体的受益水平，因而也不能表示收入分配及其减贫效果的大小。平均替代率或平均补偿率的减贫机制比较复杂，需要考虑资金来源、支付方式、保障范围、计算基数等相关因素，不能直接从替代率或补偿率的高低来说明其减贫作用。以养老保险计算基数为例，如果替代率计算基数按社会平均工资计算，即用养老保险金对社会平均工资的比值来表示，则更有利于调节收入分配，工资比社会平均工资高的人获得相对较低比例的收益，而工资比社会平均工资低的人受益比例相对较高，从而实现从高收入者向中低收入者的收入转移，具有较强的减贫作用。但如果以本人退休前工资为计算基数，即用个人所得养老金比上个人工资来计算替代率，则不利于低收入者的待遇享受，减贫作用较差。因此，并非替代率越高，其收入分配调节的作用越大，减贫作用越大，相反，甚至还有可能会更加有利于高收入者，拉大收入差距，因为高收入者的缴费较高，在多缴多得的激励机制下，获得的养老金待遇也较高。也就是说，高收入者无论从个人账户还是公共账户中获得的养老金都更多，就会挤占了低收入者从公共账户获得更多的补贴性收入，从而不利于减贫。但对于医疗保险制度而言，补偿率越高，越有利于患者减少医疗支出，减轻医疗负担，在一定程度上实现从健康人群向患病人群的收入转移。无论患者是穷人还是富人，都有利于减贫。

为了验证上述推论，我们首先假设：如果社会保障支出中老年社会保障支出越多，养老金替代率越高，减贫效果就越好。于是，如果哪个国家社会保障总支出中用于老年保障支出的比例越高，那么这个国家的养老金转移支付后的贫困率就越低，而老年减贫效果越好。也就是说，老年保障支出占社保总支出的比例与转移支付后的老年贫困率是负相关关系，而与老年减贫效果呈正相关关系。当然，由于老年人口规模不一样，老年保障支出所占比例高低有时并不能真实反映老年人的平均受益水平。因此，我们又用养老金替代率指标来反映老年人的平均受益水平，无论老年社会保障支出总量和比例如何，最终都体现为养老金替代率的高低。因此，我们又假定：养老金替代率越高的国家，转移支付后的老年贫困率越低，而老年减贫效果越好。也就是说，养老金替代率与转移支付后的老年贫困率呈负相关关系，而与老年减贫效果呈正相关关系。

我们利用表7—2部分OECD国家的老年保障支出、养老金替代率分别与老年贫困状况数据进行相关分析，分析结果得到：老年保障支出占社保支出比重与转移支付后的老年贫困率呈负相关，相关系数为－0.245；老年保障支出占社保支出比重与老年减贫效果为正相关，相关系数为0.358。同样地，养老金替代率与转移支付后老年贫困率的相关系数为－0.391；养老金替代率与老年减贫效果的相关系数为0.456。这说明（1）老年保障支出比重和养老金替代率与转移支付后的老年贫困率确实存在负相关关系，而与老年减贫效果存在正相关关系；（2）老年保障支出水平和养老金替代率水平的提高，有助于降低老年贫困率，增强减贫作用，但从相关系数来看，减贫作用不算强（相关系数较小）。（3）养老金替代率指标确实比老年保障支出水平指标具有更强的减贫作用，但二者减贫能力差异不大。这一点证实了上文的理论推断，养老金替代率只是一个平均数值，不能实际反映每个老年人，特别是不同收入层次的老年人获得的养老金水平。因而不能简单从养老金替代率水平的高低推断养老保障的减贫作用。这除了前面几章提到的需要考虑资金来源、支付方式、保障范围、计算基数等相关因素外，还与养老保障项目设置有关，如非缴费型养老金与缴费型养老金的区别、以保险补助形式支付还是以福利形式支付等，养老金的减贫作用就大不一样。因此，为了增强社会保障的减贫作用，除了增加社会保障资金支出水平，改善支出结构以外，还要改革和完善社会保障制度，使制度设计更能充分地发挥社会保障的减贫功能。

表 7—2　部分 OECD 国家 2011 年老年社会保障支出、养老金替代率与老年贫困率

单位:%

国别	老年社保支出占GDP 比重	老年社保占社保总支出比重	养老金替代率	转移支付前老年贫困率	转移支付后老年贫困率	减贫效果（转移前老年贫困率—转移后老年贫困率）
澳大利亚	5.2	29.21	52.3	67.3	33.4	33.9
新西兰	4.7	22.71	40.6	65.7	9.1	56.6
加拿大	4.0	22.99	45.4	50.6	6.8	53.8
美国	6.0	31.58	38.3	55.7	19.1	36.6
智利	2.6	25.74	41.9	42.1	20.5	21.6
墨西哥*	1.6	20.78	28.5	50.2	31.2	19.0
土耳其	6.2	50.82	64.5	53.7	18.4	35.3
芬兰	10.6	37.46	54.8	88.1	9.4	77.7
法国	12.5	39.81	58.8	83.2	4.5	78.7
德国	8.6	33.73	42.0	81.4	9.2	72.2
意大利	13.4	48.73	71.2	76.8	10.6	66.2
英国	6.1	26.87	32.6	61.9	10.5	51.4
挪威	7.1	32.57	52.5	69.6	4.3	65.3
瑞典	9.4	34.56	55.6	70.6	10.0	60.6
丹麦	8.4	27.91	78.5	65.2	7.1	58.1
希腊	12.3	47.86	53.9	80.0	7.3	72.7
日本※	13.1	59.55	35.6	64.2	19.4	44.8
韩国	2.1	23.33	39.6	59.9	48.6	11.3

数据来源：OECD 统计数据库，http://stats.oecd.org/index.aspx。*墨西哥为 2012 年数据，※日本数据为 2009 年。

我国从1999年开始，社会保障支出[①]水平较以前有了大幅度提高，1999年社会保障支出为1197.44亿元，到2013年的27250.99亿元，15年增长了22.8倍。社会保障支出占财政支出比例也迅速提高，从1999年的9.08%迅速上升到2011年的19.55%后，2012、2013年有小幅下降。与此同时，社会保障支出占GDP比重也有了很大提高，从1999年的1.34%上升到2013年的4.79%，增长了3.6倍。尽管社会保障支出水平增长迅速，但与世界发达国家水平相比，差距仍然非常大，即使与东亚的韩国也存在不小差距。而西欧发达国家社会保障支出占GDP比重一般在20%—30%，占政府支出在40%—60%（见表7—1）。因此，我国社会保障支出水平还有很大的增长空间。需要注意的是，仅仅社会保障支出水平是不够的。因为如果社会保障制度仍不完善，覆盖范围较窄，大量贫困人口未被纳入社会保障范围，支出结构仍不合理，那么提高社会保障支出水平有时并不能加强减贫作用，甚至可能有拉大地区、城乡、行职业和人群之间的收入差距。

以养老保险替代率为例，从国际比较来看，我国基本养老金替代率并不低，但减贫效果却较差。这是因为我国社会保障制度的覆盖范围有限，且个体受益水平差异较大所致。2005年我国基本养老金替代率约为65%（与当期缴费工资水平比较，若与退休职工原工资水平相比会更高），而1980年的日本为54%，德国为49%，美国为44%，瑞士为37%，加拿大为33%，丹麦为30%。只有瑞典、奥地利、意大利等较高，接近70%。[②]可以说，即使与发达国家相比，我国的养老金替代率也属于高的行列，但我国养老保障的减贫效果并不理想，原因在于我国的养老保险覆盖面较窄，在2010年以前，我国养老保险只覆盖了机关事业单位人员、国有企业人员，城镇居民和农村居民基本上还没有养老金。近几年虽然建立了城镇居民社会养老保险和新型农村社会养老保险，但覆盖面和支付水平仍然有限。医疗保险、社会福利和社会救助的支付水平比较低，且覆盖面小，

① 社会保障支出的统计口径是：1999—2006年社会保障支出中包括抚恤和社会福利救济费、社会保障补助支出、行政事业单位离退休支出。2007年在此基础上加上医疗卫生支出，2009年再加上住房保障支出。这是为了尽量与下文的国外社会保障支出的统计口径接近，当然国外的社会保障统计口径比我国还要稍微宽一些。相关数据根据1999—2014年中国统计年鉴的相关统计进行计算得到。

② 财政部社会保障司课题组：《社会保障支出水平的国际比较》，《财政研究》2007年第10期，第36—42页。

社会保障政策取向以社会保险为主等原因共同造成我国社会保障的减贫效果较差。因此，要想提高我国社会保障的减贫作用，不仅需要增加社会保障支出水平，提高社会保障替代率，更为关键的是要改革和完善现行社会保障制度，扩大覆盖范围，将贫困人口纳入保障范围，使社会保障的收入再分配更有利于低收入人群，才能达到减贫的目的。

二　社会保障支付结构与减贫

社会保障支付结构从不同的角度可以分为中央与地方社会保障支出结构、地区结构、城乡结构、职业结构、保障项目结构等。社会保障支付在某个结构上出现失衡现象，都会引起减贫作用降低。发达国家的地区差异、城乡差异和职业差异较小，社会保障支出在这几个方面差异也较小。主要原因在于许多发达国家大部分社会保障支出都由中央（联邦）政府承担，特别是社会福利和社会救助项目支出，一般由中央（联邦）政府财政直接转移支付，能够很好地调节地区、城乡、职业之间的收入不平等问题。但是中央与地方的财政社会保障支出不平衡，不同社会保障支出类别以及不同社会保障项目支出存在较大差异，往往也会使不同国家之间的社会保障制度在减贫方面存在较大差异。

关于财政社会保障支出在中央财政和地方各级财政之间的配置，即从中央与地方政府社会保障支出结构来看，主流财政学理论观点认为，由于地区之间存在差别性，如果社会保障由地方政府提供，则会加剧地区之间收入的不均衡，不利于资源配置，因此作为收入调节机制的社会保障制度，特别是社会救助制度应该由中央政府承担。根据财权与事权应该对称的原则，中央政府也应该承担更多的社会保障支出责任，尤其是社会救助的部分。发达国家由中央政府承担主要的社会保障支出责任。如澳大利亚的政府社会保障和福利支出中，联邦政府出资所占比重高达 90% 左右，州政府出资比重在 8.20%—9.76%，地方政府出资仅占 1% 左右。[①] 2004 年芬兰社会保障体系的资金来源和供款比例分别是：国家财政占 55%、地方政府财政占 3%，雇主缴款占 22%、参保人缴款和其他渠道

① 杨红燕、陈天红：《澳大利亚财政社会保障支出状况及启示》，《财政经济评论》2011 年第 1 期，第 15—24 页。

各占 10%。[①] 中央财政承担大部分社会保障支出责任的国家，地区之间的社会保障待遇差距较小。如瑞典高收入区和最低收入区社会保障差距仅为 0.24 倍。与此同时，中央财政承担大部分社会保障支出，也有助于缩小不同职业和性别之间的收入差距。瑞典收入最高的职业是收入最低的职业的收入的 4 倍，男性和女性的月工资平均相差 0.2 倍。芬兰收入最高的职业是收入最低的职业的 2.6 倍，男女平均工资相差 0.24 倍。[②] 可见，由中央财政承担主要社会保障支出责任，特别是在社会福利和社会救助项目中承担大部分支出比重，有助于调节不同地区、不同职业和不同性别人口之间的收入差距，减少贫困人口，促进社会公平。

不同社会保障类别的支出结构也会影响总人口贫困状况，以及不同年龄人口群体的贫困状况。如果将总人口划分为老年人口、劳动年龄人口和青少年儿童人口的话，老年人口和儿童人口由于没有能力从劳动市场赚钱，因而属于贫困脆弱人群。如果社会保障支出有利于这部分人群，那么这个国家的贫困率一般较低。如表 7—3 的社会保障支出类别分类，如果老年社会保障支出比重大，老年贫困率就低。同样地，医疗保健和家庭补贴支出比重大，老年贫困率和儿童贫困率都会比较低。而促进就业和失业保障方面的支出比重较大，则劳动年龄人口的贫困率就会比较低。可以看出，老年保障支出比重高的法国、意大利、希腊，其老年贫困率较低，甚至低于劳动人口的贫困率。加拿大和挪威两国的老年贫困率也较低，且低于劳动年龄人口的贫困，但其老年保障支出比重却不高，但我们也看到，这两个国家的医疗和残疾社会保障支出比重是较高的，而这项支出也有利于老年人口减贫。相反，老年保障支出比重较低的韩国、澳大利亚、墨西哥，还包括智利、日本、美国和土耳其，其老年贫困率都是比较高的。相应地，医疗与残疾保障支出、家庭补贴支出比重较高的丹麦、芬兰、挪威、德国、瑞典，甚至包括韩国，这些国家的儿童贫困率都低于其劳动人口贫困率。而这两项社会保障支出比重较低的土耳其、墨西哥、智利的儿童贫困率就比较高。劳动人口贫困率低于总人口贫困率的国家，除了美

① 刘强：《瑞典、芬兰居民收入分配状况及调节政策考察报告》，《经济研究参考》2006 年第 32 期，第 12—20 页。

② 同上。

国、英国、澳大利亚、新西兰等强调市场竞争的英语系国家，还有智利、墨西哥和土耳其等实行社会保障私有化的国家，以及强调家庭保障的东亚国家日本和韩国。这些国家的社会保障制度设计显然有利于劳动人口，而不利于非劳动人口，导致劳动人口贫困率较低，但非劳动人口的贫困率则较高。

不同社会保障项目的减贫作用也不同，因而如果不同国家政府财政主要用于支付的社会保障项目存在差异，那么不同国家社会保障支出的减贫效果也会存在差异。如，澳大利亚的社会保障制度以社会救助为主，政府社会保障支出中用于社会救助的比例高达 89.2%。然而由于社会救助常常需要进行收入调查筛选受助对象，往往容易出现瞄准偏差，特别是老年人一般处于社会弱势地位，加上参与社会活动减少，因而争取社会救助的能力较弱。可以说，偏重社会救助项目，致使澳大利亚的贫困率较高，尤其是老年贫困率高。韩国、墨西哥、智利，甚至美国和日本也基本属于这种情况。而挪威、丹麦、希腊、芬兰和瑞典等北欧国家的社会保障制度以社会福利为主，社会保障支出中主要用于社会福利项目，尤其是非缴费型养老保障和几乎全民保障的医疗残疾保障项目，因而老年和儿童贫困率较低。当然两类国家的社会保障支出总额差距较大，也是导致贫困率差距大的原因。但老年和儿童贫困率差距更大，则说明了不同社会保障项目支出的减贫作用确实存在差异。此外，德国和法国的贫困率也较低，这两国虽然以社会保险为主，但社会保险的覆盖率很广，达到总人口的 90%，而且可以看出，在支出类别中，老年保障支持和医疗与残疾支出都是较高的，因此，这两国总人口贫困，包括老年和儿童贫困率都较低，见表 7—3。

表 7—3　　部分 OECD 国家 2011 年社会保障支出结构与不同人群贫困率

单位：%

国别	公共社保支出占 GDP 比重	老年与遗嘱支出	医疗与残疾支出	家庭补贴	促进就业与失业保障支出	总人口贫困率	老年贫困率(65 岁及以上)	劳动人口贫困率(18—65 岁)	儿童贫困率(0—17 岁)
澳大利亚	17.8	5.2	8.4	2.8	0.8	13.8	33.4	10.4	13.0
新西兰	20.7	4.8	10.8	3.3	0.7	9.8	9.1	8.3	14.0
加拿大	17.4	4.3	8.0	1.2	0.9	11.7	6.8	11.9	14.2

续表

国别	公共社保支出占 GDP 比重	老年与遗嘱支出	医疗与残疾支出	家庭补贴	促进就业与失业保障支出	总人口贫困率	老年贫困率(65 岁及以上)	劳动人口贫困率(18—65 岁)	儿童贫困率(0—17 岁)
美国	19.0	6.7	9.4	0.7	0.9	17.1	19.1	15.4	20.5
智利	10.1	3.3	4.0	1.3	0.3	17.8	20.5	15.1	23.5
墨西哥*	7.9	1.9	2.9	1.1	0.0	21.4	31.2	17.8	25.8
土耳其	12.2	7.6	4.5	0.0	0.1	19.2	18.4	14.8	28.4
芬兰	28.3	11.5	9.7	3.2	2.7	7.5	9.4	7.6	4.0
法国	31.4	14.2	10.3	2.9	2.5	8.0	4.5	7.8	10.8
德国	25.5	10.6	10.0	2.2	2.0	8.7	9.2	8.7	8.1
意大利	27.5	16.0	8.8	1.5	1.2	12.6	10.6	11.9	17.3
英国	22.7	6.2	10.2	4.0	0.8	9.5	10.5	9.2	9.5
挪威	21.8	7.4	9.5	3.1	1.0	7.7	4.3	9.3	5.4
瑞典	27.2	9.8	11.0	3.6	1.6	9.7	10.0	9.7	9.4
丹麦	30.1	8.4	11.4	4.0	4.4	6.0	7.1	6.5	3.8
希腊	25.7	14.6	7.6	1.4	1.4	15.2	7.3	15.8	20.4
日本※	22.0	11.8	8.7	1.4	0.5	16.0	19.4	14.4	15.7
韩国	9.0	2.4	4.5	0.9	0.6	15.2	48.6	10.8	9.7

数据来源：OECD 统计数据库，http：//stats. oecd. org/index. aspx，或根据该数据库的数据计算整理。支出类别中由于还有其他支出，所以总额不等于公共社保支出占 GDP 比重。*墨西哥为 2012 年数据，※日本数据为 2009 年。

我国社会保障支出结构极不平衡。不仅存在中央与地方社会保障支出责任分配不合理，地区支出结构差异较大的问题，也存在城乡结构、人群结构、行职业结构、保障项目结构的不均衡。从中央与地方社会保障支出结构来看，2013 年社会保障总支出中，地方财政社会保障支出占 95.88%，中央支出仅占 4.12%。同年，中央财政收入占总公共财政收入的 46.59%，地方财政收入占 53.41%。按照财政收入占比来衡量，中央财政社会保障支出占比严重偏低，而地方财政社会保障支出严重偏高。而且从 2007—2013 年，中央财政社会保障支出所占的比例在下降，从 5.07%下降到 4.12%；而地方财政社会保障支出则从 94.93%上升到 95.88%。虽然说从 2007 年以来，中央社会保障支出占其公共财政支出的比例在上升，从 3.29%上升到 5.48%，但上升的比例比较有限。① 特别是在具有很强收入再分配效应的抚恤和社会救济支出、行政事业单位离退休经费以及社会保障补助支出项目中的支出比重较小，如，2006 年中央财政所占的比重仅为 2.21%、3.87%和 10.42%，地方政府则承担了主要责任，使地方政府财政负担沉重。② 这种支出结构实际反映了中央与地方在社会保障财政支出中的不平衡。中央财政实力雄厚，但却承担了较少的社会保障责任，而地方财政尤其是经济欠发达省份的经济力量薄弱，但却承担了绝大部分社会保障支出。

我国社会保障支出还存在明显的地区差异和城乡差异。2013 年，北京的社会保障和就业支出水平为 469.13 亿元，贵州支出仅为 264.52 亿元，比北京少了 200 多亿元，而北京常住人口仅仅是贵州的 60%。由此可以管窥地区之间社会保障支出水平差异。从社会保障支出的城乡分配上看，目前还没有现成的统计数据，但有学者曾做过估算。如孙光德、董克用（2000）计算 1991—1994 年中国占总人口 80%的农民只享有社会保障支出的 10%左右，而 20%的城市人口却占有接近 90%的社会保障费用，从人均社会保障费用看，城市居民是农村居民的 20 倍以上。③ 而 2012 年城乡居民之间的转移性收入差距仍为 9.2 倍。④ 由此可见我国城乡社会保障支出严重失衡。从社会保障项目支出结构来看，社会保险支出占较大比重，从 1992 年的 20.4%增加到 2006 年的 54.6%，而 1992—2006 年的 15 年间，社会保险支出平均占社会保障总支出的 43.4%。我国社会保障制度属于社会保险型模式，这一模式的特点是强调权利与义务的对称性，因

---

① 数据根据 1999—2014 年中国统计年鉴相关数据进行计算得到，统计口径与上文我国社会保障支出水平的数据相同。

② 刘畅：《我国财政社会保障支出困境及对策建议》，《中央财经大学学报》2009 年第 9 期，第 17—22 页。

③ 宋士云、李成玲：《1992—2006 年中国社会保障支出水平研究》，《中国人口科学》2008 年第 3 期，第 38—46 页。

④ 陈成：《中国社会保障支出：问题与思考》，《社会科学》2014 年第 7 期，第 26—34 页。

而不利于调节收入分配，增加低收入人群的收入。[①] 正因如此，我国社会保障制度不但减贫效果较差，而且还扩大了城乡收入差距和行职业收入差距。[②] 1981—2009 年，农民人均纯收入增长了 22.1 倍，而城镇居民家庭可支配收入增长了 36.1 倍，城乡居民收入差距越来越大。1990 年城镇企业职工、事业单位人员和公务员的月人均养老金待遇之比为 1∶1.06∶1.10，三者之间的待遇水平基本接近；然而到 2005 年，事业单位的月人均养老金扩大为城镇企业职工的 1.89 倍，而公务员的月均养老金扩大为企业职工的 2.06 倍。[③] 说明不同人群之间的社会保障待遇支付差距也越来越大。

可以说，由于我国社会保障支出存在严重的中央财政与地方财政、地区之间、城乡之间、行职业之间以及社会保障项目之间的种种不均衡，最终导致我国社会保障制度不但没能缩小收入差距，反而还扩大了收入差距，使得社会保障在减少贫困人口方面的作用大大减弱。因此，要增强我国社会保障制度的减贫作用，需要改善社会保障的支出结构。

本章小结

社会保障资金支付是社会保障资金运行的最后一个环节，也是社会保障功能得以实现的关键环节。社会保障资金支付是指社会保障资金管理或经办机构按照社会保障法律规定的条件、标准和方式，将资金发放给符合条件的保障对象，以保障他们的基本生活需要的行为过程。社会保障资金支付的主要内容包括社会保障待遇支付和社会保障管理支付。其中社会保障待遇支付处于核心地位。它包括支付条件、支付标准、支付方式、支付水平、支付结构等内容，每个方面都会影响社会保障的减贫效果。

---

① 宋士云、李成玲：《1992—2006 年中国社会保障支出水平研究》，《中国人口科学》2008 年第 3 期，第 38—46 页。

② 一些实证研究证明了我国社会保障制度扩大了城乡收入差距。徐倩、李放：《财政社会保障支出与中国城乡收入差距——理论分析与计量检验》，《上海经济研究》2012 年第 11 期，第 81—88 页；胡宝娣、刘伟、刘新：《社会保障支出对城乡居民收入差距影响的实证分析——来自中国的经验证据（1978—2008）》，《江西财经大学学报》2011 年第 2 期，第 49—54 页。

③ 王延中、龙玉其：《改革开放以来中国政府社会保障支出分析》，《财贸经济》2011 年第 1 期，第 13—20 页。

社会保障资金的支付条件是指社会成员获得社会保障待遇的资格。支付条件主要包括缴费时间长短、缴费数额多少、贫困程度、受灾程度等，只有具备相应的支付条件才能获得保障待遇支付。不同的社会保障项目的目标对象不同，支付条件也不同。无论哪个保障项目，如果支付条件宽松，获得支付的人口就多，脱贫人口就多，减贫效果就好。因此，在财力允许的情况下，降低社会保障支付门槛，是提高社会保障减贫作用的有效方法。社会保障的支付标准主要有两个：比例制（收入关联制）和均一制（非收入关联制）。收入关联制的支付待遇与参保者的缴费挂钩，不利于收入调节；非收入关联制与参保者的贡献无关，有利于收入分配调节，减贫作用更加明显。社会保障的支付范围，就保障项目而言，包括社会福利、社会保险、社会救助、优抚安置等，就每个项目而言，支付范围包括社会保障待遇支付和社会保障管理支付。待遇支付的占比高，则有利于减贫，管理支付的占比高，则不利于减贫。从支付对象覆盖率来看，社会保障资金支付范围可以分为：普享式与选择式。普享式的支付范围广，减贫作用较强；选择式的支付范围窄，具体减贫情况还取决于收入调查的准确性，因而减贫作用较弱。不同社会保障项目的支付方式差异较大，就养老保险而言，主要分为待遇确定型和缴费确定型。其中待遇确定型的再分配性质较强，能够调节不同阶层的收入分配，减贫作用更强。而在医疗保险支付方式中，按病种付费是比较好的一种支付方式。它既能够避免医疗资源浪费，有效控制医疗成本，又不会加重患者医疗负担，同时又能保证医疗质量，因而这种支付方式的减贫作用最强，可以是医疗支付方式改革的发展方向。

社会保障的支出水平和支出结构对减少贫困具有直接的影响，社会保障支出水平，具有宏观和微观两个层次。宏观层次包括社会保障支出占GDP的比重和社会保障支出占财政支出的比重。微观层次是指受益人的受益水平或保障水平，它是收入再分配在个人层面的表达方式。相关分析结果显示：宏观层次的社会保障支出水平与减贫效果呈正相关关系，表明提高宏观社会保障支出水平能够增强减贫作用。微观层次的社会保障支出，包括替代率或补偿率的提高，也与减贫效果呈正相关关系，但相关性不算强。说明以平均值来衡量的微观社会保障支出的减贫效果不是很好。因此，为了增强社会保障的减贫作用，还需要改革和完善社会保障制度设计，改善支出结构，才能充分发挥社会保障的减贫功能。

社会保障支出结构中，尤其是中央与地方政府财政支出结构，不同社会保障类别的支出结构会影响总人口贫困状况，以及不同年龄人口群体的贫困状况。从中央与地方政府财政支出结构来看，提高中央财政在社会保障支出中的比重，尤其是社会福利和社会保险等具有较强再分配性质的保障项目的支出比重，有助于调节不同地区、不同职业和不同性别人口之间的收入差距，减少贫困人口，促进社会公平。从社会保障类别的支出结构来看，如果老年社会保障支出比重大，老年贫困率就低。医疗保健和家庭补贴支出比重大，老年贫困率和儿童贫困率都会比较低。而促进就业和失业保障方面的支出比重较大，则劳动年龄人口的贫困率就会比较低。如果一个国家的社会保障制度设计有利于非劳动人口，即老年人和儿童，则减贫效果就比较好，因为老年人和儿童是一个国家的脆弱人群。不同社会保障项目的减贫作用也不同，以社会福利项目为主的社会保障体系的减贫作用最强，其次是以社会保险为主的国家，减贫效果最差的是以社会救助为主的国家。但社会保险能够达到较好的减贫效果需要具备一定条件，主要包括覆盖率和对弱者的保护。

我国宏观社会保障支出水平较低，支出结构也不合理，中央与地方在社会保障财政支出中的不平衡，存在明显的地区差异和城乡差异，社会保障项目支出不平衡，社会保险支出占较大比重，导致地区、城乡、行职业之间的社会保障待遇支付差距过大。与此同时，社会保障覆盖面过窄，大量贫困人口未被纳入社会保障，也是导致我国社会保障制度减贫效果差，甚至出现收入逆向分配的情况。因此，我国社会保障建设，不仅需要加大财政，特别是中央财政支出比重，更重要的是要从制度层面，对当前社会保障体系进行改革和完善，并合理安排支出结构，才能取得较好的减贫效果。

第八章　典型国家社会保障减贫效果及比较(1)

——普惠型与补缺型的比较

从社会保障的覆盖范围和对象选择上，可以将社会保障模式分为“普惠型”和“补缺型”两种福利模式。其中“普惠型”福利模式可以区分为“高福利普惠”和“低福利普惠”两种类型。“高福利普惠”模式以覆盖面广、福利待遇高为特征，其典型国家是挪威、瑞典等北欧国家。“低福利普惠”模式的覆盖面仍然很广，但福利待遇较低，典型国家是英国。① 而美国和澳大利亚则是“补缺型”福利模式的代表。本章将对英国和美国的福利制度及其减贫效果进行比较，目的是揭示由于社会保障项目设置差异和制度内部管理环节差异导致的减贫效果差异。选择英国而不是瑞典作为普惠型福利模式的代表，主要基于以下考虑：一是英国和美国的福利总支出水平相差不大，但二者却采取了不同的管理运行方式，对二者进行比较更能显示由于管理运行方式不同而导致的减贫效果差异；二是两个国家的人口主体都是盎格鲁—撒克逊人，运用相同的语言文字，具有相同的价值观和宗教信仰，可以减少非福利因素的影响，更能凸显由于制度设计和管理环节差异导致的减贫效果差异。因此，英美两国的社会保障制度及其减贫效果比较更具有典型意义。

---

① 正是由于英国的福利支付水平较低，致使有些学者并没有把英国归为福利国家，但也有学者认为英国仍然是福利国家，如李珍和穆怀中。参见李珍：《社会保障理论》（第二版），中国劳动社会保障出版社 2007 年版，第 98 页；穆怀中：《社会保障国际比较》（第二版），中国劳动社会保障出版社 2007 年版，第 52—54 页。

第一节　普惠型与补缺型模式的减贫效果

一　普惠型模式的减贫效果（以英国为例）

英国现代福利制度直接脱胎于《贝弗里奇报告》，该报告的基本思想和政策建议是战后英国乃至整个西欧建立“福利国家”的指导原则。这些原则主要包括：一是普遍性原则，即社会保障应该满足全体居民不同的社会保障需求；二是保障基本生活原则，即社会保障只能确保每一个公民最基本的生活需要；三是统一原则，即社会保障的缴费标准、待遇支付和行政管理必须统一；四是权利和义务对等原则，即享受社会保障必须以劳动和缴纳保险费为条件。基于这些原则建立起来的社会保障体系具有以下特点：保障范围覆盖全民、保障项目全、保障水平高，所有公民一律平等，具有鲜明的普适性，形成了“从摇篮到坟墓”的典型的普惠型福利模式。以至于1948年艾德礼首相曾宣称英国建成了世界上第一个“福利国家”。但是，在20世纪70年代由于经济危机，英国高福利社会保障制度的弊端开始暴露，失业增加，人口老龄化，财政负担加重，高福利模式难以应对老龄化升高和贫困人口增长。于是70年代末开始，撒切尔夫人对英国的福利制度进行了大刀阔斧的改革，声称要将“普惠性福利”原则改成“选择性福利”原则。1997年布莱尔政府上台后推行的“第三条道路”改革，继承了撒切尔政府的做法，只是手段稍微温和一些。而后来卡梅伦政府更明确要求社会福利要从“大政府”转向“大社会”，最大限度削弱国家权力，减少政府对公民个人事务的过度干预，强调社会福利中的个人责任。① 开启了福利社会化发展进程。

英国自撒切尔政府以来的福利改革目标都是改变福利项目组合和福利资金来源与给付方式，最终削减福利开支。以至于一些学者认为英国的福利模式已经变成了“补缺型”（或混合型）福利模式，② 就连埃斯平—安

---

① 王雯：《英国撒切尔、卡梅伦政府两轮福利缩减改革比较》，《广西大学学报》（哲学社会科学版）2013年第6期，第77—82页。

② 曹清华：《英国现代社会救助制度反贫困效应研究》，《河南师范大学学报》（哲学社会科学版）2010年第5期，第85—88页；孙洁：《英国福利制度模式转变探析及对我国的启示》，《开发研究》2008年第3期，第133—137页。

德森也认为英国的福利制度类似于美国福利模式，将它们一同划归自由主义福利模式之中。然而，就福利模式而言，英国的福利模式仍然是普惠型福利模式，其理由主要有：其一，从国家、市场和社会的角度看，英国的社会保障制度以国家责任为主导，社会力量弱小，市场功能较弱。1993年，英国的社会保障资金中有65.5%来自政府财政，30%来自雇主和雇员缴费，4.5%来自投资收益。[①] 国家在社会保障中仍然发挥主导作用。其二，在养老和医疗保障这两个主要项目上仍然采用普遍福利和国家救助模式，注重发挥国家作用，市场作用很弱。[②] 1997年，以市场为主导的职业年金和私人年金支出总额仅占养老金总支出的33%。[③] 而在医疗保障开支中，1989年通过市场实现的部分仅占总开支的13%。[④] 可见，这些福利改革并没有改变国民医疗保健和养老保障制度在英国福利制度中的主体地位，也没有改变英国福利制度基于普惠性原则的根本框架。只是经历这些改革之后，英国的福利模式已经由高福利普惠模式逐渐变成了低福利普惠模式。

英国的社会保障体系由国民保险、国民保健、社会救助、社会服务和专项津贴（又称偶发性津贴）等组成。在这个体系中，医疗保健、社会救济及社会服务等项目基本由政府全权负责，其费用由国家财政负担，同时养老保险中的公共养老金也由政府财政承担。[⑤] 国民保健和国民保险中的养老保险是最重要的两个社会保障项目，英国在这两个项目实行的是普享制。中央财政用于支付国民保健制度的资金占全部费用的80%以上；用于支付公共养老金虽然替代率不高，仅为20%，但由于覆盖全面，财政投入经费较大。因而英国的社会保障制度不仅有效减少了贫困人口，而且还旨在提高全体国民的生活福利水平。实际上，《贝弗里奇报告》的目标就是为了消

---

① 董溯战：《英国社会保障制度中的国家、市场与社会作用之比较分析》，《宁夏社会科学》2003年第6期，第70—74页。

② 2007—2008年英国“老年津贴”与“患病和残障津贴”两项支出之和占中央政府社会保障支出的67.3%。可见这两个项目的重要程度。参见杨红燕、陈天红：《英国财政社会保障支出制度结构与公平性分析》，《武汉理工大学学报》（社会科学版）2013年第4期，第582—587页。

③ 张俊山：《现代资本主义国家年金制度研究》，南开大学出版社2001年版，第173页。

④ 和春雷：《社会保障制度的国际比较》，法律出版社2001年版，第151页。

⑤ 戴玲：《英国社会保障制度的问题及其启示》，《江淮论坛》1998年第2期，第67—71页。

除贫困、疾病、愚昧、肮脏、懒惰这五种社会病害，加上英国保守党和工党在20世纪30年代的经济危机之后逐渐形成了所谓的“福利共识”①，使得高福利普惠模式的相关政策能够顺利实施。英国从建立社会保障制度开始，社会保障支出呈增长趋势。社会保障支出占GDP的比例从1950年的5.6%开始，1960年为6.6%，1970年为8.8%；而到1980年已经提高到16.8%，1990年为17.1%，2000年为19.3%，2010年为23.8%，2014年为22.7%。② 2014年英国社会保障支出占GDP比重比OECD国家平均支出高0.01个百分点。尽管撒切尔政府、布莱尔政府和卡梅伦政府都试图削减福利开支，但实际成效不大，直到卡梅伦2010年执政后，才将福利支出占GDP比重从2009年的最高点25.0%，降到2014年的22.7%。英国长达几十年削减福利开支的改革，只是在某种程度上改变了福利项目组合和福利支出结构，总体的福利制度架构并没有受到多大影响，福利模式仍属于普惠型。

英国的贫困状况发展明显分为两个阶段：第一阶段（1948—1990年）低贫困率阶段，英国的贫困率在10%以下。③ 第二次世界大战后，英国建立的是高福利普惠性福利制度，通过税收和转移支付使贫困率大大降低，

---

① 英国工党于1944—1948年制定的一系列社会立法是福利共识的制度框架，保守党于1947年制定的全面接受工党关于充分就业和福利国家政策主张的《工业宪章》标志着两党间形成了第一次福利共识。参见孙洁：《英国的政党竞争与福利共识》，《社会保障研究》2006年第1期，第26—39页。

② 1950—1970年数据引自丁建定：《论撒切尔政府的社会保障制度改革》，《欧洲》2001年第3期，第76—82页。1980—2009年数据出自OECD数据库：http：//stats. oecd. org/Index. aspx? DataSetCode。可能两个数据的统计口径不一致，导致1970年和1980年的数据差距过大。丁建定的数据不知道统计口径，1980年以后OECD数据中社会保障支出是指公共支出和个人强制性支出两者之和，未包含个人自愿性支出。下文的美国、瑞典、德国、智利等国家该数据的统计口径与此相同。

③ 英国一般不采用绝对贫困线，而是将收入低于平均收入的40%、50%和60%作为划分贫困人口的标准，收入低于平均收入的40%为极端贫困，低于50%为严重贫困，低于60%为相对贫困。英国本土习惯用低于60%作为贫困线，欧共体（OECD）习惯采用低于50%的贫困线，欧盟（EU）习惯采用低于60%的贫困线。英国和欧盟采用的贫困线标准相对高，因而这里除了特别说明外，我们采用的都是收入低于平均收入50%的贫困线，贫困率是税后和转移支付后的贫困率。相关贫困数据均来自OECD数据库，这个数据比一些学者的数据稍高一些，但仍在合理范围。如Koen Caminada，Kees Goudswaard & Ferry Koster，*Social Income Transfers and Poverty：A cross - country Analysis for OECD Countries*。1990年的贫困率为12.7%，这里为13.7%；2000年为10.2%，这里为11.0%。

以至于到20世纪50年代的时候，英国宣称基本消除了绝对贫困人口。虽然从70年代爆发经济危机，英国的贫困率迅速上升，从1975年的6.2%迅速提高到1990年的13.7%（按照低于平均收入50%计算，下同），贫困率增长了一倍多。期间，撒切尔政府在70年代末削减福利开支的改革，[①] 曾使得贫困率在1980—1985年稍微有所下降，说明鼓励就业的政策在短期内对减少贫困人口起到一定作用，但削减福利开支对贫困的负面影响也很快显现。虽然撒切尔政府的改革实际未能减少总的福利开支，但一定程度改变了福利支付结构，将“高福利普惠模式”变成了“低福利普惠模式”，一些“普惠性”福利项目被改革成了“选择性”福利项目。进而导致1985年之后，贫困率又快速反弹，从1985年的6.7%一路攀高到1990年13.7%的最高点，进入以高贫困率为特征的第二阶段。第二阶段（1990—至今）英国的贫困率除了少数年份外，基本维持在两位数的高位。即使经历布莱尔1997年所谓的“从福利到工作”政策和建立社会投资国家的相关政策，英国的贫困率也没有明显下降，2000年贫困率仍高达11.0%。卡梅伦上台后，极力要求从“国家行动”转向“社会行动”，把以前政府包办的公共服务交给社会。但英国的公共福利支出（未包含个人福利支出）仍然没有降下来，[②] 贫困率则基本维持在10.0%以上。英国的贫困率在OECD国家中基本处于中等水平，贫困率比较低的有瑞典、丹麦、芬兰、卢森堡等，比较高的有西班牙、葡萄牙、希腊、日本等。

对比转移支付前的贫困率和转移支付后的贫困率，可以计算社会保障制度的减贫效果。从表8—1（左侧）可以看出，英国社会保障制度的减贫效果是非常明显的，除了1990年的减贫效应较低外，其余年份减贫效应均在20个百分点左右。也就是说，通过社会保障的转移支付，能够使

---

① 撒切尔及其之后的布莱尔能够顺利进行改革，得益于所谓的“第二次福利共识”。它是指20世纪八九十年代保守党与工党在新自由主义基础上建立起来的降低国家职责、减少福利依赖、削减福利开支、强调工作福利、突出权利与义务对等、增加福利多元主义和混合福利经济为主要内容的政策趋同。主要体现在“第三条道路”理论和政策主张中。由于它建立在撒切尔领导的保守党政府新自由主义福利观基础之上，所以也称为新自由主义模式的福利共识。参见孙洁：《英国的政党竞争与福利共识》，《社会保障研究》2006年第1期，第26—39页。

② 从2010—2013年，英国的公共福利支出占GDP的比例分别为23.8%、23.6%、23.9%和23.8%。

表 8—1 英国 1985—2012 年（选年份）贫困率与社会保障的减贫效应 单位：%

年份	转移支付前贫困率	转移支付后贫困率	减贫效应	0—17 岁人口贫困率	18—65 岁人口贫困率	66—75 岁老年贫困率	76 岁以上老年贫困率
1985	28.2	6.7	21.5	8.9	6.1	6.9	10.1
1990	29.0	13.7	15.3	15.9	11.1	20.7	30.9
1994	32.2	10.5	21.7	16.1	8.8	8.6	13.9
2000	31.0	11.0	20.0	15.0	9.6	10.0	18.0
2005	30.9	10.5	20.4	13.2	9.6	8.8	12.7
2010	31.9	10.0	21.9	9.8	10.4	7.0	10.5
2011	30.4	9.5	20.9	9.5	9.2	8.8	12.6
2012	30.7	10.5	20.2	10.5	9.8	10.9	16.6

数据来源：转移支付前/后贫困率来自 OECD 统计数据库，http：//stats. oecd. org/index. aspx；减贫效应数据由作者计算。

英国的贫困率降低 20 个百分点左右。说明英国的社会保障制度在减贫方面发挥了重要作用。这与英国所采用的社会福利模式有密切联系，而社会福利模式又取决于社会保障项目组合及其支出结构。正如上文所分析，英国的社会保障体系以具有普惠性质的国民保健和公共养老计划为主体，追求收入分配均等化和社会公平，因而其社会保障制度的减贫效果还是比较理想的。特别是对非工作年龄人口（主要指少年儿童人口和老年人口）的保护是比较到位的。一般而言，非工作年龄人口由于未进入或已退出劳动力市场，其收入主要来源于（家庭的、社会的或政府的）转移支付，往往容易陷入贫困状态。如果社会保障制度的转移支付能够缩小非工作人口与工作人口之间的贫困率差距，那么这个社会保障制度的减贫效果就比较突出，也间接反映了其在缩小收入差距和促进社会公平上的贡献。表 8—1（右侧）给出了英国各个年龄段的贫困率，在 1985 年及以前，0—17 岁和 76 岁以上非工作人口与工作人口的贫困率差距相对较小，这正是高福利普惠性制度的尾声，非工作人口得到较好的保护。1985—2000 年，非工作人口的贫困率远远高于工作人口的贫困率，“撒切尔革命”开始发挥作用，加上布莱尔改革，其中的一些措施，如直接降低一些社会保障项目的补贴标准；[①] 建立强制性的职业养老金和自愿性的个人储蓄养老金计划；福利给付强调“选择性原则”等，均不利于非工作人口参与福利项目，从而导致非工作人口贫困率上升。2000 年之后，非工作人口的贫困率又开始下降，到 2010 年非工作人口与工作人口的贫困率差距非常小，甚至稍微低于工作人口的贫困率。说明英国目前的社会保障制度对非工作人口的保护是有效的，社会保障支出向非工作人口倾斜，取得了明显的减贫效果。但从 2011 年以后，非工作人口的贫困率又呈上升趋势，这与近几年的福利社会化改革不无关系。

二　补缺型模式的减贫效果（以美国为例）

美国的社会保障制度是在 20 世纪 30 年代初经历经济大萧条之后建立起来的。在此之前，美国人普遍认为贫困主要是个人懒惰、不愿意工作的结果，政府不应该也没有必要帮助个人解决贫困问题，助长懒惰之风。然而由于经济危机，非自愿失业增加，许多人陷入贫困，迫使美国政府不得不建立社会保障制度遏制贫困现象蔓延。此后，美国社会保障制度在经过“伟大社会”和“向贫困开战”两次大扩张之后，进入“福利爆炸”时期，并逐渐成为“不情愿的福利国家”。[②] 福利限制条件逐渐放宽，覆盖范围扩大，福利水平提高，社会保障体系也得到了快速发展和完善。但很快便遭遇 20 世纪 70 年代的经济危机，失业率上升，贫困人口增加，社会保障支出增长。（Danziger、Lotnick，1979）认为卡特时期美国的福利制度已经出现了福利危机。[③] 里根政府时期，又出现了一场反社会福利运动，同时增加福利支出的边际减贫作用正在降低，于是里根政府顺应民意

---

① 如将国家发放的养老金替代率从 25% 降到 20%；将病人、失业者及失去工作能力者的短期津贴减少了 5%。参见王雯：《英国撒切尔、卡梅伦政府两轮福利缩减改革比较》，《广西大学学报》（哲学社会科学版）2013 年第 6 期，第 77—82 页。

② 杨立雄：《“不情愿的福利国家”与金融危机——美国福利模式解析》，《当代世界与社会主义》（双月刊）2012 年第 5 期，第 17—25 页。尽管美国社会保障支出一直呈上升趋势，2013 年社保支出占 GDP 的比重达到 20%，在 OECD 国家中处于中下水平，但仍然不能说美国是福利国家，其原因在于美国社会保障制度中政府的作用不强，资金主要来源于个人和企业缴费，这样，美国最多只能说是一个福利社会，而不是福利国家。相关论述参见郑秉文：《美国福利社会与欧洲福利国家之辨析——奥巴马医改述评》，《中国卫生政策研究》2010 年第 5 期，第 1—2 页。

③ Danziger，S. and Plotnick，R.，Can Welfare Reform Eliminate Poverty? *The Social Service Review*，Vol. 53，No. 2，Jun.，1979，pp. 244—260.

削减福利开支。但实际上里根并没有真正将公共福利支出降下来。而是到了1996年克林顿提出终结“我们所知道的福利制度”，实施“个人责任与工作机会折中法案”，特别是以“有需要家庭的临时救助计划”代替“未成年孩子家庭援助”项目，才成功削减了福利支出。但很快美国的贫困率又开始上升，加上2008年发生的金融危机，使得奥巴马政府不得不增加福利支出，并对美国医疗保险制度进行改革。将医保覆盖扩大到没有任何医保的那4000万人，提高国家对社会保障制度的介入力度。奥巴马的医改方案立即遭到民意反对，最终以相互妥协结局。但奥巴马成功提高了美国的公共福利支出占GDP比重，且近年稍有增加。

美国现代社会保障体系由社会保险、公共救助和社会服务三大部分构成，社会保险主要包括养老、遗属和残障保险、老人和残障医疗保险、失业保险、工伤保险等，社会保险的目的主要是依靠市场机制进行自我积累，增加收入或提供资源来帮助人们解决生活中可能遇到的各种诸如退休、疾病、失业、残疾等问题；公共救助主要指一系列针对低收入阶层和贫困的社会成员进行救助的项目，其资金来自一般税收，救助项目主要包括对贫困家庭的临时救助（Temporary Assistance For Needy Families，TANF）、医疗救助（Medicaid）、补充收入保障（Supplemental Security Income，SSI）、食品券（food stamp）和一般救助（general assistance，GA）等；社会服务则主要是针对个人、家庭和社区提供日常照顾、职业培训、职业恢复等服务。[①] 相对而言，美国的社会保险制度并不完善，但却建立了世界上较为完善的公共救助制度，政府为符合享受救助标准的贫困家庭提供无限期的福利补贴。[②] 强调社会保障作用于需要帮助的弱势群体，是美国社会保障制度的一个特点。[③] 美国联邦政府目前大约有120个针对反贫困的福利项目，大部分项目需要根据家计调查确定受益资格。由此可见，美国的社会保障制度是典型的“补缺型”社会保障模式。这一模式

① 徐晓新、高世楫、张秀兰：《从美国社会保障体系演进历程看现代国家建设》，《经济社会体制比较》2013年第4期，第169—182页。

② 实施“个人责任与工作机会折中法案”之后，福利补贴时间被修改为5年，期限一到，贫困者便只能进入劳动力市场通过劳动获取收入。

③ 杨立雄：《贫困理论范式的转向与美国福利制度改革》，《美国研究》2006年第2期，第121—136页。

有时也被称为“最小化”福利国家，美国就是这种国家的代表。因为与其他发达国家相比，美国处于“福利爆炸”时期的社会福利支出占 GDP 的比重也仍然排在末尾。美国的福利制度倾向于追求经济效率，而不是社会公平。

美国是最崇尚个人能力的国家，倾向于通过市场化的社会保险和针对弱势人群的社会救助来解决贫困问题，政府较少介入社会保障安排，公共福利支出比重不高。但美国社会保障制度建立之后，社会保障的投入也是逐年增加的。1965—1982 年，美国主要社会福利项目支出从 1012 亿美元飙升到 3352 亿美元（按 1983 年价格计算），增加了 2340 亿美元，且增加的 2/3 主要用于社会保障和医护项目，较少用于公共住房、失业补偿、补充保障收入等项目。① 另有统计显示，从 1965 年到 2011 年，美国政府（包括联邦政府、各州政府和地方政府）花在 126 个针对贫困人口的社会救助项目上的资金，从 2560 亿美元增加到 9080 亿美元，社会救助支出占 GDP 比重从 2.19% 提高到 6.0%，而每年对单个贫困者的资助金额则增长了 6.5 倍，从 3032 美元到 19743 美元。根据 OECD 数据显示，美国社会保障支出（包括公共支出和个人支出）占 GDP 的比重，从 1980 年的 13.6%，提高到 1995 年的 15.9%，到 2005 年的 16.4%，再到 2010 年的 19.9%。中间虽有的年份福利支出有所减少，但幅度不大，因而可以说美国的福利支出总体呈波浪式上升状况。

由于美国的社会保障覆盖面较窄，加上采用补缺型福利模式，对福利对象进行筛选，难免让一些贫困者成为漏网之“鱼”。因此，美国的贫困率一直比较高。在约翰逊政府声称“向贫困宣战”的 1964 年，美国的贫困率高达 19.0%，通过福利扩张之后，1973 年贫困率降到 20 世纪 60 年代以来的历史最低点 11.1%。② 但从 1973 年之后，尽管社会福利支出仍

---

① Danziger, S. and Robert D. Plotnick, Poverty and Policy: Lessons of the Last Two Decades, *The Social Service Review*, Vol. 60, No. 1, Mar., 1986, pp. 34—51.

② 目前美国官方贫困率的测量办法是设立 48 个门槛，如果一个家庭的收入达到其中一个门槛，这个家庭及其每个成员均被认为在贫困线以下。这些门槛各州标准一样，每年根据 CPI 指数进行调整和公布。如果按照收入低于平均收入 50% 作为贫困线标准，则美国的贫困率更高。如，1983 年，按照绝对贫困线计算美国的贫困率为 15.2%，而按照收入低于平均收入的 50% 作为贫困线，则美国的贫困率是 17.8%（OECD 数据库）。关于 48 个门槛的设置标准，请参看郑秉文、房连泉：《拉美“增长性贫困”与社会保障的减困功能——国际比较的背景》，《拉丁美洲研究》2009 年增刊，第 3—29 页。

在增加，但美国的贫困率却并未下降，反而在升高。20 世纪 80 年代初，里根削减福利开支，贫困率在 1983 年高达 17.8%，[①] 1987 年达到 18.4%。之后，美国的贫困率呈波浪式下降，在 2001 年降到 16.5%，这是从 1983 年以来美国贫困率的最低点。直到 2013 年，美国的贫困率仍高达 17.6%。1983—1987 年，贫困率之所以上升，是因为里根削减福利开支的结果。而 2001 年贫困率能够降到低点，则是克林顿 1996 年福利改革的作用。克林顿福利改革减少了一定福利开销，福利支出占 GDP 的比重从 1995 年的 15.9% 下降到 2000 年的 14.9%。使得福利受益个案数显著下降，但工作激励开始生效。Lichter 和 Crowley（2002）发现从 1994—2000 年美国领取福利的人数减少了 50% 还多，2000 年仅有 2.1% 的人口获得现金救助。[②] 然而奥巴马的医疗改革却没有这么幸运，他将美国的社会福利支出占 GDP 的比重提高了 3 个百分点，总体福利支出提高了 41%，每年增加 1930 亿美元，但到 2012 年仍有 4600 多万人生活在绝对贫困之中，[③] 贫困率也丝毫没有下降，尤其是老年贫困率和工作人口的贫困率都在上升，说明奥巴马所实施的“老年医疗保险”政策不但没有收到成效，同时，社会保障的市场解决方案还使得工作人口在市场经济中面临更多的贫困风险。

相对于欧洲福利国家而言，美国社会福利开支相对较少，社会福利的减贫效应也较差。从表 8—2 看出，美国在 2010 年以后社会保障的减贫效果才达到 10 个百分点以上，以前都在 10 个百分点以下，美国社会保障制度的减贫能力和减贫效果并不理想。这与其国内对贫困和社会保障制度建设的态度有关，还与社会保障的项目设置和支出结构有关。同时，美国社会保障制度也没能为非工作人口提供更好的保护。致使近年来老年贫困率远远高于 18—65 岁的工作人口，0—17 岁青少年儿童的贫困率也高于工作人口，且近年来非工作人口的贫困率呈上升趋势。此外，美国的福利制度被指区别对待不同种族的人群，导致不同种族之间的贫困率存在很大差

---

① 从 1983 年以后的美国贫困率数据均来自 OECD 数据库。

② Lichter, Daniel T. and Crowley, Martha L. Poverty in America: Beyond Welfare Reform, *Population Bulletin*, Vol. 57, No. 2, 2002.

③ Tanner, Michael D., The American Welfare State: How We Spend Nearly MYM1 Trillion a Year Fighting Povertyand Fail, *Policy Analysis*, April 11, 2012, p. 694.

异。2012年非洲裔西班牙裔人士的贫困率是白人和亚裔人士的2倍多。[①] 说明美国的福利制度需要向非工作人口和弱势群体倾斜，才能发挥更大的减贫作用。

表8—2　　美国1984—2013年（选年份）贫困率与社会保障的减贫效应

单位：%

年份	转移支付前贫困率	转移支付后贫困率	减贫效应	0—17岁人口贫困率	18—65岁人口贫困率	66—75岁老年贫困率	76+老年贫困率
1984	25.4	17.8	7.6	25.0	14.1	18.9	28.6
1989	25.9	17.9	8.0	24.7	13.9	20.2	32.5
1995	26.4	16.7	9.7	22.3	13.5	17.7	26.3
2000	25.5	16.9	8.6	21.3	13.7	20.8	29.6
2005	26.3	17.0	9.3	20.6	14.5	20.7	27.7
2010	28.4	17.4	11.0	21.2	17.9	16.4	24.3
2011	28.4	17.1	11.3	20.5	15.4	15.5	23.7
2012	29.2	17.9	11.3	20.9	16.1	16.9	26.4
2013	28.4	17.6	10.8	19.6	16.0	17.5	27.2

数据来源：贫困率来自OECD统计数据库，http://stats.oecd.org/index.aspx。

第二节　减贫效果差异及原因分析

社会保障的减贫效果最终体现在待遇支出水平与支出结构上，支出水平和结构差异是导致各国社会保障减贫效果差异的最直接的因素。因此，绝大多数研究者都从社会保障的支出水平和结构来考察社会保障的减贫作用大小。然而，实际上，社会保障制度的各个管理环节也对社会保障的减贫作用产生重要影响，仅仅考虑社会保障支出水平和结构并不一定能够取得很好的减贫效果。比较不同国家社会保障的减贫效果，应该包括支出水平和结构，以及各个管理环节的差异。

① Gabe, Thomas, *Poverty in the United States: 2012*, Congressional Research Service, Prepared for Members and Committees of Congress, November 13, 2013.

一 两种模式的减贫效果差异

英国和美国在社会保障制度的建设和发展上有许多相似之处，时间步调也比较一致，但两者的减贫效果却存在较大差距。20 世纪三四十年代，特别是第二次世界大战后是两国社会保障制度的大力发展时期；五六十年代社会保障制度逐渐完善，福利支出迅速扩张；七八十年代撒切尔政府和里根政府同时大力削减福利开支；而 90 年代中期布莱尔的“从福利到工作”市场化改革与克林顿的终结“我们所知道的福利制度”也是同时进行；最后，卡梅伦的“社会行动”计划将社会保障的政府责任推向社会，而几乎同时，奥巴马的医疗改革方案则试图让政府承担更多责任。可以看出，英美两国的社会保障制度结构正在趋同，社会保障支出水平的差距也在缩小。但到目前为止，英美两国的社会保障模式仍存在较大差异，突出表现在养老保险和医疗保健两个主要项目上。

在养老保险项目上，英国政府介入较多，政府财政首先承担了针对全民的公共养老金项目，这个项目的养老金替代率达到 20%，剩下的部分才交由市场来补充。而美国的养老保险项目则主要由个人和企业缴费。在医疗保健项目上，英国政府财政支出占比达到 80% 以上，个人承担较少的医疗费用，医疗保险覆盖率达到 100%。美国医疗保险的覆盖率在 2000—2011 年一直在 85% 徘徊，大约有 15% 的美国人没有任何医疗保险。在参加医疗保险的 85% 的人中，大约 60% 享受的是雇主保险，15% 左右享受 Medicaid 保险（医疗救助保险），10% 左右参加私人保险。① 虽然美国政府财政仅主要承担 Medicaid 保险，这个项目的医疗费用也主要支付给老人、残疾人和重肾病患者，但美国的医疗救助保险却是世界上最昂贵的。2009 年国民卫生支出达 2.5 万亿美元，人均 8046 美元，约为 1965 年人均水平的 38 倍，加上碎片化的医疗保障体制，美国全社会医疗支出高达 GDP 的 17.3%，远高于其他发达国家约 9% 的水平。② 尽管享受着世界上最昂贵的医疗保险，但美国的医疗保险仍以私人保险公司为主。

---

① 胡善联：《美国奥巴马政府医疗改革的特点及其措施》，《卫生经济研究》2009 年第 7 期，第 9—10 页。

② 徐彤武：《奥巴马政府的医疗改革及其前景》，《美国研究》2010 年第 1 期，第 7—32 页。

正是由于养老保险和医疗保险之间存在的差异，导致两国分属不同的社会保障模式。郑秉文（2010）用下面的公式来区别美国和英国的福利模式：强制性+私人保险=美国福利社会，即市场机制主导着美国福利社会；相反，强制性+国家保险=英国福利国家，即国家干预统治着英国的福利模式。①

正是社会保障模式差异使英美两国社会保障制度的减贫效果存在较大差距。2012年，英国社会保障制度的减贫效应是20.2个百分点，美国仅为11.3个百分点，英国社会保障制度的减贫效应比美国高近9个百分点，几乎是美国的两倍，而社会保障支出占GDP的比重仅比美国高不到5个百分点。从减贫效率上来比较，英国每1% GDP的减贫效率是0.88，美国每1% GDP的减贫效率仅为0.55。也就是说，每增加1% GDP的社会保障支出，英国在减贫方面取得的效果比美国要高0.33。可以说，英国是普惠型福利国家的代表，尽管现在实行的是低水平普惠性福利制度，但其减贫效果仍然比补缺型福利模式的美国要好得多。

对比转移支付前后的基尼系数改变情况，也可以对社会保障支付效应进行评价。从2001—2012年，英国在转移支付前，基尼系数都在0.50左右，经过社会保障的转移支付之后，其基尼系数都降到了0.35以下。同期，美国在转移支付前的基尼系数在0.49左右，经过转移支付后，其基尼系数仍在0.38左右。也就是说，英国的社会保障转移支付使得其基尼系数下降0.15左右，而美国的转移支付仅使得其基尼系数下降0.11左右。显然，英国社会保障制度在调节国内收入不平等方面具有更强的作用。

还有一种非常流行的观点认为，高福利一定以高税收作为支撑，而高税收打击劳动积极性，因而高福利国家必然失业率更高。为此，我们对比了2009年以来，英美两国的失业率情况，从2009—2013年美国的失业率大概从10%下降到8%左右，而英国的失业率则在6.5%—8.5%浮动并呈下降趋势。这说明英国的税收虽然更高，福利支出更多，但失业率却比美国还低，没有出现养懒汉的情况，更多的社会保障支出并没有扭曲劳动力市场，侵蚀经济效率。这样对比之后，很明显地，我们的结论是：低福利普惠型社会保障模式比补缺型社会保障模式具有更好的减贫效果，更强的

① 郑秉文：《从奥巴马医改看美国与欧洲福利制度差异性》，《红旗文稿》2010年第8期，第35—36页。

调节收入分配的作用，且失业率未必更高，而低福利未必使福利支出达到很高的程度。因此，两相比较，低水平福利普惠型社会保障模式在减贫上具有更多优势，是更值得借鉴的福利模式。

二 减贫效果差异的原因分析

英美两国同属英语系国家，语言文字相同，福利理念和福利态度相似，福利改革倾向也存在许多相同之处，社会保障支出水平相差也不大。然而，两国社会保障制度在减贫效果上却存在较大差距，除了社会保障支出结构差异所致以外。社会保障制度的各个管理环节存在差异，也是导致两国社会保障减贫效果差异的重要原因。上文已经对社会保障支出结构差异导致的减贫效果差异进行了分析，这里进一步从社会保障制度的各个管理环节查找造成这种差异的原因。

表8—3从社会保障制度的筹资机制、运作和管理方式、投资与监督方式以及支付方式四个方面列出了英美两国社会保障制度管理环节存在的差异。从社会保障资金的筹资机制来看，英国社保资金主要来源于政府税收和雇主缴费，雇员承担的社会保障责任较轻。国民基本保险基金的40%左右来自政府财政预算拨款，医疗保健费用88%以上来自政府税收转移支付，[①] 个人社会服务、专项津贴和社会救助所需资金的80%以上也来源于财政预算。可以说英国社会保障资金主要由政府承担。美国的社会保障总收入中，雇主和雇员所缴的税款约占86%，5%来自社会保障基金的利息收入，只有9%来自政府的一般税收。[②] 美国医疗保险仅覆盖65岁以上的老年人及残疾人、永久性肾功能衰退者。美国的社会保障更多强调社会责任，注重发挥市场的作用。从资金征缴制度来看，英美两国都采用缴税制，这是因为两国的税收体系都非常发达，能够节约征缴成本。但在税率方面，两国存在一定差距。英国的社会保障税率水平高于美国近3个百分点，无论雇主还是雇员，缴纳税率都高于美国。当然，英国社会保障待遇支付水平也高于美国。就筹资机制对社会保障的减贫作用产生的影响

① 林闽钢：《社会保障国际比较》，科学出版社2007年版，第147页。

② 董溯战：《美国社会保障制度中的国家、市场与社会功能之比较研究》，《经济体制改革》2004年第2期，第134—137页。

而言，由于英国社会保障资金主要由政府承担，而美国主要由雇主和雇员承担，英国的社会保障的再分配性质更强，无偿性更加明显，因而减贫作用更强。英国社会保障税率比美国高，也说明具有更强的收入调节能力。

从社会保障资金的运作管理方式来看，英国和美国的资金运作方式都主要是现收现付制，在人口老龄化背景下，两国都强调社会保障的私有化改革，希望从现收现付制过渡到基金积累制，但都面临巨大的转制成本，存在转型困难问题。在资金管理方式上，由于英国的社会保障资金主要来源于政府税收，因此，英国采取政府专门机构直接管理方式。美国的社会保障资金主要来源于雇主和雇员缴税，美国采用混合管理模式，政府直接管理和私人管理并存。社会救助资金由政府管理，社会保险资金由私人保险公司管理。

然而，从投资方式上，两国都采用信托投资方式，由政府部门将社会保障资金委托专门成立的基金公司或私人公司进行投资运营，政府较少干预基金公司的正常投资行为，但资金的征缴和支付仍由政府部门负责。这种投资方式有利于增加投资主体的自由度，同时引入竞争机制，提高投资收益率。信托投资方式的不利因素是形成多层委托—代理关系，增加了管理难度。因而为了资金的安全性，两国都对资金投资比例进行了数量限制，但总体而言，英国的限制条件要宽松一些，允许投资高风险资产类别的比例要高一些。而且，两国对资金投资行为的监督都是采用审慎性监督方式，投资主体具有较大的灵活性，因而，英国和美国社会保障资金的投资收益率都比较高，英国的投资收益率为10.0%，美国为9.5%。同时，说明投资比例限制条件宽松有利于投资主体进行投资组合，使得英国的投资收益率更高一些，更有利于社会保障资金积累，更有利于减贫。

从社会保障资金的支付方面来看，英国的社会保障待遇支付条件要求较低，具备公民身份就能享受福利待遇；而美国的社会保障待遇支付条件要求较高，不仅要求具有公民身份，而且还要被判定收入低于一定水平，才能享受社会保障支付。英国的社会保障制度覆盖面很广，无论是基础养老金还是医疗保健都达到了100%的覆盖率。而美国的社会保障主要针对社会保险的参与者，或对贫困人口实施社会救助，覆盖面相对较窄。英国的社会保障资金主要用于支付基础养老金和医疗保健这类覆盖范围非常广的社会保障项目，而美国的社会保障资金，尤其是政府拨款的资金则主要用在社会救助项目上，主要是为了救助弱势群体，如医疗救助主要针对老年人，而大多数人只能依靠自己投保，获得社会医保或商业医保支付。由于支付条件要求较高，覆盖范围较窄，美国的社会保障的减贫作用大大弱于英国。

通过上述分析，英美两个社会保障模式的减贫效果差异主要是因为：社会保障资金来源不同，缴税率高低存在差异，投资比例限制差异，以及支付条件、覆盖范围和支付类别不同，使得英国的社会保障的减贫作用比美国的强很多。从资金来源和资金支付上，也决定了英国的社会保障制度属于普惠型模式，而美国的社会保障制度属于补缺型模式。可以看出，判断社会保障模式的标准主要是看资金来源结构和资金支付对象。而支付水平高低则是判定高福利与低福利的标准。如果社会保障资金主要来源于政府税收，支付对象是全体公民，那么这种社会保障模式就属于普惠型模式。

表 8—3 普惠型与补缺型社会保障模式管理环节比较

		英国	美国
筹资机制	主要资金来源	政府	雇主、雇员
	征缴制度	缴税制	缴税制
	缴税（费）率（2013 年）	20.29%，其中雇主缴纳 10.81%，雇员缴纳 9.38%	17.47%，其中雇主负担 9.82%，雇员负担 7.65%
运作管理方式	运作方式	现收现付制	现收现付制
	管理方式	政府管理	混合管理（政府 + 私人）
投资监督方式	投资方式	信托投资	信托投资
	投资比例（前三位）	股票 66%，债券 25%，国外资产 18%	股票 48%，债券 37%，存款 9%
	监督方式	审慎性监督	审慎性监督
资金支付	支付条件	公民资格	收入调查
	覆盖范围	全体公民	参保者、贫困人口
	支付类别	基础养老金、医疗保健	弱势群体救助、医疗救助

本章小结

英国和美国使用相同的语言文字，具有相近的价值观和宗教信仰，在政治、社会、经济、文化等方面也存在众多一致性和相似性，但两国却选择了截然不同的社会保障模式。英国是低福利普惠型国家的代表，强调政府在社会保障中的主导责任，社会保障资金主要由政府承担，社会保障体系中的医疗保健、社会救济及社会服务等项目基本由政府全权负责，其费用由国家财政负担，养老保险中的公共养老金也由政府财政承担。由于政府供款具有较强的收入再分配功能，英国的贫困发生率较低，社会保障在减少贫困人口方面发挥了重要作用。除个别年份外，通过社会保障的转移支付，能够使英国的贫困率降低 20 个百分点左右，减贫效果相当明显。与此同时，老人和儿童等非工作人口的贫困率也得到较好控制。

美国现代社会保障体系由社会保险、公共救助和社会服务三大部分构成，社会保险强调尽量依靠市场机制来预防和解决人们遭遇的贫困风险，尽量调动社会力量参与，减少政府责任。公共救助和社会服务主要针对低收入阶层和贫困的社会成员、家庭和社区进行救助和服务。由于倾向于通过市场化的社会保险和针对弱势人群的社会救助来解决贫困问题，政府较少介入社会保障安排，公共福利支出比重不高。社会保障覆盖面较窄，对福利对象进行筛选，难以覆盖所有贫困者。因此，相对而言，美国的贫困率一直比较高。强调雇主和雇员供款的补缺型福利模式在减少贫困人口方面的效果也不佳，除个别年份外，美国社会保障的减贫效应一般仅有 10 个百分点左右。尤其对老人和儿童等非工作人口的减贫作用较差，导致老人和儿童贫困率远高于青壮年人口贫困率。

对比英国和美国的社会保障模式及其减贫效果，虽然经历卡梅伦的“社会行动”和奥巴马的医疗改革之后，两国的社会保障制度结构呈现趋同，社会保障支出水平也在缩小，但两国社会保障模式仍存在较大差异。英国社会保障强调政府责任，在社会保障主要项目上，如基础养老保险和医疗保健上覆盖面广，主要资金来源于政府财政拨款。而美国在这两个项目上注重发挥市场作用，主要资金来源于雇主和雇员缴款。导致英国的社会保障具有更强的再分配作用，在调节国内收入不平等和减少贫困人口方面具有更强的作用。在一定程度上，英国的普惠型福利模式比美国的补缺型福利模式具有更好的减贫效果。

从社会保障制度的各个管理环节来看，由于两国社会保障资金来源不同，缴税率高低存在差异，投资比例限制差异，以及支付条件、覆盖范围和支付类别不同，使得英国和美国社会保障制度在减贫方面存在较大差距。尽管从20世纪80年代以来，两国在社会保障改革方面采取的各种措施比较一致，但两国的社会保障制度仍分属不同的模式，社会保障支出和管理环节存在差异，进而导致社会保障的减贫效果也存在差异。因此，在进行社会保障模式减贫效果方面的比较研究时，不仅需要注意社会保障支出差异，还应该关注不同社会保障模式在管理环节上的差别，才能全面理解导致社会保障政策效果差异的原因。

第九章　典型国家社会保障减贫效果及比较(2)

——福利型、保险型和储蓄型的比较

从社会保障项目组合差异可以将社会保障模式分为福利型、保险型、保障型和储蓄型四种模式。世界各国政治、社会、经济与文化传统不同，对社会保障的理解也不同，因而建立了不同的社会保障模式。社会福利项目在整个社会保障体系中占主导地位，则称为福利型模式；社会保险项目在保障体系中占主导地位，则称为保险型模式，以此类推。不同社会保障项目在资金来源、运作管理、保障对象和资金支付等方面均存在差异，因而上述不同社会保障模式的减贫效果也存在差别。由于保障型模式主要存在于转型之前的苏联、东欧社会主义国家，及20世纪80年代以前的中国，目前已基本消失，本书不再对这一模式进行分析。

第一节　福利型、保险型和储蓄型模式的减贫效果

福利型社会保障模式的保障范围广，覆盖全体国民，保障待遇高，财政支出大，主要存在于北欧发达国家。保险型模式以社会保险为主，主要针对具有稳定收入来源的工薪阶层，资金来源于雇主和雇员缴费，强调保障权利与缴费义务的对称性。储蓄型模式的资金主要来源于雇员缴费，保障待遇根据雇员缴费数额和投资收益发放，这种模式的保障范围较窄，但减轻了政府负担。可见，三种福利模式各有其特征，进而带来了不同的减贫效果。下文以瑞典作为福利型模式的代表，德国为保险型模式的代表，智利为储蓄型模式的代表，分别对三种福利模式及其减贫效果进行分析。

一　福利型模式的减贫效果（以瑞典为例）

瑞典实行的是高福利普惠型福利模式。瑞典社会保障制度建设起步时间早，1891 年便制定了最早的社会保障法《自愿健康保险计划》，且由于没有遭到世界大战的毁害，国内政治长期稳定，经济发展迅速，社会保障制度也得到快速发展。1932 年社会民主党上台执政，大力推动社会保障建设。第二次世界大战前后，瑞典社会保障制度的发展从以个人自愿性缴费为主转变为以普遍强制性缴费为主。从 1946 年开始，瑞典按“福利国家”模式对社会保障制度进行改造，颁布实施了一系列社会福利法案：养老金法（1946）、家庭津贴制度（1948）、国民健康保险法（1955）、社会救助法（1956）、补充养老保险法（1960）、国民保险法（1962）。这些法案遵循普遍性和统一性原则，明确了享受社会福利是公民的权利，而提供社会福利是国家的义务。尤其是 1962 年《国民保险法》的颁布实施，标志着瑞典高福利普惠型社会保障制度的真正确立。[①] 至此，瑞典建成了一套“从摇篮到坟墓”的比较完整的、以高福利著称的社会保障体系，被誉为“福利国家的橱窗”。20 世纪 70 年代中期以后，世界性经济危机使瑞典社会经济发展面临严重困难，国民经济增长也明显落后于其他经合组织成员国的平均水平，失业率增长，社会保障支付压力大增，高福利导致“瑞典病”。执政多年的社会民主党的政治优势也受到挑战，1976 年上台执政的非社会主义政党政府发起社会保障制度改革：紧缩社会保障支出，[②] 推行社会保障地方化，部分社会保障项目私人化，并引入竞争机制等。1982 年瑞典社会民主党重新上台，虽然希望继续 20 世纪 70 年代末期以来的社会保障制度改革，但却因为遭到民众极力反对而停止。直到

---

① Wood, *The British Welfar e State 1900—1950*, Cambridge University Press, 1982, p. 43. 转引自丁建定：《瑞典和英国社会保障制度比较研究》，《华中科技大学学报》（社会科学版）2003 年第 3 期，第 62—65 页。

② 如，1981 年，将部分养老金津贴标准从以前工资的 65% 降到 50%，将领取该项养老金者的比例由 27% 降到 20%。1982 年初，又将健康保险日现金补贴的工资替代率由 97% 降低到 87%。参见丁建定：《20 世纪 80 年代以来瑞典的社会保障制度改革》，《国际论坛》2003 年第 5 期，第 72—77 页。

1998 年瑞典才在不改变现收现付制原则下引入“名义账户”制，[①] 使福利待遇更多与个人及其雇主缴费挂钩，将待遇确定型（DB）变成了缴费确定型（DC）。2000 年又出台了《国民养老基金法案》作为“名义账户”改革的配套措施，以保持名义账户养老金制度的财务平衡，降低启动自动平衡机制的风险。[②] 这些改革大多属于边际性改革，仅对社会保障项目的各种参数进行调整，涉及保障项目重组的结构性改革仍没有发生，社会保障体系整体结构没有发生多大改变。最近几年，瑞典政治和学术界的争论使意识形态发生了一定转变，对瑞典模式的批评越来越多，普惠型福利模式的空间越来越小，社会保障私有化、多支柱模式等改革趋势越来越明显。但最终瑞典模式是转向保险型模式还是对现有福利型模式进行“微调”还有待下一步改革政策。

瑞典社会保障体系属于普惠型福利模式，普惠主义意味着社会保障的受益者不仅仅是穷困者，还包括工薪阶层和中产阶级。[③] 瑞典的社会保障制度包括社会福利制度、社会保险制度、社会救助制度等，保障项目比较全面。社会服务（相当于社会福利）是最能体现福利国家形象的保障项目，它包括健康和老年照料、教育福利等，社会服务经费几乎全部来自税收，享有社会服务是公民的基本权利。社会保障（相当于社会保险）包括养老保险、育婴假、失业保险、疾病保险等，大多数不是普惠性的，不与公民权利相联系，而是以雇佣劳动为基础，某种程度上可以说是“工作福利”，它不由税收融资，而是强制性从工资进行融资。2006 年社会保险支出占 GDP 的 15.4%，占社会保障总支出的一半左右。瑞典的社会保险是国家建立在收入损失原则基础上的收入维持系统，多缴多得，目前支付水平达到工资收入的 80%（即替代率，以前是 90% 以上）。边缘福利（相当于社会救助）是基于家计调查的社会保障项目，由地方政府管理，

---

① “名义账户”是个人缴纳养老保险金的一种记录方式，管理机构为每个缴费者建立一个个人“账户”，用作个人日后领取养老金的凭证，但由于个人缴纳的保险金将会以现收现付的方式用于支付现时的养老金支出，因此个人账户中没有真实的资金积累，是一个“空账”，因此被称为“名义个人账户”。

② 孙守纪：《论社会保障制度改革的政策组合——约旦、瑞典和智利社保改革的典型性分析》，《中国政法大学学报》2010 年第 5 期，第 137—142 页。

③ ［瑞典］斯温·霍特：《20 世纪 90 年代瑞典社会保障改革综述：从“慷慨”到“吝啬”》，郑秉文译，《国外社会科学》2004 年第 4 期，第 43—51 页。

目的是保障基本收入水平以下的贫困人口。边缘福利每年仅花费 0.4% GDP，占社会保障总支出不到 2%。[①] 瑞典社会保障制度的突出特点是普惠性公共福利资助计划将所有公民纳入福利体系，而不是针对某些特殊群体给予福利；同时，该计划的资金来源于政府的总税收和雇主的缴费，而不是公民个人的缴费。[②] 政府主导庞大的普及性公共福利资助是瑞典社会保障体系的最大支柱，所占比例较大；社会保险的缴费主体是雇主，个人负担较轻；而社会救助属于补充保障制度，所占比例较小。因此，在瑞典的社会保障体系中，以追求社会公平、提高居民生活质量为目标的社会福利制度处于核心地位。[③] 自从 20 世纪 80 年代起，瑞典的社会保障制度虽然经历了几番改革，历经数十年，但这些改革只是对旧模式进行了“瘦身”，并没有改变瑞典社会保障体系的制度结构。

瑞典在 1962 年确立普惠型福利模式，这一模式的目标不仅仅是减少贫困人口，而是降低总体的收入不平等状况。为实现这一目标，瑞典的福利支出占 GDP 的比重是非常高的。到 1980 年，瑞典的公共福利支出已经占到 GDP 的 26.0%。虽然 1976 年非社会民主党上台后曾经动手削减福利开支，1982 年社会民主党接手后也曾希望继续削减福利，后来因为遭到民众反对而不得不停止。从 1980 年到 1995 年之间，瑞典的福利支出是逐步增加的，并没有削减，也没有停止所谓的增长势头，[④] 到 1995 年达到了历史最高水

---

① Daniel Ankarloo, The Swedish Welfare Model: Counter - Arguments to Neoliberal Myths and Assertions, Paper Prepared for Association of Heterodox Economics Conference, London, July, 2009.

② 高振立认为只有通过个人缴费的方式来获得与工资收入挂钩的保险才是真正意义上的社会保险。笔者赞同这一观点，因此认为瑞典社会保障制度的主体是社会福利，而不是社会保险。参见高振立：《从瑞典福利制度看北欧福利国家模式》，《中国人口科学》2002 年第 3 期，第 58—64 页。

③ 瑞典的社会保障体系区别于英美两国的社会保障体系。英国重视结果平等，但实行的是低福利普惠保障模式；美国重视机会平等，实行的是补缺型社会福利模式。瑞典既重视机会平等又要求结果平等，因而其社会保障制度以高福利来实现收入均等化，促进社会公平。

④ 李珍（2001）的研究指出：瑞典社会支出（包括社会保障、教育、住房保障等——作者注）的增长势头得以遏制，社会保障水平的增长趋势也停滞下来，并开始逐渐降低，1980—1995 年，瑞典社会保障水平在主要西欧国家中增长幅度最低，仅从 35.5% 增加到 35.8%，而英国则从 23.5% 增加到 29.8%，德国从 30.7% 增加到 33.9%，法国也从 23.9% 增加到 32.9%。参见李珍主编：《社会保障理论》，中国劳动社会保障出版社 2001 年版，第 194 页。结合本文的研究发现，这意味着瑞典这一时期在教育、住房等方面的保障开支可能有所减少。

平31.8%。主要原因可能是：非社会民主政党政府对社会保障制度的改革主要是实行社会保障地方化，将一部分中央政府负担的社会保障支出转移给地方政府，直接降低社会保障津贴标准和私有化改革并不是改革的基本政策和方针。[①] 始于20世纪90年代初期的金融危机，使瑞典及其普享型福利政策在90年代陷入混乱状态，用于资助社会保障项目和各种地方社会服务的税收收入减少，瑞典的公共社会保障支出占GDP的比重在1995年之后也开始下降，到2000年下降到28.2%，到2014年仍达到28.1%（相关数据详见表9—1）。由于公共社会保障支出占GDP的比重呈现小幅波动状况，总体呈下降趋势，因而有人认为瑞典的福利给付已经从“慷慨”变为“吝啬”，削减福利支出可能是瑞典模式的必然选择。[②] 但从目前的支出水平来看，瑞典的社会保障支出水平仍然很高，特别是由政府税收资助的公共福利项目支出在社会保障体系中占据主要地位，支出水平一直保持在高位，而个人强制性和自愿性支出较少。

瑞典的贫困状况在1960—1980年一直处于下降阶段，之后小幅上升，但很快又开始下降，而在20世纪90年代开始又出现新的上升态势。20世纪60年代，虽然福利国家的基本框架已经确立，但在1967年时，贫困人口仍然较多，被收入税推入贫困之中的家庭，比通过转移支付摆脱贫困的家庭还多，贫困率大约在27%。但公共部门的转移支付使贫困率下降速度很快、幅度非常大，到1975年，贫困率下降到11.8%，有20%的瑞典人口通过福利制度摆脱贫困。1976—1980年贫困率继续下降，但下降幅度明显减缓，1980年贫困率下降到8.0%。之后，1981—1984年瑞典的贫困率上升，1984年贫困率回升到10.4%。1985年之后才又开始下降，1985年瑞典有30%的贫困人口通过转移支付脱贫。[③] 而根据OECD

① 丁建定：《瑞典和英国社会保障制度比较研究》，《华中科技大学学报》（社会科学版）2003年第3期，第62—65页。

② ［瑞典］斯温·霍特：《20世纪90年代瑞典社会保障改革综述：从“慷慨”到“吝啬”》，郑秉文译，《国外社会科学》2004年第4期，第43—51页。

③ 这些数据是（Gustafsson）和（Uusitalo）利用1985年的社会救助标准进行后推，得出1985年以前的贫困率，并非官方公布的贫困率。贫困线是收入低于平均收入的50%。参见Gustafsson, Bjorn and Uusitalo, Hannu, The Welfare State and Poverty In Finland and Sweden From The Mid - 1960s to The Mid - 1980s, *Review of Income and Wealth Series* 36, Number 3, September 1990, pp. 249—266.

数据库对贫困率的统计，1983 年瑞典的贫困率仅为 3.3%（贫困线是收入低于平均收入的 50%），此后贫困率一直呈增长态势，到 1990 年贫困率达 3.7%，这一时期贫困率的增长幅度不大。但之后由于受金融危机的影响，贫困率在 2000 年达到 5.3%，比 1990 年升高了 1.6 个百分点。1995—2005 年，贫困率也基本保持稳定，然而到 2008 年时，由于经济危机冲击，使得贫困率大幅上升，2008 年贫困率上升到 8.4%，2011 年继续上升到 9.7%，2012 年的贫困率有所下降（相关数据详见表 9—1）。总体而言，20 世纪 80 年代以来，瑞典的贫困率总体呈上升趋势。

表 9—1　　瑞典 1980—2014 年（选年份）公共社保支出比重与贫困率

单位：%

年份	社会保障总支出占 GDP 比重	年份	转移支付后的贫困率
1980	26.0	1983	3.3
1985	28.2	1991	3.6
1990	28.5	1995	3.7
1995	31.8	2000	5.3
2000	28.2	2004	5.3
2005	28.7	2008	8.4
2010	27.9	2010	9.1
2011	27.2	2011	9.7
2012	27.7	2012	9.0
2013	28.2	2013	—
2014	28.1	2014	—

数据来源：OECD 统计数据库，http：//stats. oecd. org/index. aspx。贫困率是转移支付后的贫困率。

从减贫效应来看，瑞典高福利普惠型福利模式具有很强的减贫作用，在实践中社会保障转移支付的减贫效果非常好。有研究指出：从第二次世界大战后到 1975 年，瑞典社会福利制度在就业和缓解贫困两个方面都取得很好成绩，即在积极就业政策和消极保障方面都较为成功。通过扩大公共部门的就业提高整个社会的就业水平，失业率压低到 5%—10%；通过转移支付直接向低收入阶层提供生活补贴缓解贫困问题，如瑞典实行全面的养老金制度，只有不到0.5%的老年人生活在贫困之中。[①] 从表9—2可以看出，瑞典社会保障制度在大多数年份的减贫效应都在20个百分点以上，说明减贫效果是很好的。只有在最近几年，特别是1998年金融危机以来，瑞典社会保障制度的减贫效应才下降到20个百分点以下，但依然保持很好的减贫效果。随着减贫效应下降，贫困率也开始上升，尤其是76岁以上的老年贫困率比总贫困率和年轻人的贫困率要高出几个百分点，而少年儿童贫困率比工作年龄人口贫困率低。这说明瑞典的社会保障制度对中高龄老人的保护比较薄弱，但相比其他发达国家，这已经是比较理想的效果了。奇怪的是，65—75岁老年人的贫困率比工作年龄人口的贫困率还要低3个百分点以上。这可能是因为1976年瑞典进行社会保障制度改革的时候就引入了"部分养老金制度"，对达到退休年龄但仍自愿工作的老年人，由于工作时间缩短、工资收入减少而给予适当补偿，这使许多老年人的收入得到保障。同时也说明瑞典的福利模式能够较好地保护弱势群体。

虽然瑞典的高福利模式具有强大的减贫作用和促进社会公平的能力，但由于福利开销很大，难以将失业率控制在较低的范围。据瑞典统计局公布的数据显示，2013年12月，瑞典失业率为7.5%。有研究者认为：瑞典社会保障资金主要来源于雇主缴费，而不是工人缴费，工人负担较轻，作为交换，为了国家社会保障制度的发展，工人们很少要求涨工资，于是，雇主能够在低工资水平下雇佣更多工人。[②] 尽管如此，低工资使企业竞争力得到增强的同时，也缺乏对工人的吸引力。当然，由于工会自身还掌控着失业保险，为了开源节流也会要求工会会员尽量参加工作，这算是对高福利的一种自愿性交换。但总体而言，瑞典的失业率还是比较高的，这也是近年来瑞典高福利模式饱受诟病的原因。看来，高福利在某种程度上确实牺牲了一定的劳动积极性。

① 邓大松、张建伟：《福利型与保障型社会保障制度模式及其经济发展效应的比较》，《经济评论》2003年第2期，第36—39页。

② Antoinette Hetzler：《瑞典——社会保障制度发展和改革的文化维度和体制维度研究》，《社会保障研究》2010年第2期，第39—49页。

表 9—2　　瑞典 1983—2012 年（选年份）贫困率和社会保障的减贫效应　　单位：%

年份	转移支付前贫困率	转移支付后贫困率	转移支付减贫效应	0—17 岁人口贫困率	18—65 岁人口贫困率	66—75 岁老年贫困率	76 + 老年贫困率
1983	26.1	3.3	22.8	2.8	3.6	2.4	9.6
1991	25.9	3.6	22.3	2.5	3.8	4.6	11.1
1995	29.6	3.7	25.9	2.5	4.2	2.6	5.3
2000	27.0	5.3	21.7	3.6	5.2	4.7	11.5
2004	26.7	5.3	21.4	4.0	5.6	3.4	9.8
2008	26.5	8.4	18.1	7.0	8.4	5.9	15.1
2009	28.0	8.7	19.3	7.5	9.2	5.6	12.8
2010	27.8	9.1	18.7	8.2	9.4	6.3	14.2
2011	26.2	9.7	16.5	9.4	9.7	6.9	14.7
2012	26.1	9.0	17.1	8.3	9.2	6.6	13.5

数据来源：贫困率来自 OECD 统计数据库，http：//stats. oecd. org/index. aspx；减贫效应数据由作者计算。

二　保险型模式的减贫效果（以德国为例）

德国是世界上第一个建立社会保险制度的国家，社会保险构成德国整个现代社会保障体系的主体。俾斯麦政府出于缓和劳资矛盾和维护统治地位的需要，先后于 1883 年、1884 年和 1889 年颁布了《疾病保险法》、《工伤事故保险法》和《养老和伤残社会保险法》，标志着德国现代社会保障体系的建立，并成为许多国家和地区竞相效仿的社会保险模式典范。在帝国阶段的最后几年和魏玛共和国时期（1918—1933），社会保险计划进一步发展。尽管曾经由于经济萧条、恶性通货膨胀和第二次世界大战的影响，福利所提供的实际价值越来越小，社会保障几乎不能发挥其功能。但第二次世界大战以后，德国经济高速发展为社会保障制度的大规模扩容提供了坚实的物质基础，社会保障计划对提高所有人的生活质量寄予厚望，而不像传统工业政策一样仅仅针对工人阶层，社会保障制度进入快速发展阶段。1949—1952 年通过了一系列法令，不断提高养老和疾病保险津贴。1953年以后的10年间，德国社会保障制度发展方向主要是扩大覆盖面，提高待遇水平，强化国家干预，推进综合性社会保障，出现福利国家的趋势。[①] 到1963年，德国公共社会支出占GDP的比例高达17.1%，高于同期的英国与瑞典等福利国家。这时，德国实际已成为高福利国家。

然而，由于1965—1966年德国经济出现短暂萎缩，社会保障制度面临财政压力，于是政府认为必须通过提高社会保险缴费率，降低社会保险津贴标准，来保持社会保障与经济的协调发展。特别是1957年确定的现收现付制筹资模式，虽然奠定了德国战后福利国家的合法性基石，但在面临人口老龄化和20世纪70年代石油危机的影响，同时社会保障支出居高不下的情况下，被迫不断提高缴费率。[②] 由于社会保障费用不能无限制提高企业和个人缴费水平，于是就只有扩大政府财政补贴。如，科尔和施罗德政府都曾试图用提高税率的方法来填补社会保障支出缺口。然而这样做，又会使得经济和社会保障陷入“高福利—高税收”的恶性循环，因此，从科尔执政后期开始，就不断探索社会保障体制和劳动力市场的改革，如提高个人责任；减少社保开支；延迟退休年龄；发展基金积累制等，[③] 这些改革一定程度缓解了政府财政负担。而施罗德政府2003年3月14日提出的“2010年议程”则拉开了对社会保障制度进行全面综合改革的帷幕。默克尔上台以后延续了“2010年议程”的改革基调，在养老保险上，主要采取延迟退休年龄、改革养老金计发办法、增强个人责任等；在医疗保险上，实现医保全覆盖、引入竞争机制、统一缴费率、改善医疗服务等；在劳动力市场上，减弱解雇保护、鼓励灵活就业和自主创业、失业救助体现奖勤罚懒、加强职业介绍和就业培训等。[④] 通过两届政

---

① 丁建定：《德国社会保障制度的发展及其特点》，《南都学坛》（人文社会科学学报）2008年第4期，第46—51页。

② 1970年德国社会保障缴费率为26.5%，到1980年为32.4%，1990年为35.6%，到2000年已达41.9%，直到2012年缴费率仍高达40.1%。参见丁纯、李君扬：《未雨绸缪的德国社会保障制度改革——金融危机中德国经济一枝独秀的主因》，《当代世界与社会主义》（双月刊）2012年第5期，第33—39页。

③ 卢成会、吴丽丽：《德国科尔时期社会保障改革对我国社会保障建设的启示》，《长春工业大学学报》（社会科学版）2011年第1期，第52—55页。

④ 丁纯、李君扬：《未雨绸缪的德国社会保障制度改革——金融危机中德国经济一枝独秀的主因》，《当代世界与社会主义》（双月刊）2012年第5期，第33—39页。

府的努力，德国社会保障体系的财政压力得到缓解，失业率下降，促进了宏观经济发展，有效应对了2008年以来的全球金融危机，进一步完善了德国的社会保障制度，但降低失业救助补贴的做法也造成贫困人口增加。

德国的社会保障体系主要由四个部分组成：社会保险、社会赔偿、社会补贴和社会救助。其中，社会赔偿主要用于补偿战争阵亡者。社会补贴包括子女抚育津贴、教育补贴、就业促进补贴、住房补贴等。社会救助主要用于日常生活费用补助和特殊困难群体的补助。而社会保险是核心，包括养老保险、医疗保险、失业保险、事故保险和护理保险。养老保险分为法定养老保险和自愿养老保险。法定养老保险资金来源于雇员、雇主和政府，缴费率大概是月工资的19.5%，替代率达到65%，领取年龄为65岁，养老保险覆盖近90%人口。医疗保险分为义务医疗保险和自愿医疗保险。缴费由雇主和雇员各承担一半。医疗保险覆盖近90%人口，近10%人口参加私人医疗保险；约50%医疗卫生支出由医疗保险支付。[①] 医疗事业和养老金，约占社会保障总支出的70%。德国的养老保险和医疗保险制度最初只覆盖工人，[②] 后来通过开放进入门槛，逐渐扩大到覆盖公司职员和自由职业者。且在社会保险项目中，劳资双方缴费、劳方单方受益一定程度扭转了劳动者在劳资关系中的弱势地位。[③] 德国社会保障制度的主要特点集中反映在：社会保障待遇水平与经济发展之间相互适应的特点；筹资上坚持采取费率统一化，并突出政府、雇主与雇员间的共同责任原则；强烈的国家干预和社会保险机构自治管理相互结合。[④] 其主要缺点是以社会保险为核心的社会保障制度体系由于过于强调待遇与就业和缴费之间的关联性，对非工作人口保护不足；过于强调为福利而工作（work - for - welfare），社会保障经费主要来源于雇主和雇员缴费，当缺乏积极的

---

① 立中：《德国的社会福利与社会福利改革》，《社会福利》2003年第8期，第52—57页。

② 这种保障模式甚至直接被一些学者称为“工人社会保障制度”。参见李珍、刘子兰：《西方社会保障主要理论及其政策主张回眸》，《经济学动态》2004年第1期，第82—85页。

③ 鲁全：《德国的社会保障制度与社会公平》，《中国人民大学学报》2009年第2期，第24—30页。

④ 相关讨论参见丁建定：《德国社会保障制度的发展及其特点》，《南都学坛》（人文社会科学学报）2008年第4期，第46—51页；丁纯、李君扬：《未雨绸缪的德国社会保障制度改革——金融危机中德国经济一枝独秀的主因》，《当代世界与社会主义》（双月刊）2012年第5期，第33—39页。

劳动力激励机制，失业率就会升高，社会保障体系就会面临负担过重的问题。

第二次世界大战之后到1976年，德国的社会保障支出呈快速增长趋势，虽然有个别年份支出有所下降，但下降幅度不大，小幅下降之后很快又恢复上涨趋势。20世纪50年代初社会保障支出约占GDP的10%，60年代超过20%，70年代初已高于25%，而1975年突破30%，1976年达到34%左右后开始下降，但此后的30余年，社会保障支出占GDP的百分比一直徘徊在30%左右。[①] 虽然在科尔执政的16年时间里（1982—1998年），曾多次削减福利开支，但社会保障的核心体系结构仍保持完好。确实，从1982年开始德国的社会保障支出占GDP比重一直下降，根据表9—3的OECD统计数据，到1990年德国公共社会保障支出占GDP比重仅为21.4%。但在1990年之后，由于东德西德的统一，以及东德的经济崩溃，东德的社会保障支出曾占整个支出的GDP的2/3，西德不得不每年向东德转移1500亿马克的社会保障资金，由此引发了德国社会保障支出的爆炸性增长。[②] 到1995年德国的公共社会保障支出占GDP比重高达25.9%，2005年达27.0%，2014年仍为25.8%。可见，尽管德国的科尔政府在20世纪80年代初也跟美国的里根政府和英国的撒切尔政府一样，大幅度削减福利开支，并且在1990年由于历史事件的原因，福利开支达到较低水平，但此后又出现爆炸性增长。总体来看，德国的福利支出在第二次世界大战之后到1976年这段时间里，处于快速发展阶段。1976—1990年处于削减福利阶段，而1990年之后则福利支出先是快速反弹，之后逐渐保持平稳略有下降。

德国的贫困率从20世纪80年代中期（由于缺乏此前的相关贫困数据）到2010年这段时间里，总体呈增长趋势，贫困率提高了近3个百分点（详见表9—3）。尤其是1990年东德西德合并，东德经济破产，导致贫困率急剧上升2个百分点，从1990年的5.5%升高到1992年的7.4%。之后几年虽然贫困率缓慢下降，但下降幅度不大，一直到1999年德国贫

① 杨解朴：《德国福利国家的自我校正》，《欧洲研究》2008年第4期，第131—144页。

② Lutz Leisering, The Welfare State in Postwar Germany - Institutions, *Politics and Social Change*, 2000, http://www.uni-bielefeld.de/soz/pdf/welfare.

困率仅下降了 1 个百分点，为 6.4%。然后又开始上升，到 2008 年受全球金融危机的影响，贫困率达到 8.5%，比 1999 年提高了 2 个百分点，到 2009 年贫困率继续上升 1 个百分点，达到 9.5%，2012 年贫困率又下降到 8.4%。2008—2010 年，受全球金融危机冲击，德国的贫困率迅速上升 1 个百分点，然后很快又下降。在同一时期，德国的失业率也经历了快速升降过程，失业率先从 2008 年年末的 7.1%，上升到 2009 年 6 月的 7.7%，然后开始下降，到 2010 年 5 月失业率为 7.0%。德国在 2008—2010 年贫困率和失业率的快速升降，说明德国的社会保障制度在减少贫困和促进就业方面均有出色的表现。

表 9—3　　德国 1980—2014 年（选年份）公共社保支出比重与贫困率　　单位：%

年份	社会保障总支出占 GDP 比重	年份	转移支付后的贫困率
1980	21.8	—	—
1985	22.2	1985	5.6
1990	21.4	1990	5.5
1995	25.9	1995	7.2
2000	26.2	2000	7.6
2005	27.0	2005	8.3
2010	26.8	2010	8.5
2011	25.5	2011	8.7
2012	25.4	2012	8.4
2013	25.6	2013	—
2014	25.8	2014	—

数据来源：贫困率来自 OECD 统计数据库，http://stats.oecd.org/index.aspx；社会保障总支出是指公共支出和个人强制性支出之和；贫困率是转移支付后的贫困率。

德国社会保障制度的减贫效果非常明显。从表 9—4 看出，从 20 世纪 80 年代中期开始，德国社会保障制度的减贫效应均在 20 个百分点以上，近年来还提高到 24 个百分点左右。但是，德国的社会保障体系以社会保险为核心，一方面，社会保险对于贫困问题来说，只是预防而不是解除贫

表 9—4　　德国 1985—2012 年（选年份）贫困率和社会保障的减贫效应

单位：%

年份	转移支付前贫困率	转移支付后贫困率	转移支付减贫效应	0—17 岁人口贫困率	18—65 岁人口贫困率	66—75 岁老年贫困率	76 + 老年贫困率
1985	27.7	5.6	22.1	5.9	4.7	6.8	11.4
1990	25.7	5.5	20.2	5.2	4.2	8.8	13.7
1995	28.7	7.2	21.5	8.0	6.3	8.7	11.1
2000	30.2	7.6	22.6	8.8	6.7	8.7	10.4
2004	32.7	8.3	24.4	10.0	7.8	6.7	10.9
2010	32.1	8.5	23.6	9.1	8.2	8.5	13.3
2011	33.0	8.7	24.3	8.0	8.7	7.1	10.7
2012	31.9	8.4	23.5	7.4	8.3	8.1	10.8

数据来源：贫困率来自 OECD 统计数据库，http://stats.oecd.org/index.aspx；减贫效应数据由作者计算。

困，难以帮助现存的贫困人口摆脱贫困状态，这有可能导致贫困的长期化；另一方面，社会保险强调缴费义务与受助权利的对等，一般只有工作人口才具有缴费能力，因而社会保险制度实际上主要保障工作人口，对非工作年龄人口的儿童和老人，以及工作参与度不高的妇女、残疾人等的保障不足。如表 9—4 显示，德国 0—17 岁人口和 76 岁以上人口的贫困率明显高于 18—65 岁人口的贫困率和总贫困率。近年也不断有媒体报道德国的儿童和老人的贫困比较严重。据德国《明镜周刊》2014 年 1 月 9 日报道，德国有 240 万名儿童遭受贫困威胁，占到儿童总数的 18.9%。[①] 也有报道称：德国的老年人贫困问题加剧，越来越多的德国老年人由于"入不敷出"而不得不在领取养老金的同时额外做一些临时工作挣钱或者申请国家基本保险金。2000 年德国大约有 41.6 万 65—74 岁老人从事兼职工作，而 2010 年这个数字达到 66 万，退休后仍在少量"打工"的老人在这十年间增长了 58.6%。[②] 还有研究指出：大多数妇女在抚养幼儿期间

① 姜楠：《调查显示德国近 1/5 儿童受到贫困威胁》，《国际在线》2014 年 1 月 10 日。

② 中国经济网，《德国老年人贫困问题加剧 66 万退休人员被迫工作》2011 年 8 月 23 日，http://news.163.com/11/0823/14/7C58P4K200014JB5.html。

从事的多半是兼职工作，在社会保障待遇上自然低于全职工作的男子。而要拉平妇女与男人的社会保障支付，则政府面临更大的支付压力。[①] 但我们可以看出，近年来德国的非工作人口与工作人口的贫困率差距在缩小，而且德国的贫困率包括总人口贫困率和非工作人口贫困率都比以高福利著称的瑞典低，失业率也比瑞典低，而公共福利支出占 GDP 比重也比瑞典低。可见，德国的社会保障支出结构是较为合理的。当然，德国社会保障体系要想继续发挥更好的减贫作用，需要对其支付结构进行改革，以达到更好地保护弱势群体的目的。

三 储蓄型模式的减贫效果（以智利为例）

智利是美洲国家最早建立社会保障制度的国家之一。1924 年借鉴由政府管理的德国模式，建立了以现收现付为基础的社会保障体系。这套体系广泛涵盖了养老金、伤残补助、抚恤金、疾病补助和健康津贴等社会保障项目，但保障对象没有覆盖全国，同时还按照不同行业和职业划分成不同的系统，各个系统内的职工群体的受益水平差异很大，具有政治实力的群体获益较多。[②] 在 50 年代末和 60 年代初时，豪尔赫·亚历山德里（Jorge Alessandri）执政期间（1958—1964 年）已经意识到了社会保障制度的危机，但由于利益集团的反对，社会保障制度改革被延迟下来。直到 1973 年军政府上台后，社会保障改革问题才真正被提上议事日程。在皮诺切特（Augusto Pinochet）总统的积极推动下，加上到 70 年代末，智利的社会保障体系由于管理混乱，人口老龄化等原因，智利社会保障制度负担沉重、制度不公、退休金支付不足等问题突出。[③] 而且当时拉美国家普

---

① Ashley Hoyer, German Resistance to Welfare State Reform: Voter Blockades, Coalitions, and Unions, *Critique: A Worldwide Journal of Politics*, 2010, pp. 208—221.

② ［智利］M. 因方特、J. 阿里斯蒂亚、J. R. 温杜拉加：《智利社会保障改革历程》，班颖杰译，《社会经济体制比较》2000 年第 6 期，第 39—46 页。

③ 人口老龄化导致社会保险税收缴纳人与费用受益人的比例由 1960 年的 8∶1 下降到 1980 年的 2∶1。由此导致政府财政补贴日趋沉重，到 1980 年，智利政府用于社会保险补贴开支已占社会保险收入的 29%。制度不公表现在，旧的社会保险制度中雇员按阶层不同享受不同的养老金计划，蓝领工人的养老金待遇比白领工人的差很多。而由于政府社会保险基金管理欠佳，在养老金计划所有受益人中 2/3 只享受最低利润，由此导致退休金支付不足的问题。参见李克照：《智利社会养老保险制度的改革及其成效》，《外国经济与管理》1993 年第 5 期，第 36—38 页。

遍陷入经济衰退，在高通货膨胀的影响下，养老金的实际价值大为下降，社会保障制度到了不得不改革的地步。于是终于在1980年11月智利政府颁布了第3500号法令《养老保险法》，1981年5月正式实施新体制，对社会保障制度进行了全面改革。建立了由私营机构管理个人养老金账户的基金制，统一了所有参保人的退休年龄标准以及领取养老金的受益标准，还废除了所有对政府行政部门与私营部门职员区别待遇的歧视性规定（包括与薪金挂钩的养老金制）。[①] 这次改革成功地将“社会统筹、政府管理、现收现付”的养老保险模式改成“个人账户、私人管理、基金积累”模式。新制度下参加养老保险的人数约占劳动者总数的95%，养老金的增加占智利国内总储蓄的30%左右，退休金替代率从1980年的50%左右提高到70%左右。[②] 改革成功的关键在于：基金投资回报率很高，保证了基金支付能力，使社会保障对民众具有更强的吸引力，从1981—1995年的15年中，新制度下的基金平均年实际投资回报率为16.6%，且新制度很好地解决了旧制度遗留的债务问题。[③] 新制度使政府和企业负担减轻，刺激国民储蓄率上升，促进国内金融市场繁荣。但1981年的改革主要针对的是养老金制度存在的问题，虽然取得很大成功，但也由于采取个人完全基金积累制，对总人口的覆盖率仅达60%左右，缺乏再分配功能，牺牲了社会公平，对解决贫困问题的作用也很小，贫困现象依然较为普遍。因方特等人（2000）也坦承了这一点，认为解决贫困问题需要建立另外的机制。[④] 到1990年，智利实现了政治民主化，新政府在基本延续军政府时期经济政策的同时，对社会政策进行了重大调整，消除和减少贫困现象，促进社会公平发展成为新社会政

---

① ［智利］M. 因方特、J. 阿里斯蒂亚、J. R. 温杜拉加：《智利社会保障改革历程》，班颖杰译，《社会经济体制比较》2000年第6期，第39—46页。

② 黄红、张莹：《智利社会保障制度改革对我国的启示》，《唯实》2001年第3期，第51—54页。

③ 李珍：《中国的社会保障制度转型能不付成本吗——以智利为比较对象》，《改革》1997年第2期，第23—33页。

④ 他们认为：解决贫困问题需要个人的收益与个人的赚得脱钩，或者授予行政官员有关募集资金使用的擅自处理权，但这会在制度内滋生腐败，制度运行的结果会背离其原定目标。［智利］M. 因方特、J. 阿里斯蒂亚、J. R. 温杜拉加：《智利社会保障改革历程》，班颖杰译，《社会经济体制比较》2000年第6期，第39—46页。

策的基点。①

改革后的智利社会保障体系主要由两个部分组成：社会保险和社会救助。社会保险主要包括养老、医疗、失业和工伤保险。社会救助计划有：养老救济金、统一家庭津贴、生活用水补贴、失业补贴和住房补贴。社会救助独立于社会保险，资金来源于政府拨款和国内外捐助。社会保险是智利社会保障体系的核心，尤其是养老保险和医疗保险，在 1981 年改革之后，虽然取得了很多成就，但也凸显了不少问题。在养老保险上，个人基金储蓄模式对低收入阶层的吸引力有限，覆盖面不高；国家承担的转制成本偏高；缺乏社会保障应有的互助共济功能；管理成本居高不下等问题。在医疗保险方面，私营医疗体系排挤那些医疗风险大的人，如老年人、长年病号或患大病的人。私营医疗体系只覆盖 30% 的居民，公共医疗体系却要覆盖 70% 的居民。② 总之，改革之后的社会保障体系存在一个重要缺陷：就是忽视了弱势群体。为此，智利于 2008 年建立了社会互济养老金，引入一个“普享型”养老金支柱，也称为社会基础养老金，增加对低收入人群的扶持力度，克服终身贫困者面临的风险，以弥补完全市场改革的不足。根据智利目前的测算，大约有 60% 以上的老年穷人可以获得社会互济养老金。③ 也就是说，继 1981 年的市场化改革之后，智利实际上对其社会保障体系进行了许多修补，这些修补的总体方向增强了政府责任，特别强调政府在救助贫困者上具有不可推卸的责任。最终致使智利的社会保障体系，尤其是养老保障制度由单一的私营养老保险支柱，又增加了一项“普享型”养老金支柱，形成向多支柱模式发展的改革趋势。

从社会保障支出的发展趋势来看，自从皮诺切特政府实施社会保障改革之后，20 世纪 80 年代，智利的社会保障支出逐渐减少。1987 年智利社会支出为 GDP 的 15.2%，1988 年在遭到大幅削减之后，到 1990 年社会

---

① 曹淑芹：《智利政府克服贫困的新举措——“智利团结计划”》，《拉丁美洲研究》2005 年第 4 期，第 42—44 页。

② 刘子兰：《如何看待智利社会保障私有化改革》，《经济体制改革》2003 年第 4 期，第 140—142 页。

③ 孙守纪：《论社会保障制度改革的政策组合——约旦、瑞典和智利社保改革的典型性分析》，《中国政法大学学报》2010 年第 5 期，第 137—142 页。

支出下降到 GDP 的 12.4%，社会支出下降了近 3%。[①] 在皮诺切特执政期间（1973—1990 年），政府社会支出每人下降 20%，减少的部分主要是对穷人影响比较大的健康、教育和住房领域。同时，货币增长导向的发展战略导致收入从穷人转移到富人身上，[②] 结果公共卫生服务质量和覆盖率严重恶化，养老金减少，贫困率增长。到 1990 年帕特里西奥·埃尔文（Patricio Aylwin）上台后立即将反贫困问题提上最高议程，新的“平等性增长”发展政策包含了激进的社会政策，这个政策持续了十年。埃尔文政府在 1989 年到 1991 年期间，将最低工资提高了 17%，针对弱势群体的家庭津贴、各种补助以及养老金也有所提高。[③] 从而导致公共社会保障支出迅速增长，1990 年公共社会保障支出占 GDP 的比重是 9.8%，到 1995 年提高到 11.0%，到 2000 年再提高到 12.7%。随后开始波动，2005 年社会保障支出下降到 8.7%，2010 年又上升至 10.5%，而到 2013 年则又下降到 10.0%。可以看出，从 2000 年之后，智利的社会保障支出虽有波动，但总体呈减少趋势。

相应地，智利的（绝对）贫困率在 1960—1985 年，都在 40%—50% 波动，直到 1990 年社会支出增加后，贫困率才掉下 40%。1990 年智利回归民主政府管理，出台了许多反贫困项目，这时几乎所有人都认为：克服贫困不能仅仅依靠经济增长，还需要政府随时对导致和维持贫

---

① 这里的社会支出包括社会保障支出、教育福利和住房福利等；如果单指社会保障支出，则 1990 年智利的社会保障支出占 GDP 的比重为 10.4%。参见 Alejandro, Foxley, *Successes and Failures in Poverty Eradication*: *Chile*, Scaling Up Poverty Reduction: A Global Learning Process and Conference, Shanghai, May 25、27, 2004.

② 也有相反的观点认为：皮诺切特执政期间开发了一些有效的目标瞄准项目，减轻了极端贫困者的生存状况。各种社会指标，如婴儿死亡率、儿童营养不良率等，确实显示出极端贫困者的生活条件得到了改善。但另一些观点则认为，这种改善主要是穷人之间的再分配促成的，如果放松对贫困的严格界定和测量，则穷人在许多方面都变得更糟糕，而不是更好。参见 Terry, McKinJey, *Poverty Alleviation and Equitable Growth*: *the Experience of Chile*, *Indonesia and Malaysia.*, Frontera Norte Num. Especial: Pobreza, 1994, pp. 121—131.

③ Alejandro, Foxley, *Successes and Failures in Poverty Eradication*: *Chile*, Scaling Up Poverty Reduction: A Global Learning Process and Conference, Shanghai, May 25、27, 2004.

困状态的影响因素进行直接干预。[①] 由于社会保障支出继续增加，使贫困率从1990年的38.6%，下降到2000年的20.6%。而同期，拉丁美洲的贫困率仅从48%下降到44%。[②] 在1990—2000年智利的贫困率下降了18个百分点，下降幅度很大，但贫困率下降明显分为两个阶段。第一阶段20世纪90年代前半期（1990—1995），贫困率从38.6%下降到23.2%，下降了15.4个百分点；第二阶段90年代后半期（1996—2000），贫困率从23.2%下降到20.6%，仅下降了2.6个百分点。这说明社会保障支出在前半期的减贫效果较好，而后半期的减贫效果不理想。也有人认为，智利的贫困率下降主要是经济增长的贡献，而不是社会保障增加的结果。其中一项实证研究比较了80年代和90年代智利的社会政策，结果显示80年代社会保障的减贫效果很差，90年代虽然减贫效果很好，但60%的贫困是由经济增长消除的，只有40%归功于社会政策。80年代减贫效果不明显，主要是1982—1983年智利经历严重的金融危机，GDP下降16%，失业率飙升到30%，约50%人口掉下贫困线，30%陷入极端贫困状态。1985年开始，智利的经济政策集中转向财务偿付能力和经济增长，出口很快迅速增长，失业率下降，但在减少贫困方面，结果不太成功，到1987年仍有45.1%的人口生活在贫困线以下。[③] 智利的减贫成效主要是在90年代前半期取得的，90年代后半期的贫困率没有多少变化。[④] 这是因为90年代后半期公共支出的效率下降，虽然政府公共卫生支出增加了250%，但医疗服务仅增长了

---

① Larra, Aga, O., *Inequality, Poverty and Social Policy: Recent Trends in Chile*, OECD Social, Employment and Migration Working Papers, No. 85, OECD Publishing, 2009.

② David Glick, Nidhiya Menon, Public Programs Pare Poverty: Evidence from Chile, *Bulletin of Economic Research* 2009, 61 (3), pp. 249—282.

③ Alejandro, Foxley, *Successes and Failures in Poverty Eradication: Chile*, Scaling Up Poverty Reduction: A Global Learning Process and Conference Shanghai, May 25、27, 2004.

④ Jennifer Pribble, and Evelyne Huber, *Social Policy and Redistribution under Left Governments in Chile and Uruguay*, Paper prepared for delivery at the workshop "Social Policy Against Poverty and Social Exclusion: Dealing with Informality", European Union Center for Excellence, University of North Carolina at Chapel Hill, March 29—30, 2008.

22%。[①] 进入21世纪以后，贫困率下降的幅度较小，到2006年智利的贫困率仍高达19.2%，仅比2000年的贫困率下降1.4个百分点。2009年仅比2006年下降0.8个百分点，2011年比2009年又下降0.6个百分点，达17.8%。由此看来，智利2008年建立的社会互济养老金在减贫方面确实发挥了一定作用。

从减贫的实际效果来看，智利社会保障的减贫作用非常有限。从我们所掌握的数据来看，2006年智利社会保障转移支付的减贫效应仅为3.4个百分点。2009年减贫效应最高，但也仅仅使贫困率下降5.2个百分点。也就是说，2009年智利政府花了11.2% GDP的社会保障支出，仅仅换来了5.2个百分点的贫困率。而到2011年花了10.1% GDP换来了4.7个百分点。进一步区分工作人口与非工作人口的贫困率，可以看出，智利的社会保障制度对非工作人口的保护不足，非工作人口的贫困率比工作人口的贫困率至少高出5个百分点以上（详见表9—5）。可以说，相比其他社会保障模式，智利储蓄型社会保障制度的减贫效果很差。个人储蓄型的社会保障制度本身不具有调节收入分配的功能，而只是个人一生收入的平滑，是个人为了预防自身生活风险所做的安排。加上个人储蓄型社会保障制度要求个人要有缴费能力，尽管智利的养老基金回报率较高，[②] 但由于非工作人口缺少收入来源，因而他们构成了贫困人口的主体。难怪有学者的实证研究结果得出：智利的减贫绩效主要是由于经济增长而取得的，而非社会保障制度的功劳。这也说明智利的社会保障体系本身存在诸多不足。有学者概括了智利社会保障制度存在的突出问题主要是：参保覆盖面窄、成本昂贵、监管过度、市场竞争不充分、政府财政负担加重等。2004年，智利整个养老金计划实际缴费人口占劳动力总量的比重为58%左右，接近改革前旧制度60%的参保率。原因是智利养老保险制度对自雇人员、灵活就业人员和低收入群体缺乏吸引

① Alejandro，Foxley，*Successes and Failures in Poverty Eradication*：*Chile*，Scaling Up Poverty Reduction：A Global Learning Process and Conference，Shanghai，May 25、27，2004.

② 在1981—2005年的25年间，养老基金累计平均每年的投资回报率达到10%，至2004年，养老基金扣除费用因素后净回报率为9.3%左右。参见郑秉文、房连泉：《社保改革“智利模式”25年的发展历程回眸》，《社会保障研究》2006年第2期，第190—208页。

力，导致其参保率不高。①

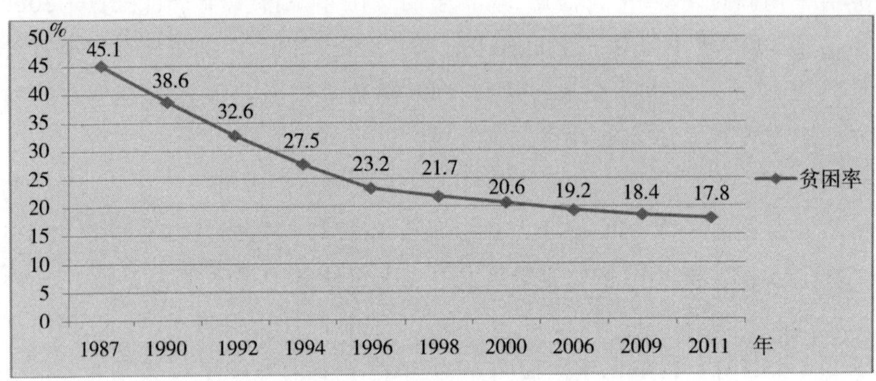

图 9—1 智利历年（选年份）贫困率发展趋势

表 9—5 智利 2006—2011 年（选年份）贫困率和社会保障的减贫效应 单位：%

年份	转移支付前贫困率	转移支付后贫困率	转移支付减贫效应	0—17 岁人口贫困率	18—65 岁人口贫困率	66—75 岁老年贫困率	76 + 老年贫困率
2006	22. 6	19. 2	3. 4	24. 3	16. 3	22. 6	23. 2
2009	23. 6	18. 4	5. 2	22. 6	16. 0	21. 7	22. 5
2011	22. 5	17. 8	4. 7	23. 5	15. 1	20. 5	20. 4

数据来源：贫困率来自 OECD 统计数据库，http：//stats. oecd. org/index. aspx；减贫效应数据由作者计算。

第二节 减贫效果差异及原因分析

一 三种模式减贫效果差异

瑞典、德国和智利分别实施三种不同的社会保障模式，三种模式在项

① 郑秉文、房连泉：《社保改革“智利模式”25 年的发展历程回眸》，《社会保障研究》2006 年第 2 期，第 190—208 页。

目设置理念、意图以及政策制定者期望社会保障解决的社会问题上均存在明显差异。正因如此，理论上无法比较三种模式本身的优劣。瑞典的福利模式虽然能够提供优厚的福利待遇，让全民享受优质生活水平，但也给政府带来沉重的财政压力。智利的储蓄型模式虽然在调节收入分配和福利待遇上远远逊色于福利模式和保险模式，然而政府的支付压力却较小。三种模式各有优劣，基于不同目的进行比较就会得出差异迥然的评价。但就三种模式在减贫方面的作用和效果，则很容易比较出优劣。通过比较上述三种社会保障模式，福利型社会保障模式的瑞典和保险型社会保障模式的德国，比之储蓄型社会保障模式的智利，减贫效果要好得多。瑞典和德国的社会保障制度能够使贫困率下降 20 个百分点左右，甚至更高，而智利的社会保障制度仅能够使贫困率下降最高也仅达 5 个百分点左右，二者相差非常悬殊。其中原因是显而易见的，储蓄型社会保障模式本身不具有收入再分配性质，无法调节富人与穷人之间的收入比重，减贫效果自然无法与以收入再分配为政策目标的福利型和保险型社会保障模式相比。

但同时也发现，德国的社会保障制度和瑞典的社会保障制度的减贫效果比较接近，德国社会保障制度的减贫效果甚至超过了瑞典。瑞典社会保障制度的减贫效果从 1995 年之后，呈减弱趋势。1995 年时瑞典社会保障的减贫效果是 25.9 个百分点，德国的仅为 21.5 个百分点。但德国社会保障制度的减贫效果从 1990 年开始便呈增强趋势，到 2000 年时德国社会保障制度的减贫效果已经超过了瑞典。到 2011 年时瑞典的社会保障制度的减贫效果下降到 16.8 个百分点，而德国的上升到 24.2 个百分点，德国社会保障的减贫效果比瑞典高出 7.4 个百分点。一个重要原因是从社会保障支出总量来看，德国社会保障制度虽然以个人和企业缴费为主，但其社会保障支出中通过政府财政支出的公共支出部分 2011 年已占 GDP 的 25.5%，瑞典这部分支出的比重仅比德国高 1.7 个百分点。因此，尽管德国的社会保障体系以社会保险为主，但在公共支出方面并不吝啬。智利的社会保障资金主要以雇员缴费为主，政府公共支出比重较低，2011 年智利的公共社会保障支出占 GDP 的比重仅为 10.1%，远远低于瑞典和德国，这是智利社会保障减贫效果较差的重要原因。

另一个原因是，仍以 2011 年为例，[①] 德国在社会保障支出上更注重对工作人口的保护和激励，德国用于促进就业和失业保护的社会保障支出占公共支出的 7.8%，而瑞典这一比重仅为 5.9%，导致德国 18—65 岁人口贫困率为 8.7%，而瑞典为 9.7%，瑞典比德国高 1 个百分点，总贫困率也刚好高一个百分点。智利这一项支出比重仅为 3.0%，因而 18—65 岁人口贫困率为 15.1%，比德国和瑞典高得多。在另外两项主要支出中，德国用于老年保障的比重高达 41.6%，瑞典仅为 36.0%；而在医疗、残疾与家庭津贴支出中，瑞典的比重高达 53.7%，德国为 47.8%。当然两国老人贫困率均略高于总人口贫困率，儿童贫困率则略低于总人口贫困率。尽管两国在这两项支出存在一定差异，但减贫效果基本相似。智利在老年保障支出的比重低于瑞典和德国，因此，老年贫困率也远高于这两个国家。值得注意的是，智利在医疗残疾与家庭补贴上的支出高于德国，但其对儿童人口的保护并没有取得很好的效果，智利的儿童贫困率反而是三个年龄段中最高的，这可能与智利本身的社会保障制度设计和具体执行情况有关。

总之，通过对比福利型、保险型和储蓄型福利模式的社会保障支出水平与支出结构，及其减贫效果，发现福利型和保险型模式的减贫效果较好，储蓄型模式的减贫效果较差。这是因为福利型和保险型模式的社会保障支出水平较高，支出结构较为合理，对老人和儿童的保护比较到位。福利型模式具有很强的收入再分配功能，待遇水平较高，因而减贫效果较好。保险型模式虽然强调缴费为前提，但在收入水平较高的国家，覆盖率广，绝大多数人口都能够参保，同时还具有劳动参与的激励作用，因而减贫效果也较好。只有强调个人责任的储蓄型模式，政府财政负担较轻，但对弱势群体的保护也较为有限，因而减贫效果不理想。此外，还发现保险型模式甚至比福利型模式具有更强的减贫能力，这是因为保险型模式更加注重发挥社会保障对就业

---

① 由于缺乏 2013 年的贫困数据，为了能够对比社会保障支持结构与贫困的关系，这里用了 2011 年的数据。

的促进功能，而且保险制度本身就具有激励就业的功能，因为只有就业获得收入才能够参加社会保险，获得保障支付。因此，如果在公共社会保障支出方面尽量照顾非工作人口，加上覆盖率很高的情况下，保险型模式的实际减贫功能也是很强的。

表 9—6　2011 年瑞典、德国和智利社会保障支出与贫困率比较　单位:%

	社会保障支出				贫困率		
	智利	瑞典	德国		瑞典	德国	智利
公共社保支出占GDP 比重	27.2	25.5	10.1	总人口贫困率	9.7	8.7	17.8
老年保障占公共社保支出比重	36.0	41.6	32.7	65 + 老人贫困率	10.0	9.2	20.5
医疗、残疾与家庭补贴占社保支出比重	53.7	47.8	52.4	0—17 岁儿童贫困率	9.4	8.1	23.5
就业、失业支出占社保支出比重	5.9	7.8	3.0	18—65 岁人口贫困率	9.7	8.7	15.1

数据来源：贫困率来自 OECD 统计数据库，http：//stats. oecd. org/index. aspx；各项社会保障支出占公共社保支出比重由作者计算，由于还有其他项目支出，因此各项支出比重之和不等于 100%。

二　减贫效果差异的原因分析

除了支出水平和支出结构直接影响社会保障的减贫效果外，社会保障制度的各个管理环节也对其减贫作用产生重要影响。各种社会保障模式在各个管理环节上的差异，也会导致不同模式的减贫效果存在较大差异。各个社会保障模式的主导项目不同，由于不同项目在制度设计和管理运作方式上存在较大差异，管理运作效果也会存在差别，而运作管理的结果也会导致减贫效果存在差别。

从筹资机制来看，三种不同社会保障模式采用了不同的筹资方式。瑞典作为福利国家典型，采用缴税制进行社会保障筹资，资金主要来源于政府和雇主供款，税率较高。表9—7数据显示，2013年瑞典的社会保障税率高达38.41%，除了政府财政拨款部分，雇主承担了大部分，高达31.42%，雇员缴税比例仅占6.99%，雇员负担较轻。德国的社会保障模式是典型的保险型模式，社保资金筹集采用缴费制，由政府、雇主和雇员三方共同承担，费率水平也很高，除了政府财政补贴以外，2013年德国雇主和雇员的社会保障费率达到39.71%，其中雇主缴纳19.28%，雇员缴纳20.43%，雇员缴纳的比例比雇主略高。瑞典社会保障私有化改革之后，社会保障资金筹集采用储蓄制，资金全部来源于雇员，雇主不缴纳社

表9—7 福利性、保险型与储蓄型社会保障模式管理环节比较

		瑞典	德国	智利
筹资机制	主要资金来源	政府、雇主	政府、雇主、雇员	雇员
	筹资方式	缴税制	缴费制	储蓄制
	缴税（费）率（2013年）	38.41%，其中雇主缴纳31.42%，雇员缴纳6.99%	39.71%，其中雇主缴纳19.28%，雇员缴纳20.43%	7.0%，其中雇主不缴纳，雇员缴纳7.0%
运作管理方式	运作方式	名义账户制	现收现付制	完全积累制
	管理方式	政府集中管理	职业保险分散管理	基金公司分散管理
投资监督方式	投资方式	政府投资	信托投资	私人投资
	投资比例（前三位）	股票投资少于60%，固定资产投资不低于30%，自投资不超过10%	股票20%—25%，房地产15%—25%，自投资比例10%	政府债券最高限额50%，国外证券40%，股票30%
	监督方式	数量限制监督	数量限制监督	数量限制监督
资金支付	支付条件	公民资格	履行缴费	履行缴费
	支付范围	全体公民	工作人口	参保者
	支付项目	名义账户养老金、医疗保健	社会保险	储蓄保险

会保障费，政府也不进行补贴，2013 年雇员缴费率达 7.0%。从社会保障资金征缴方式来看，并不知道缴税制和缴费制哪种方式更具有效率，各国应该根据本国具体情况来选择适合的征缴方式。但储蓄制的征缴效率肯定远远低于缴税制和缴费制。瑞典社会保障资金主要来源于政府和雇主，雇员缴费负担轻，有利于低收入人群参保，扩大覆盖面，而且社会保障对收入的调节作用非常明显，有利于收入在不同阶层之间进行再分配，减贫作用较强，减贫效果较好。德国在社会保障负担方面，政府、雇主和雇员负担比较均衡，有利于强调个人责任，劳动与储蓄激励较强，加上利用社会救助制度对非工作人口进行保护，德国社会保障制度的减贫作用也很强，甚至减贫效果超过了瑞典。减贫作用最弱的是智利的储蓄型模式，社保费用由个人全部承担，收入再分配性质不强，没有政府补贴，保障制度的吸引力不足，资金征缴效率不高，导致覆盖面较窄，因而减贫效果较差。

从社会保障资金的运作管理来看，瑞典实行的是名义账户制，① 其融资方式仍然采用现收现付制，当期社会缴费被直接用于支付当前的退休者；在待遇支付上采用 DC 型，待遇支付与缴费挂钩。名义账户养老金的记账利率指数为社会平均工资增长率，而不是工资总额增长率，这种待遇计发办法具有一定的收入调节作用，有利于低收入群体。但与传统 DB 型计划相比，名义账户制的再分配功能较弱，这也是瑞典社会保障减贫效果下降的原因。因此，瑞典政府通过增加“保障养老金”计划来保障低收入群体的底线收入，同时增加政府对非缴费权利的补偿来保障可能陷入贫困的人群。② 由于资金来源于政府和雇主缴费，瑞典采用了政府集中管理的方式，保障社保资金的安全性。德国社会保障资金融资是现收现付制，社会保障体系的主体是社会保险，强调个人的缴费义务，有利于加强劳动

---

① 名义账户制是指现收现付制与积累制、待遇确定型（DB 型）与缴费确定型（DC 型）的一种混合模式，同时兼具 DB 型和 DC 型的某些特征。实际上 1998 年改革后，瑞典的养老金包括三个层次：第一个层次是保障养老金，主要提供给低收入群体，资金来源于一般税收，依靠家计调查方式确定贫困者；第二个层次是名义账户养老金，政府按照“名义利息率”来记录账户余额增值，个人账户内没有真实资金积累；第三个层次是实账积累养老金。名义账户养老金比重最大。

② 房连泉：《瑞典名义账户养老金制度改革探析》，《欧洲研究》2008 年第 6 期，第 123—138 页。

参与激励，从而提高制度的赡养率，增强了化解人口老龄化等风险的能力，在长期能够实现财政可持续性。由于历史原因，德国社会保障资金管理方式采用按职业分散管理。这种管理方式有利于社会监督，但管理成本可能比较高。德国社会保障制度由于具有激励作用，参保率较高，减贫效果较好。智利社会保障资金运作方式采用完全积累制，个人收益直接与缴费关联，待遇支付水平按照个人缴费总额与投资收益计算，多缴多得。这种资金运作方式基本不具备收入再分配功能，对低收入群体保护不足。资金管理方式上采用分散管理，管理费用较高，增加了参与者的费用负担。因此，智利社会保障的减贫效果较差。

从投资监督方式来看，瑞典的公共养老基金采用的是政府投资方式，由政府设立的基金公司进行具体投资操作，政府对投资范围和具体投资比例有明确的限制，股票投资少于60%，固定资产投资不低于30%，自投资不超过10%等。由于允许投资股票的比例较高，瑞典养老基金收益率也较高，1980—1995年的平均收益率为11.5%。瑞典对投资行为的监管方式采用数量限制监督方式，主要控制基金投资公司的投资组合，而目前仍缺少统一的基金监管机构进行监管。德国的个人账户养老基金采用信托投资方式，但政府对投资比例有严格限制，其中股票投资比例在20%—25%，房地产投资比例为15%—25%，自投资比例不高于10%。德国养老金投资选择更加倾向于实体资产，注重社会效益。由于对投资组合限制过严，德国养老基金的投资收益率不算高，1980—1995年的平均收益率为9.7%。① 德国同样也采用数量限制规则对社保基金投资进行监管。智利的个人账户养老基金采用私人分散投资的方式，这种方式能够形成竞争机制，投资人的自由度和灵活性较大，投资收益也较高。智利在1981—2006年的25年期间，养老基金累计平均每年的投资回报率达到10%，但波动幅度也是很大的，最高的收益率为1991年的29.7%，最低为1995年的-2.5%，② 对参保者来说，这意味着较高的市场风险。为了参保者利

---

① 肖汉平：《国外养老基金投资规则与绩效的比较》，《证券市场导报》2006年第4期，第28—38页。

② 房连泉：《智利社保基金投资与管理》，中国社会科学院博士学位论文，2006年，第57页。

益，智利政府对基金公司的投资回报率进行了强制性规定，要求最低收益率不能低于该类基金市场平均收益率2个百分点或低于市场平均收益率的50%（采用两个数据中的较低者）。在投资监督上，智利也是采用数量限制监督模式。实际上，大多数国家都不同程度混合使用审慎性和数量限制两种监督方式，实行审慎性监督的国家通常也对投资组合进行严格的数量规定；而实行数量限制的国家同样也要求投资人要遵守一定的审慎性规则。基本没有完全纯粹的审慎性和纯粹的数量限制。从减贫的角度来看，投资收益率高肯定有助于减贫，但风险大则不利于减贫，由于风险和收益常常是冲突的，因而，各种投资方式和监督方式都有利有弊，一个国家选择什么样的方式主要取决于该国的实际情况。而减贫效果差异也不仅仅取决于收益率高低，还与其他因素相关。当然，低风险高收益是各国追求的目标，也是最有助于减贫的方式。

从资金支付方面来看，瑞典的支付条件最宽松，只要是该国公民，均可享受社会保障待遇，保障范围覆盖全民，这是福利型模式的一个突出特点。瑞典的名义账户制覆盖了大部分工作人口，基础养老金即保障养老金针对弱势群体，而医疗保健覆盖率达到100%，因此瑞典的主要支出项目是名义账户养老金和医疗保险，免费的医疗保险项目最能够体现福利型模式的慷慨，因而减贫作用较强。德国社会保障体系以社会保险为主，以履行缴费义务为支付条件，主要覆盖参保的工作人口，主要支付项目是养老保险和医疗保险。但德国同样花费了一定支出比例来保障非参保人口。智利社会保障的支付条件也是以履行缴费为前提，且保障范围仅仅覆盖参保者，以个人储蓄保险为主，雇主没有缴费义务，政府也不补贴，资金来源主要是个人。其社会保障相当于个人储蓄，对非参保人口没有帮助，也不具有再分配功能，因而智利社会保障的减贫效果较差。

本章小结

根据社会保障体系中的主导项目，可以将社会保障模式分为不同类型。福利型模式的瑞典社会保障制度建设起步较早，体系比较完善，覆盖面广，福利待遇支付水平较高。以追求社会公平、提高居民生活质量为目标的社会福利项目在瑞典社会保障中处于核心地位，社会保障支出比重较大，瑞典的贫困率也一直较低，但近年有提高趋势。瑞典社会保障的减贫效果基本都能达到20个百分点以上，但近年减贫效果也呈下降趋势。这主要是因为瑞典对社会保障制度进行了改革，提高了个人缴费水平，而降低政府公共支出比重所致。德国是保险型模式的典型，也是第一个建立现代社会保险制度的国家，制度发展比较成熟。尽管社会保险的对象主要是工作人口，但德国一直不断提高社会保障支出，包括完善社会救助制度，使非工作人口也能够获得保护。与此同时，德国的社会保障还具有激励劳动参与的作用，因此德国的贫困率也一直比较低，社会保障制度的减贫效果较好，甚至超过了瑞典。智利虽然很早就建立了社会保障制度，但在20世纪80年代初进行私有化改革之后，社会保障制度从原来的现收现付制转为完全积累制，政府社会保障负担减轻，而个人责任增强，公共社会保障支出逐渐减少。尽管智利的贫困率也呈减少趋势，但这被认为是经济增长的贡献，而不是社会保障的贡献。因为智利社会保障的减贫效果确实很差，减贫效果最好的2009年也才使得贫困率下降5.2个百分点。

影响社会保障减贫效果的因素不仅仅是支出水平差异，社会保障支出结构差异也会导致不同社会保障模式的减贫效果出现差异。通过比较，显然福利型模式和保险型模式的减贫效果远远强于储蓄型模式，因为储蓄型模式本身不具有收入再分配性质，无法调节富人与穷人之间的收入比重。福利型模式具有很强的收入再分配功能，待遇水平较高，因而减贫效果较好。有点意外的是，保险型模式的德国比福利型模式的瑞典的减贫效果还要好。而究其原因，保险型模式的社会保障支出水平较高，而且支出结构较为合理，对老人和儿童的保护比较到位。保险型模式虽然强调缴费为前提，但在收入水平较高的国家，覆盖率广，绝大多数人口都能够参保，同时还具有劳动参与的激励作用，因而减贫效果也较好。只有强调个人责任的储蓄型模式，政府财政负担较轻，但对弱势群体的保护也较为有限，因而减贫效果不理想。

从社会保障各个管理环节的比较来看，瑞典的社会保障资金主要来源于政府和雇主供款，雇员负担较轻，不仅有利于低收入人群参保，还有利于收入在不同阶层之间进行再分配，因而减贫效果较好。德国在社会保障负担方面，政府、雇主和雇员负担比较均衡，有利于强调个人责任，劳动与储蓄激励较强，加上利用社会救助制度对非工作人口进行保护，德国社会保障制度的减贫作用也很强。智利的储蓄型模式完全由个人承担全部社保费用，收入再分配性质不强，没有政府补贴，保障制度的吸引力不足，资金征缴效率不高，导致覆盖面较窄，因而减贫效果较差。资金运作管理中，瑞典和德国都采用现收现付制，具有较强的代际再分配功能，而智利采用完全积累制，收入无法在代际进行调剂，对现存贫困人口和非工作人口的保护不足。在资金支付条件上，瑞典的支付条件较宽，保障范围广，资金主要用于惠及全民的保障项目。德国的支付条件虽然有所收窄，但对非工作人口的保护比较到位。只有智利社会保障的支付主要针对参保者，且储蓄保险不具有收入调节作用。因而瑞典和德国社会保障的减贫能力较强，减贫效果较好，而智利社会保障的减贫效果较差。

第十章　研究结论与政策启示

社会保障的任务就是调节收入分配，弥补市场收入分配的缺陷，防止贫富分化，消除贫困人口。但社会保障减贫作用的发挥，不仅与社会保障制度的有无、数量规模等有关，更重要的是，社会保障的项目组合，及其筹资机制、运作管理方式、投资监督方式以及资金支付方式等各个管理环节，也要围绕调节收入分配，减少贫困的制度目标进行设计，才能够充分发挥社会保障的减贫作用。本书从减贫的视角出发，从上述几个方面对社会保障的项目组件及其制度组合进行拆解，分析了不同保障项目、不同管理环节的减贫机制，分析它们的减贫作用。以下对本书的讨论进行归纳总结，并从这些结论中提出相应的启示，以供研究者和政策制定者参考。

第一节　研究结论

一　人类社会离不开社会保障。社会保障的保障形式、保障内容等随着贫困风险变化而变化。

贫困概念、贫困分类与归因，贫困风险特点及其变化，都对社会保障的产生、发展和演变产生重要影响，对社会保障的形式和内容，资金来源、保障范围、保障层次和待遇支付方式等产生深刻影响。贫困在各个历史阶段的表现形式不同，对人类社会生活的冲击和危害程度不同，人类社会用来应对贫困风险的保障形式也不同。贫困概念、贫困类型、贫困成因以及贫困风险来源和贫困风险变化等，推动着社会保障制度不断发展变化。同时，贫困风险与商业风险不同，贫困风险不是每个人都面临同样的风险概率，而是按照权利和财富等级排序的，等级低的人注定面临更大的贫困风险。贫困风险存在主观失误和故意犯错的动机，容易产生道德风险问题。因此，贫困风险并不满足基于风险精算原则下的商业保险，因而在市场上买不到贫困保险，必须由具有权威性的政府强制组织实施。于是，由政府主导的、强制性的、全社会共同参与的社会保障制度才是解决贫困问题的有效机制，现代社会保障制度由此产生。

二 不同社会保障模式的减贫效果不同，因为不同社会保障模式中的政府职责、保障对象，以及保障项目组合不同。

社会保障是一个国家用来阻止贫困现象发生和蔓延，提高生活质量的一套制度安排，其内部包括社会福利、社会保险、社会救助、优抚安置和个人储蓄保障等主要项目。社会保障可以分为不同模式。获得广泛认可的分类主要有两种：一种是根据覆盖范围和保障对象选择方式将社会保障分为普惠型和补缺型；另一种是根据政府在社会保障中的责任大小，或不同社会保障项目在整个体系中所占的份额差异，将社会保障分为福利型、保险型、救助型或储蓄型模式。不同社会保障模式由于政府责任和目标指向不同，减贫作用也存在差异。就普惠型与补缺型模式两者比较而言，普惠型模式有助于团结工人阶层和中产阶层共同支持福利政策，有利于福利制度建设和发展，公平对待每个公民的福利权利具有减少社会分化的作用，同时，保障水平较高，能够激发民间互济互助功能，减贫效果较好。补缺型模式的保障范围较窄，补助水平不高，还可能造成阶层矛盾，不利于社会保障制度发展，且收入调查过程中容易出现错漏现象，因而减贫效果并不好。就福利型、保险型和储蓄型三种模式比较而言，福利型社会保障模式的减贫效果最好，保险型模式次之，储蓄型模式的减贫作用最差。关键是政府责任存在差异，保障范围不同，以及各个管理环节的差异造成三种模式的减贫作用存在差异。

三 筹资系统的有效运行是充足的社会保障资金的保证，资金来源的合理分担，缴费标准的合理性，以及筹资方式的有效性都会影响社会保障体系的良性运行，进而影响社会保障的减贫效果。

政府、单位和个人供款构成了社会保障资金的三个主要供款主体，也是社会保障资金的主要来源渠道，这三者的不同组合构成了不同的社会保障资金分担方式。从减贫的角度来看，政府供款或资金来源于政府税收则具有更强的减贫作用。这是因为政府提供的社会保障资金主要用于具有互济性的社会保障项目，其支付具有无偿性，更有利于低收入者。因此，政府支出占比较重的国家，社会保障的减贫效果较好。个人自愿性缴费基本没有减贫作用，而只对自身老年期贫困具有预防作用，雇主和雇员强制性缴款的减贫作用处于二者之间。与此同时，缴费标准的合理性是社会保障发挥减贫作用的关键，缴费水平过高和过低都不利于社会保障减贫。社会保障资金的筹资方式主要分为三种：缴税制、缴费制和储蓄制。不同的筹资方式反映了不同的社会保障观念，缴税制反映的是共享和互助的观念，缴费制反映的是保险的观念，储蓄制反映的是自我保障观念。共享和互助观念体现的是全面的风险分担机制，具有更强的收入再分配功能，因此减贫作用最强。保险观念强调权利义务对称性，注重对职业风险的预防，减贫作用次之。个人保障观念缺乏社会互济，不具有收入调节功能，因此，减贫作用最弱。

四 不同的社会保障运作方式会影响社会保障制度的财务可持续性，进而影响社会保障的减贫作用；不同的管理方式也会通过管理效率高低影响社会保障的减贫作用。

社会保障资金运作模式主要是指财务制度模式。目前存在三种典型模式：现收现付制、基金积累制和混合制。一般认为混合制兼具现收现付制和基金积累制的优点，而避免了二者的缺点，是世界各国社会保障制度改革的方向。就减贫作用而言，现收现付制由于是短期财务平衡制度，受到通货膨胀、资金贬值等因素的影响较小，因而更容易实现财务平衡。同时具有代际和代内收入转移效应，且一般采用待遇确定型的支付方式，因而收入再分配能力较强，减贫作用也较强。基金积累制是长期财务平衡制度，资金的投资管理过程难免受到通货膨胀、经济结构变动的影响，资金的收益率难以保障。基金积累制是代内转移，是个人福利的跨时配置，不像现收现付制那样带有社会福利性质，无法实现收入再分配功能，减贫作用较弱。

社会保障基金管理方式关系到社会保障基金管理成本和效率问题，对基金的安全性和流动性也存在重要影响，因而也会影响社会保障的减贫作用。从减贫的角度来看，安全性、管理效率和管理成本会对社会保障基金的减贫作用产生影响。政府管理模式采用集中统一管理，管理成本较低，但过于追求稳定的投资策略和投资组合，导致收益率也较低，减贫作用受到影响。私营管理模式下，基金公司具有充分的运营决策自主权，管理透明度高，管理效率高，投资回报率也高，但管理成本、交易成本、监管成本也偏高，减贫作用也会受到影响。混合管理模式是一种相对折中的办法，兼顾了社会保障基金在投资、运营和管理上的安全性与收益性，所以是目前采用最多的基金管理模式。从减贫的角度来看，混合管理模式可能是一种较为理想的选择。目前我国社会保障基金管理存在“政出多门，多头管理”的混乱局面。一方面，没有权威性机构进行统一管理，部门分割严重，运作效率低下。另一方面，社会保障部门又集社会保障基金的行政主管、投资运营与评估监督于一身，形成“政事合一”的管理格局。结合我国社会保障基金管理的现状，我国宜采用混合管理模式，兼顾资金的安全性与收益性，充分发挥我国社会保障制度的减贫作用。

五　不同的投资方式会影响社会保障基金的收益率，进而影响社会保障的减贫作用。对社会保障基金投资进行监管，是确保社会保障基金安全，保障社会保障制度良性运行的重要环节。

从世界各国实践来看，主要有三种社会保障基金投资方式：信托投资方式、政府投资方式和私人投资方式。从减贫的角度而言，政府投资方式由于对投资行为限制过多，投资主体对基金的投资收益没有剩余索取权，没有激励寻求最佳的投资组合，追求最大投资收益。因而投资收益率不高，削弱了社会保障的减贫能力。私人投资模式则由于政府干预较少，投资选择和自由度较大，且具有一定的基金投资收益索取权，投资主体愿意且可激励最大化基金投资收益率。因而投资收益率最高，极大地增强了社会保障的减贫能力。信托投资模式往往也会受到政府相关规定的制约，但政府干预程度少于政府直接投资方式，因此也有一定激励寻求最佳投资组合，提高基金投资回报率，并规避投资风险，一定程度增强了社会保障的减贫能力。

对社会保障基金投资的监管分为两种模式：审慎性监管模式和数量限制监管模式。从减贫的角度而言，审慎性监管模式由于政府介入较少，投资人拥有较大自由度，更有利于投资人降低管理成本，提高投资收益。而数量限制监管模式由于政府干预较多，严格限制基金的投资组合，影响资产的合理配置，基金公司的投资行为受到很大限制，降低了基金的投资收益。当然，社会保障基金投资收益状况还受诸如经济环境的影响，但监管方式是影响社会保障基金投资风险和投资收益的一个重要因素。由于审慎性监管模式从总体上要优于数量限制监管模式，许多国家正从严格数量限制监管模式逐步过渡到审慎性监管模式。

我国由于资本市场不完善，又缺乏监管规则，各地严格限制个人账户基金投资，投资渠道少，主要存款于银行，投资收益率低，甚至出现基金连年贬值的情况。我国社会保障基金监管模式实施的是严格限量监管，虽然有利于保证社保基金的安全，但是割裂了社保基金与资本市场的关联，加大了社保基金保值增值的难度。因此，我国应该逐步放宽社会保障基金投资的资产类别，并出台具体条例和办法，规范基金的投资行为，允许部分基金进入资本市场，实现基金的保值增值，维持社会保障制度的财务平衡和良性运行，使社会保障制度能够发挥更大的减贫作用。

六 社会保障支付中的支付条件、支付标准、支付范围和支付方式都会影响社会保障的减贫作用；社会保障支出水平高低和支出结构的合理性，则直接影响社会保障的减贫绩效。

社会保障资金的支付条件是指社会成员获得社会保障待遇的资格。如果支付条件宽松，获得支付的人口就多，减贫人口就多，减贫效果就好。社会保障的支付标准主要有比例制（收入关联制）和均一制（非收入关联制），比例制的支付待遇与参保者的缴费挂钩，不利于收入调节；均一制与收入贡献无关，有利于收入分配调节，减贫作用更加明显。社会保障的支付范围包括社会保障待遇支付和社会保障管理支付。待遇支付的占比高，则有利于减贫，管理支付的占比高，则不利于减贫。社会保障资金支付范围可以分为普享式与选择式。普享式的支付范围广，减贫作用较强；选择式的支付范围窄，具体减贫情况还取决于收入调查的准确性，因而减贫作用较弱。不同社会保障项目的支付方式差异较大，就养老保险而言，主要分为待遇确定型和缴费确定型。其中待遇确定型的再分配性质较强，能够调节不同阶层的收入分配，减贫作用更强。而在医疗保险支付方式中，按病种付费是比较好的一种支付方式。它既能够避免医疗资源浪费，有效控制医疗成本，又不会加重患者医疗负担，同时又能保证医疗质量，因而这种支付方式的减贫作用最强，是医疗保险支付方式改革的发展方向。

社会保障的支出水平和支出结构对减少贫困具有直接的影响。从社会保障支出水平来看，无论是用社会保障支出占 GDP 的比重和社会保障支出占财政支出来表示的宏观支出层次，还是用替代率或补偿率来表示的微观支出层次，都表明比重越高，减贫效果越好，支出比重或比率与减贫效果之间呈正相关关系。从中央与地方政府财政支出结构来看，提高中央财政在社会保障支出中的比重，尤其是提高具有较强再分配性质的保障项目的支出比重，有助于调节不同地区、不同职业和不同性别人口之间的收入差距，减少贫困人口，促进社会公平。从社会保障类别的支出结构来看，如果老年社会保障支出比重大，老年贫困率就低。医疗保健和家庭补贴支出比重大，老年贫困率和儿童贫困率都会比较低。而促进就业和失业保障方面的支出比重较大，则劳动年龄人口的贫困率就会比较低。不同社会保障项目的减贫作用也不同，以社会福利项目为主的社会保障体系的减贫作用最强，其次是以社会保险为主的社会保障体系，减贫效果最差的是以社会救助为主的社会保障体系。尤其值得一提的是，社会保险能够达到较好的减贫效果需要具备一定条件，主要包括覆盖率和对弱者的保护。

我国宏观社会保障支出水平较低，支出结构也不合理，中央与地方在社会保障财政支出中的不平衡，存在明显的地区差异和城乡差异，社会保障项目支出不平衡，社会保险支出占较大部分比重等，导致地区、城乡、职业之间的社会保障待遇支付差距过大。与此同时，社会保障覆盖面过窄，大量贫困人口未被纳入保障范围，也是导致我国社会保障制度减贫效果差，甚至出现收入逆向分配的原因。因此，我国社会保障建设，不仅需要加大财政支出，特别是中央财政支出比重，更重要的是要从制度层面，对当前社会保障体系进行改革和完善，并合理安排支出结构，才能取得较好的减贫效果。

七 通过对典型国家不同社会保障模式及其减贫效果的比较发现，由于内部项目结构不同，各个管理环节存在差异，不同社会保障模式的减贫效果也存在较大差异。

从实施普惠型模式的英国和补缺型模式的美国之间的对比来看，英国更强调政府在社会保障中的主导责任，社会保障资金主要由政府承担，社会保障体系中的医疗保健、社会救济及社会服务等项目基本由政府全权负责，其费用由国家财政负担，养老保险中的公共养老金也由政府财政承担。由于政府供款具有较强的收入再分配功能，英国的贫困发生率较低，社会保障在减少贫困人口方面发挥了重要作用。老人和儿童等非工作人口的贫困率也得到较好控制。美国现代社会保障体系强调尽量依靠市场机制来预防和解决人们遭遇的贫困风险，尽量调动社会力量参与，减少政府责任。政府较少介入社会保障制度，公共福利支出比重不高。社会保障覆盖面较窄，对福利对象进行筛选，难以覆盖所有贫困者。因此，相对而言，美国的贫困率一直比较高。强调雇主和雇员供款的补缺型福利模式在减少贫困人口方面的效果也不佳。尤其对老人和儿童等非工作人口的减贫作用较差，导致老人和儿童贫困率远高于青壮年人口贫困率。英国的普惠型福利模式比美国的补缺型福利模式具有更强的减贫作用。

从社会保障制度的各个管理环节来看，由于两国社会保障资金来源不同，缴税率高低存在差异，投资比例限制差异，以及支付条件、覆盖范围和支付类别不同，使英国和美国社会保障制度在减贫方面存在较大差距。尽管从 20 世纪 80 年代以来，两国在社会保障改革方面采取的各种措施比较一致，但两国的社会保障制度仍分属不同的模式，社会保障支出水平和管理环节存在差异，进而导致社会保障的减贫效果也存在差异。因此，在进行社会保障模式减贫效果方面的比较研究时，不仅需要注意社会保障支持水平和结构上的差异，还应该关注不同社会保障模式在管理环节上的差别，才能全面理解导致社会保障政策效果差异的原因。

从福利型、保险型和储蓄型模式的比较结果来看，瑞典福利型模式的制度建设起步较早，体系比较完善，覆盖面广，福利待遇支付水平较高。以追求社会公平、提高居民生活质量为目标的社会福利制度在瑞典社会保障中处于核心地位，社会福利支出占比较大，瑞典的贫困率也一直较低。德国是保险型模式的典型，也是第一个建立现代社会保险制度的国家，制度发展比较成熟。尽管社会保险的对象主要是工作人口，但德国一直不断提高社会保障支出，包括完善社会救助制度，使非工作人口也能够获得保护。与此同时，德国的社会保障还具有激励劳动参与的作用，因此德国的贫困率也一直比较低，社会保障制度的减贫效果较好，甚至超过了瑞典。智利虽然很早就建立了社会保障制度，但进行私有化改革之后，社会保障制度从原来的现收现付制转为完全积累制，政府社会保障负担减轻，而个人责任增强，公共社会保障支出逐渐减少，智利社会保障的减贫效果较差。

从社会保障各个管理环节的比较来看，瑞典的社会保障资金主要来源于政府和雇主供款，雇员负担较轻，不仅有利于低收入人群参保，还有利于收入在不同阶层之间进行再分配，因而减贫效果较好。德国在社会保障负担方面，政府、雇主和雇员负担比较均衡，有利于强调个人责任，劳动与储蓄激励较强，加上利用社会救助制度对非工作人口进行保护，德国社会保障制度的减贫作用也很强。智利的储蓄型模式完全由个人承担全部社保费用，收入再分配性质不强，没有政府补贴，保障制度的吸引力不足，资金征缴效率不高，导致覆盖面较窄，因而减贫效果较差。资金运作管理中，瑞典和德国都采用现收现付制，具有较强的代际再分配功能，而智利采用完全积累制，收入无法在代际进行调剂，对现存贫困人口和非工作人口的保护不足。在资金支付条件上，瑞典的支付条件较宽，保障范围广，资金主要用于惠及全民的保障项目。德国的支付条件虽然有所收窄，但对非工作人口的保护比较到位。只有智利社会保障的支付主要针对参保者，且储蓄保险不具有收入调节作用。因而瑞典和德国社会保障的减贫能力较强，减贫效果较好，而智利社会保障的减贫效果较差。

第二节 政策启示

一 现代社会的贫困风险增大，应加强社会保障制度建设，提高社会保障的统筹层次，增强社会保障的减贫能力。

随着人类对自然世界和社会生活的干预扩大，人的决策和行为成为风险的主要来源，人为因素造成的贫困问题有时难以界定责任主体，风险造成的后果也是某个主体难以单独承担的。因而建立有效的社会保障体系是现代社会发展的内在要求。并且在保障机制上需要由政府、市场、社区、民间组织相互合作；在保障方式采取事前预防和事后补救；在保障内容上采用物质救济和现金补助，培养个人能力和撤除制度障碍相互配合。

社会保障对贫困人口的保护能力直接与社会成员的参保率，及其统筹层次相关。参保率越高，统筹层次越高，社会保障的保障范围越大，便携性越强，政府可以调控的社会保障资源越多，越有利于发挥收入再分配的作用，减贫作用越强；反之，参保率越低，统筹层次越低，保障范围越小，便携性越差，社会保障关系的转移越难，越不利于收入再分配，减贫作用越弱。目前我国社会保障统筹层次低，地区之间、城乡之间、人群之间实施不同的社会保障制度，不但造成严重的“碎片化”现状，而且直接削弱了社会保障的减贫功能。因此，针对我国社会保障的减贫作用较弱的情况，需要提高我国社会保障的统筹层次，统一社会保障制度，扩大覆盖范围。

二 保障水平较低的普惠型社会保障模式强调对所有公民实施同样保障水平的社会福利，不排斥贫困人口，减贫效果较好；福利型社会保障模式中社会福利项目占主导地位，社会福利项目的资金来源于政府一般税收，收入再分配效应明显，减贫作用较强。

实行低福利普惠型社会保障模式的英国，由于凡是具有公民资格均可享受社会保障，不会因为选择保障对象而可能将真正的贫困人口排斥在社会保障补偿范围之外，因而较之美国的补缺型社会保障模式具有更强的减贫作用。普惠型社会保障模式还有助于获得中产阶层对福利制度的支持，减少福利制度的实施障碍，同时增强社会团结。

我国现阶段贫困人口较多，且贫困人口大多无缴费能力。我国的社会保障应该定位于减少贫困人口。针对非工作人口，建立保障水平较低的非缴费型普惠性社会保障项目。目前宜将新型农村社会养老保险和城镇居民养老保险制度，合并建成普惠型公共养老金或基础养老金制度，老年人无须缴费就能享受基础养老金，基础养老金替代率逐步提高。降低城镇居民医疗保险和新型农村合作医疗保险的个人缴费水平，提高政府补助水平，降低个人自付比例和报销门槛，提高政府支付比例和报销比例，同时提高统筹层次，首先实现省级统筹，然后逐步实现中央统筹，扩大患者对医疗机构的选择范围。进而遏制“因病致贫，因病返贫”现象。

三　政府承担更多的社会保障责任，提高一般税收的供款比重，社会保障的减贫作用更强。缴税制体现了共享和互助观念，较之缴费制具有更强的再分配功能，减贫作用更强。

社会保障资金主要来源于政府、单位和个人三方供款，其中，政府的社会保障资金来源于一般税收，而富人承担的税收高于穷人。政府供款一般用于无偿性保障项目，享受待遇与是否缴税，以及缴纳多少税收没有直接关系，通过社会保障转移支付后，穷人能够从社会保障中获得补贴往往多于自己缴纳的税款，穷人从社会保障中受益多于富人。因此，政府提供社会保障资金具有较强的再分配功能，减贫作用更强。此外，由中央政府实施再分配性质较强的保障项目，将有助于不同地区之间的社会保障公平。我国由于地区之间、城乡之间发展差距较大，如果互济性较强的社会福利和社会救助项目能够通过中央财政转移支付，使社会保障资金从富裕地区流向贫困地区，则不但有利于地区之间公共服务均等化发展，还有助于提高我国社会保障制度的统筹层次，促进社会公平，增强社会保障的减贫作用。

虽然很难知道哪种筹资方式更具效率，更节约征缴成本，但由于税收的征收对象具有普遍性，税收支付具有无偿性；而费用的征收对象是特定的受益者，费用支付属于对等补偿性质。因而缴税制更有利于低收入阶层。此外，缴税制有利于全国统一税率。我国社会保障统筹层次过低，各地区差距过大，地区之间的社会保障资金不能相互调剂使用，由此形成了基金缺口与部分地区基金结余并存的现象，导致社会保障不公平现象，也不利于人口的跨区流动。因而，社会统筹账户采用缴税制有利于全国统一税负，增强公平性，同时强化中央政府的筹资责任，偿还隐性债务，进而提高社会保障的减贫作用。

四　现收现付制是再分配性质最强的资金运作模式；政府集中管理与私人分散管理相结合的混合管理方式能够兼顾社会保障基金的安全性和收益性。

现收现付制是一种资金横向平衡运作方式，基金积累制是纵向平衡运作方式。相较而言，现收现付制具有明显的代际和代内收入转移效应。能够使收入从年青一代向年老一代转移、在职人员向非在职人员转移、高收入者向中低收入者转移、健康人口向患病人口转移，进而实现收入再分配功能。混合制虽吸收了现收现付和基金积累制的优点，但这种资金运作方式较为复杂，资金管理难度较大，同时也会受到通货膨胀的影响，互济性不明显等。显然，三种资金运作模式中，现收现付制的再分配功能和减贫作用最强。比较适用于收入差距较大的国家。资金管理方式也会影响社会保障的减贫作用，其中，政府集中管理效率较高，能够形成规模效应，节约管理成本，同时有利于资金的安全性，但基金收益率不高。而私人分散管理方式能够形成竞争机制，管理者具有更多灵活性，对利益的追求使得收益率更高，但管理成本和交易成本也偏高，基金面临的风险较大，安全性也较低。政府管理与私人管理相结合的混合制则兼顾了社会保障基金对安全性和收益性的要求。而就减贫作用而言，混合管理模式也由于较好地考虑了基金的保值增值问题，因而在未来基金支付中也能够更好地发挥减贫作用，取得更好的减贫效果。

我国社会保障当前采用的是社会统筹的现收现付制与个人账户基金积累制相结合的资金运作模式。这种模式既强化个人责任来应对老龄化带来的资金支付压力，又保持互助调剂的保障机制，发挥社会统筹在调节收入分配上的作用。但问题在于，各地方政府并没有真正消化转轨成本，导致个人账户空账。“统账结合”的部分积累制实际变成了现收现付制，但支付水平却由于强调个人缴费挂钩，以及实行多缴多得的激励机制，丧失了现收现付制原有的再分配功能。根据我国收入分配差距较大的情况，建立非缴费型现收现付制养老金是很有必要的。在基金管理方式上，则应该采取混合制。其中统筹账户由全国社会保障基金理事会负责管理，个人账户基金由各省级社会保障部门管理。全国社会保障基金理事会管理的基金主要用于非缴费型现收现付制养老金，地方政府管理的个人账户基金主要支付强制积累的养老金。

五　信托投资方式能够兼顾基金的安全性与收益率，且相对节约管理成本和交易费用，是一种较理想的投资方式；审慎性监督方式有利于投资主体进行合理的资产配置，有效规避投资风险，基金的安全性与收益性更有保障。

在三种投资方式中，政府投资方式对投资行为限制过多，投资主体的自由度较低，投资主体利益与基金收益没有关系，投资主体没有兴趣追求基金的最大化收益，投资主体对投资风险不敏感，基金安全存在一定问题。私人投资模式政府干预较少，投资选择的自由度较大，投资收益率较高，也能够控制投资风险，但相互竞争容易推高管理成本和交易费用，加大参保者负担。信托投资模式政府干预程度较少，规避投资风险能力也较强，投资收益较高，且管理成本和交易费用不高，是一种兼顾了基金安全和收益的投资方式。在投资监管方式上，审慎性监管模式要求政府减少干预行为，日常监管由中介组织承担。数量限制监管模式要求政府采取严格措施控制基金管理公司的数量和质量，限制投资经营和服务范围，尤其对基金投资比例做出严格规定。相比较而言，审慎性监管模式能够给予基金投资人更大的自由空间、更多的支配权力和收益分享，从而也更好地保障了基金的安全性和收益率。

我国个人账户基金主要采用政府直接投资方式，在投资组合中大部分存款于银行，割裂了社保基金与资本市场的关联，收益率较低，基金保值增值困难，扣除通货膨胀因素，存在贬值风险。基金监管模式采用的是严格限量监管，但由于立法滞后，人员缺编，监管力度实际比较有限。就目前这种情况而言，我国社保基金应采用信托投资方式，将各地方社会统筹基金委托全国社会保障基金理事会进行投资管理，个人账户基金仍由地方社保部门管理，但要逐步放宽投资渠道。在监管方式上仍然采用数量限制监管，但资产配置上尤其是资产类别和投资组合比例要逐渐放宽。目的是提高投资主体的灵活性，通过合理的投资组合配置，达到规避风险，保障基金安全和收益水平，进而增强社会保障的减贫能力。

六　社会保障支付条件越宽松，支付范围越广，支付方式符合保障项目特点，社会保障的减贫作用就越强；仅仅考虑提高社会保障支出水平，而忽视支出结构的合理性并不利于发挥社会保障的减贫作用。

社会保障资金支付主要包括支付条件、支付标准、支付方式、支付水平、支付结构等内容，每个方面都会影响社会保障的减贫效果。支付条件是指社会成员获得社会保障待遇的资格。支付条件主要包括缴费时间长短、缴费数额多少、贫困程度、受灾程度等，只有具备相应的支付条件才能获得保障待遇支付。如果支付条件宽松，获得支付的人口就多，减贫人口就多，减贫效果就好。社会保障的支付标准主要有比例制（收入关联制）和均一制（非收入关联制），均一制与参保者贡献无关，有利于收入分配调节，减贫作用更加明显。从支付对象覆盖率来看，社会保障资金支付范围可以分为：普享式与选择式。普享式的支付范围广，减贫作用较强。不同社会保障项目的支付方式差异较大，就养老保险而言，待遇确定型的再分配性质较强。而在医疗保险支付方式中，按病种付费的减贫作用最强，是医疗保险支付方式改革的发展方向。

社会保障的支出水平和支出结构对减少贫困具有直接的影响，社会保障支出水平需要配合合理的社会保障制度设计，改善支出结构，才能充分发挥社会保障的减贫功能。社会保障支出结构中，提高中央财政在社会保障支出中的比重，有助于调节不同地区、不同职业和不同性别人口之间的收入差距，减少贫困人口，促进社会公平。从社会保障类别的支出结构来看，偏重于老人、儿童和残疾人的保障项目，减贫效果较好。从不同社会保障项目来看，偏重普惠型的社会福利项目，减贫效果较好。

我国社会保障的支付条件较严，支付标准主要采用收入关联制，支付范围较窄，支付对象具有选择性，因而减贫作用不明显。同时支出水平较低，支出结构也不合理，中央与地方在社会保障财政支出中的不平衡，存在明显的地区差异和城乡差异，社会保障项目支出不平衡，社会保险支出占较大部分比重，导致地区、城乡、职业之间的社会保障待遇支付差距过大。因此，我国社会保障建设需要提高中央财政支出比重，增加非缴费的普惠型保障项目，社会保障资金支出偏重普惠型项目，才能取得更好的减贫效果。

七　从典型国家的社会保障制度比较可知，社会保障模式和社会保障体系的项目结构不同，以及各个管理环节差异，会导致其减贫效果存在较大差距。

从社会保障模式比较结果来看，实行低福利普惠型社会保障模式的英国，强调政府在社会保障中的主导责任，公共养老金、医疗保健、社会救济及社会服务等保障项目的费用主要由国家财政负担。注重社会保障的福利性和互济性，贫困发生率较低，特别是老人和儿童等非工作人口的贫困率也得到较好控制。美国强调依靠市场机制来预防和解决贫困风险，尽量调动社会力量参与，减少政府责任，社会救助是政府负责的主要保障项目，覆盖面较窄，对保障对象进行筛选等。因此，美国的贫困率一直比较高，尤其对老人和儿童等非工作人口的减贫作用较差。同样地，福利型模式的瑞典，其社会保障偏重普惠型的公共福利计划，以追求社会公平、提高生活质量为目标的社会福利项目处于核心地位，减贫效果较好。德国保险型模式主要针对工薪劳动者，促进就业，但由于德国收入水平较高，绝大多数人口都能够参保，社保覆盖率广，同时建立了完善的社会救助制度，保护非工作人口。因而德国的贫困率也一直比较低，社会保障的减贫效果较好。智利在 20 世纪 80 年代初进行私有化改革之后，社会保障制度从原来的现收现付制转为完全积累制，基本依赖个人缴费，政府社会保障支出很少，因此社会保障的减贫效果也很差。

从社会保障各个管理环节的比较来看，福利型模式的社保资金主要来源于政府和雇主供款，有利于收入在不同阶层之间进行再分配；资金运作方式上大多采用或保留了现收现付制，注重社会保障的再分配功能；管理方式上采用能够形成规模效应并节约成本的政府集中管理方式，但投资方式主要采用信托投资，提高设备基金的收益率，同时将社保资金的征缴和支付环节交给政府管理，确保资金安全。投资监督方式采用灵活性更强的审慎性监督，规避投资风险，兼顾资金安全与收益。在支付条件上，一般保留条件非常宽松的普享式保障项目，特别是针对非工作人口，支付范围较广，支付标准采用非收入关联制，支付水平随着物价进行调整，支付结构偏重普惠性项目。因而福利型模式或普惠型模式的减贫作用很强。虽然一些人非常赞赏德国的保险型模式和智利的储蓄型模式，因为这两种模式中，政府财政负担较轻，且常常被认为有利于应对人口老龄化。但实际上，这两个模式的成功是有条件的，德国的保险型模式需要考虑一国或地区整体收入水平和就业状况，社会保险以缴费为前提，对于收入较低，收入差距较大和失业人口较多的国家和地区并不适用。而智利的储蓄型模式则需要具备特点的政治、社会、经济和文化环境，还需要政府承担巨额的转轨成本。

据此，我国应结合当前居民收入差距较大，贫困人口较多的现实，将社会保障目标定位于缩小收入差距和减少贫困人口。建立非缴费型的社会保障项目，主要资金由中央政府承担大部分，地方政府偏重社会服务和社会救助方面的项目。比如将城乡居民养老保险建成较低保障水平的非缴费型基础养老金，提供医疗保险的政府补贴水平等。在资金运作模式上，社会统筹部分维持当前现收现付制，并强调政府筹资责任，承担转轨成本，个人账户积累制考虑向名义账户制转型。筹资方式由缴费制转向缴税制。在管理方式上，将社会统筹基金交由全国社会保障基金理事会管理，个人账户基金由省级社保部门管理。在投资方式上，社会统筹基金委托全国社会保障基金理事会进行投资运营，个人账户基金由省级社会保障部门或委托基金公司运营。监管方式由数量限制监管转向审慎性监管。在支付方式、支付水平和支付结构上，充分考虑社会保障的减贫目标，向贫困人口倾斜，才能充分发挥社会保障的减贫作用。

参考文献

著作类

［英］奥本海默：《贫困真相》，儿童贫困关注小组，1993 年版。

中国经济改革研究基金会、中国经济体制改革研究会联合专家组：《中国社会养老保险体制改革》，上海远东出版社 2006 年版。

和春雷：《社会保障制度的国际比较》，法律出版社 2001 年版。

［丹麦］考斯塔·艾斯平—安德森：《福利资本主义的三个世界》，郑秉文译，法律出版社 2003 年版。

康晓光：《中国贫困与反贫困理论》，广西人民出版社 1995 年版。

李珍主编：《社会保障理论》（第二版），中国劳动社会保障出版社 2007 年版。

林闽钢：《社会保障国际比较》，科学出版社 2007 年版。

林万亿：《福利国家：历史比较的分析》，巨流图书公司 1993 年版。

穆怀中主编：《社会保障国际比较》（第二版），中国劳动社会保障出版社 2007 年版。

彭华民等著：《西方社会福利理论前沿》，中国社会出版社 2009 年版。

世界银行：《1990 年世界发展报告》，中国财经出版社 1990 年版。

世界银行：《2000—2001 年世界发展报告：与贫困作斗争》，中国财政经济出版社 2001 年版。

王绍光、胡鞍钢著：《中国国家能力报告》，辽宁人民出版社 1993 年版。

王小强、白南风：《富饶的贫困》，四川人民出版社 1986 年版。

吴敬琏：《当代中国经济改革教程》，上海远东出版社 2010 年版。

[德] 乌尔里希·贝克著：《风险社会》，何博闻译，译林出版社2004年版。

张俊山：《现代资本主义国家年金制度研究》，南开大学出版社2001年版。

中国发展研究基金会：《中国发展报告2007：在发展中消除贫困》，中国发展出版社2007年版。

论文类

[印度] 阿玛蒂亚·森：《有关全球化的十个问题》，《国外社会科学文摘》2001年第9期，第35—36页。

安体富、高培勇：《企业社会职能的分离与财政职能的转换》，《财政研究》1994年第11期，第23—27页。

Antoinette Hetzler：《瑞典——社会保障制度发展和改革的文化维度和体制维度研究》，《社会保障研究》2010年第2期，第39—49页。

[美] 奥斯卡·奥纳蒂著：《贫困与富裕的风险》，定扬译，《现代外国哲学社会科学文摘》1965年第5期，第13—17页。

巴曙松、谭迎庆、丁波：《社保基金监管的现状、问题与建议》，《当代经济科学》2007年第5期，第75—79页。

保罗·怀尔丁：《福利与社会的关系：社会福利理论渊源与蒂特马斯典范》，刘继同译，《社会保障研究》2009年第2期，第1—14页。

财政部社会保障司课题组：《社会保障支出水平的国际比较》，《财政研究》2007年第10期，第36—42页。

曹明：《社会保障资金来源与利益分配》，《决策探索》1995年第5期，第16—17页。

曹清华：《英国现代社会救助制度反贫困效应研究》，《河南师范大学学报》（哲学社会科学版）2010年第5期，第85—88页。

曹淑芹：《智利政府克服贫困的新举措——“智利团结计划”》，《拉丁美洲研究》2005年第4期，第42—44页。

陈成：《中国社会保障支出：问题与思考》，《社会科学》2014年第7期，第26—34页。

陈端计、詹向阳：《贫困理论研究的历史轨迹与展望》，《财经政法资讯》2005 年第 6 期，第 3—10 页。

陈银娥：《中国转型期的城市贫困与社会福利制度改革》，《经济评论》2008 年第 1 期，第 40—44 页。

陈银娥：《社会福利制度反贫困的新模式——基于生命周期理论的视角》，《福建论坛》（人文社会科学版）2011 年第 3 期，第 120—125 页。

陈志国：《公共养老强制基金制个人账户投资管理模式研究——基于瑞典、俄罗斯模式的国际比较与中国选择》，《中国经济问题》2012 年第 3 期，第 30—39 页。

程永宏：《现收现付制与人口老龄化关系定量分析》，《经济研究》2005 年第 3 期，第 57—68 页。

程新英、柴淑芹：《风险社会及现代发展中的风险——乌尔利希·贝克风险社会思想述评》，《学术论坛》2006 年第 2 期，第 141—144 页。

崔光营：《开征社会保障税不应心存疑虑——关于社会保障基金筹集形式的调查分析和思考》，《税务研究》2000 年第 12 期，第 54—58 页。

代恒猛：《从“补缺型”到适度“普惠型”——社会转型与我国社会福利的目标定位》，《当代世界与社会主义》2009 年第 2 期，第 166—169 页。

戴玲：《英国社会保障制度的问题及其启示》，《江淮论坛》1998 年第 2 期，第 67—71 页。

邓大松、张建伟：《福利型与保障型社会保障制度模式及其经济发展效应的比较》，《经济评论》2003 年第 2 期，第 36—39 页。

邓大松、仙蜜花：《社会保障转移支付对收入分配差距的调节效应——基于东部 12 个省市的实证研究》，《社会保障研究》2013 年第 6 期，第 3—9 页。

丁纯、李君扬：《未雨绸缪的德国社会保障制度改革——金融危机中德国经济一枝独秀的主因》，《当代世界与社会主义》（双月刊）2012 年第 5 期，第 33—39 页。

丁建定：《论撒切尔政府的社会保障制度改革》，《欧洲》2001 年第 3 期，第 76—82 页。

丁建定：《英国现代社会保障制度的建立（1870—1914）》，《史学月刊》2002 年第 3 期，第 81—90 页。

丁建定：《瑞典和英国社会保障制度比较研究》，《华中科技大学学报》（社会科学版）2003 年第 3 期，第 62—65 页。

丁建定：《20 世纪 80 年代以来瑞典的社会保障制度改革》，《国际论坛》2003 年第 5 期，第 72—77 页。

丁建定：《德国社会保障制度的发展及其特点》，《南都学坛》（人文社会科学学报）2008 年第 4 期，第 46—51 页。

董溯战：《英国社会保障制度中的国家、市场与社会作用之比较分析》，《宁夏社会科学》2003 年第 6 期，第 70—74 页。

董溯战：《美国社会保障制度中的国家、市场与社会功能之比较研究》，《经济体制改革》2004 年第 2 期，第 134—137 页。

都阳、蔡昉：《中国农村贫困性质的变化与扶贫战略调整》，《中国农村观察》2005 年第 5 期，第 2—9 页。

房连泉：《瑞典名义账户养老金制度改革探析》，《欧洲研究》2008 年第 6 期，第 123—138 页。

封进：《中国养老保险体系改革的福利经济学分析》，《经济研究》2004 年第 2 期，第 55—63 页。

封进：《公平与效率的交替和协调——中国养老保险制度的再分配效应》，《世界经济文汇》2004 年第 1 期，第 24—36 页。

封进、宋铮：《中国人口年龄结构与养老保险制度的福利效应》，《南方经济》2006 年第 11 期，第 22—33 页。

冯卓、冯恩新：《试论我国养老金投资监管模式的选择》，《国际金融》2011 年第 7 期，第 70—74 页。

高鉴国、杨克：《论补缺型福利制度的特征》，《福建论坛・人文社会科学版》2011 年第 10 期，第 177—183 页。

高霖宇：《发达国家社会保障水平与收入分配差距关系及对中国的启示》，《地方财政研究》2011 年第 7 期，第 75—80 页。

高振立：《从瑞典福利制度看北欧福利国家模式》，《中国人口科学》2002 年第 3 期，第 58—64 页。

国际劳工与信息研究所：《国外社会保障资金管理与运作模式》，《劳动保障通讯》2004 年第 4 期，第 44—47 页。

郭殿生：《集中投资还是分散运营——中国社会保障基金投资管理模

式选择》，《税务与经济》2003 年第 4 期，第 26—29 页。

郭熙保：《论贫困概念的内涵》，《山东社会科学》2005 年第 12 期，第 49—54 页。

郭熙保、罗知：《论贫困概念的演进》，《江西社会科学》2005 年第 11 期，第 38—43 页。

谷祖莎、周英瑜：《我国社会保障筹资方式改革的探讨》，《山东大学学报》（哲学社会科学版）2000 年第 6 期：117—120。

韩立岩、王梅：《国际养老基金投资管理模式比较及对我国的启示》，《国际金融研究》2012 年第 9 期，第 52—61 页。

胡鞍钢等：《西部开发的新模式与新原则》，《管理世界》2000 年第 6 期，第 70—81 页。

胡鞍钢：《利国利民、长治久安的奠基石——关于建立全国统一基本社会保障制度、开征社会保障税的建议》，《改革》2001 年第 4 期，第 12—18 页。

胡宝娣、刘伟、刘新：《社会保障支出对城乡居民收入差距影响的实证分析——来自中国的经验证据（1978—2008）》，《江西财经大学学报》2011 年第 2 期，第 49—54 页。

胡善联：《美国奥巴马政府医疗改革的特点及其措施》，《卫生经济研究》2009 年第 7 期，第 9—10 页。

黄君洁：《社会保障筹资方式的国际比较与借鉴》，《经济纵横》2006 年第 10 期，第 56—58 页。

黄红、张莹：《智利社会保障制度改革对我国的启示》，《唯实》2001 年第 3 期，第 51—54 页。

黄勤：《“谨慎人”法则和定量限制：两种养老基金投资监管模式的比较》，《社会科学》2003 年第 9 期，第 14—19 页；

黄庆杰：《关于社会保险缴费负担的几点思考》，《宏观经济管理》2012 年第 10 期，第 26—29 页。

黄永洪：《养老基金管理的国际经验及启示》，《云南财贸学院学报》2002 年第 2 期，第 115—118 页。

江玉荣：《养老保险基金投资监管模式的国际发展及对我国的启示》，《学术界》（月刊）2013 年第 1 期，第 205—214 页。

蒯正明：《吉登斯全球风险社会理论解读与评述》，《江西师范大学学报》（哲学社会科学版）2012 年第 1 期，第 29—35 页。

雷良海：《西方国家社会保障筹资方式及其对我国的启示》，《财经研究》1993 年第 7 期，第 16—20 页。

李建平：《社会保障“费”改“税”的制度性约束》，《中央财经大学学报》2005 年第 7 期，第 28—30 页。

李克照：《智利社会养老保险制度的改革及其成效》，《外国经济与管理》1993 年第 5 期，第 36—38 页。

李连友、赵孟华：《集中监管还是分散监管——社会保险基金监管组织结构分析》，《湖南社会科学》2004 年第 4 期，第 70—72 页。

李绍光：《养老金：现收现付制和基金制的比较》，《经济研究》1998 年第 1 期，第 59—65 页。

李绍光：《社会保障税与社会保障制度优化》，《经济研究》2004 年第 8 期，第 48—56 页。

李实、John Knight：《中国城市中的三种贫困类型》，《经济研究》2002 年第 10 期，第 47—58 页。

李文华：《两种社会养老保险金积累模式的比较》，《财会月刊》（理论版）2007 年第 5 期，第 67—68 页。

李艳军、王瑜：《补缺型社会福利——中国社会福利制度改革的新选择》，《西安电子科技大学学报》（社会科学版）2007 年第 2 期，第 99—104 页。

李迎生：《国家、市场与社会政策：中国社会政策发展历程的反思与前瞻》，《社会科学》2012 年第 9 期，第 50—64 页。

李友德：《建立合理有效的社会保障基金监管方法研究》，《财经论丛》2011 年第 5 期，第 45—51 页。

李珍：《中国的社会保障制度转型能不付成本吗——以智利为比较对象》，《改革》1997 年第 2 期，第 23—33 页。

李珍、辜胜阻：《社会保障基金管理制度的国际比较研究》，《财政研究》1998 年第 2 期，第 40—44 页。

李珍、刘子兰：《西方社会保障主要理论及其政策主张回眸》，《经济学动态》2004 年第 1 期，第 82—85 页。

李珍、孙永勇：《新加坡中央公积金管理模式及其投资政策分析》，《东北财经大学学报》2004 年第 4 期，第 14—18 页。

李志明、彭宅文：《社会保险概念再界定》，《学术研究》2012 年第 7 期，第 46—50 页。

立中：《德国的社会福利与社会福利改革》，《社会福利》2003 年第 8 期，第 52—57 页。

林卡、范晓光：《贫困和反贫困——对中国贫困类型变迁及反贫困政策的研究》，《社会科学战线》2006 年第 1 期，第 187—194 页。

刘畅：《社会保险缴费水平的效率研究——基于天津市的实证分析》，《江西财经大学学报》2007 年第 1 期，第 28—32 页。

刘畅：《我国财政社会保障支出困境及对策建议》，《中央财经大学学报》2009 年第 9 期，第 17—22 页。

刘家强、唐代盛、蒋华：《中国新贫困人口及其社会保障体系构建的思考》，《人口研究》2005 年第 5 期，第 10—18 页。

刘健、马滋滋：《现收现付制与收入再分配——不同养老保险筹资模式的比较福利分析》，《湖北经济学院学报》（人文社会科学版）2010 年第 3 期，第 58—59 页。

刘钧：《社会保险缴费水平的确定：理论与实证分析》，《财经研究》2004 年第 2 期，第 73—79 页。

刘俊霞：《我国社会保障基金监管模式的选择》，《计划与市场》2001 年第 5 期，第 11—13 页。

刘俊文：《超越贫困陷阱——国际反贫困问题研究的回顾与展望》，《农业经济问题》（月刊）2004 年第 10 期，第 23—28 页。

刘蜜：《国外社会保障基金投资运营比较分析及经验借鉴》，《珠江经济》2006 年第 8 期，第 91—96 页。

刘强：《瑞典、芬兰居民收入分配状况及调节政策考察报告》，《经济研究参考》2006 年第 32 期，第 12—20 页。

刘旭东：《收入风险更替与社会保障的重心转移》，《浙江社会科学》2007 年第 5 期，第 87—91 页。

刘燕斌：《各国社会保险费率比较》，《中国社会保障》2009 年第 3 期，第 36—37 页。

刘永禄、李健:《关于我国社会保障税的政策研究》,《清华大学学报》(哲学社会科学版) 2001 年第 6 期,第 25—30 页。

刘子兰:《如何看待智利社会保障私有化改革》,《经济体制改革》2003 年第 4 期,第 140—142 页。

柳清瑞、穆怀中:《基于代际交叠模型的养老保险对资本存量和福利的影响》,《辽宁大学学报》(哲学社会科学版) 2003 年第 2 期,第 100—105 页。

龙朝阳、申曙光:《中国城镇养老保险制度改革方向:基金积累制抑或名义账户制》,《学术月刊》2011 年第 6 期,第 86—93 页。

卢成会、吴丽丽:《德国科尔时期社会保障改革对我国社会保障建设的启示》,《长春工业大学学报》(社会科学版) 2011 年第 1 期,第 52—55 页。

鲁全:《德国的社会保障制度与社会公平》,《中国人民大学学报》2009 年第 2 期,第 24—30 页。

[智利] M. 因方特、J. 阿里斯蒂亚、J. R. 温杜拉加:《智利社会保障改革历程》,班颖杰译,《社会经济体制比较》2000 年第 6 期,第 39—46 页。

[英] 尼古拉斯·巴尔著:《养老金改革:谬误、真理与政策选择》,郑秉文译,载于郑秉文、[美] 麦克尔·奥尔扎格主编:《保险与社会保障》,中国劳动社会保障出版社 2006 年 1 月第 1 辑。

庞凤喜:《论我国社会保障税的开征》,《中南财经政法大学学报》2001 年第 1 期,第 68—72 页。

庞凤喜:《社会保障缴款"税"、"费"形式选择中若干问题辨析——兼与郑秉文研究员商榷》,《财政研究》2011 年第 10 期,第 68—71 页。

冉萍:《社保基金投资的国际比较及对我国运营的借鉴》,《经济问题探索》2008 年第 1 期,第 169—174 页。

尧金仁:《关于社会保障税的文献综述》,《税务与经济》2011 年第 3 期,第 65—71 页。

任保平:《世界各国社会保障模式的比较及其启示》,《税务与经济》2003 年第 1 期,第 10—14 页。

任保平:《影响社会保障模式选择的一般因素分析》,《陕西师范大学学报》（哲学社会科学版）1998 年第 2 期，第 16—21 页。

阮荣平、刘力：《中国农村非正式社会保障供给研究——基于宗教社会保障功能的分析》，《管理世界》2011 年第 4 期，第 46—57 页。

邵红英：《按病种付费的现状及思考》，《中外健康文摘》2012 年第 26 期。

邵艳梅、孙玉芹：《当代英国社会保障制度及其启示》，《经济论坛》2006 年第 13 期，第 119—122 页。“社会保障资金筹集与管理研究”课题组，《社会保障资金筹集与管理研究》，《经济研究参考》2004 年第 81 期，第 17—27 页。

宋士云、李成玲：《1992—2006 年中国社会保障支出水平研究》，《中国人口科学》2008 年第 3 期，第 38—46 页。

［瑞典］斯温·霍特：《20 世纪 90 年代瑞典社会保障改革综述：从“慷慨”到“吝啬”》，郑秉文译，《国外社会科学》2004 年第 4 期，第 43—51 页。

孙长智：《风险概念的历史考察与内涵解析》，《长春理工大学学报》（社会科学版）2007 年第 3 期，第 28—31 页。

孙洁：《英国的政党竞争与福利共识》，《社会保障研究》2006 年第 1 期，第 26—39 页。

孙洁：《英国福利制度模式转变探析及对我国的启示》，《开发研究》2008 年第 3 期，第 133—137 页。

孙守纪：《论社会保障制度改革的政策组合——约旦、瑞典和智利社保改革的典型性分析》，《中国政法大学学报》2010 年第 5 期，第 137—142 页。

谭贤楚、朱力：《贫困类型与政策含义：西部民族山区农村的贫困人口——基于恩施州的实证研究》，《未来与发展》2012 年第 1 期，第 109—112 页。

唐才斌：《开征我国社会保障税的设想》，《财经科学》1994 年第 6 期，第 23—26 页。

唐钧、朱耀根、任振兴：《城市贫困家庭的社会保障和社会支持网络——上海市个案研究》，《社会学研究》1999 年第 5 期，第 105—118 页。

唐新民：《社会保障：持久扶贫阶段的基础制度保证》，《经济研究参考》2006 年第 80 期，第 34—39 页。

童星、林闽钢：《我国农村贫困标准线研究》，《中国社会科学》1994 年第 3 期，第 86—98 页。

汪华：《蒂特马斯福利思想探微》，《华东理工大学学报》（社会科学版）2010 年第 6 期，第 29—35 页。

王洪春、白占立、张占平：《国外社会保障基金投资模式比较研究》，《河北师范大学学报》（哲学社会科学版）2005 年第 5 期，第 24—27 页。

王信：《养老基金营运监管的国际经验及启示》，《经济社会体制比较》2000 年第 2 期，第 51—56 页。

王雯：《英国撒切尔、卡梅伦政府两轮福利缩减改革比较》，《广西大学学报》（哲学社会科学版）2013 年第 6 期，第 77—82 页。

王文童：《社会保障筹资模式及其税式管理问题的研究》，《税务研究》2007 年第 4 期，第 75—79 页。

王延中：《中国社会保险基金模式的偏差及其矫正》，《经济研究》2001 年第 2 期，第 20—28 页。

王延中、龙玉其：《改革开放以来中国政府社会保障支出分析》，《财贸经济》2011 年第 1 期，第 13—20 页。

魏志华、林亚清：《社保基金的投资管理模式及其困境摆脱》，《改革》2014 年第 3 期，第 47—55 页。

［德］乌尔里希·贝克著，王武龙编译：《从工业社会到风险社会（上篇）——关于人类生存、社会结构和生态启蒙等问题的思考》，《马克思主义与现实》（双月刊）2003 年第 3 期，第 26—45 页。

夏玉珍、郝建梅：《当代西方风险社会理论：解读与讨论》，《学习与实践》2007 年第 10 期，第 120—128 页。

向东：《消除贫困必须加强农村社会保障制度建设》，《经济问题探索》2002 年第 6 期，第 106—109 页。

项益才：《社会保障的本质与功能新论——以人的生存与发展为视角》，《江西社会科学》2011 年第 10 期，第 211—216 页。

肖汉平：《养老基金投资监管模式国际比较与借鉴》，《社会保障问题研究》2006 年第 00 期，第 448—467 页。

肖汉平：《国外养老基金投资规则与绩效的比较》，《证券市场导报》2006年第4期，第28—38页。

徐放鸣：《西方工业国社会保障筹资方式的演变及其启示》，《外国经济与管理》1986年第6期，第42—44页。

徐梅、邱长溶：《不同群体对中国养老保险体系选择的经济学分析》，《数量经济技术经济研究》2006年第4期，第22—29页。

徐倩、李放：《我国财政社会保障支出的差异与结构：1998—2009年》，《改革》2012年第2期，第47—52页。

徐倩、李放：《财政社会保障支出与中国城乡收入差距——理论分析与计量检验》，《上海经济研究》2012年第11期，第81—88页。

徐彤武：《奥巴马政府的医疗改革及其前景》，《美国研究》2010年第1期，第7—32页。

徐晓新、高世楫、张秀兰：《从美国社会保障体系演进历程看现代国家建设》，《经济社会体制比较》2013年第4期，第169—182页。

徐月宾、刘凤芹、张秀兰：《中国农村反贫困政策的反思——从社会救助向社会保护转变》，《中国社会科学》2007年第3期，第40—53页。

薛惠元、王翠琴：《现收现付制与基金制的养老保险制度成本比较——基于养老保险收支平衡数理模型》，《保险研究》2009年第11期，第59—64页。

杨解朴：《德国福利国家的自我校正》，《欧洲研究》2008年第4期，第131—144页。

杨俊：《社会统筹养老保险制度收入再分配效应的分析》，《社会保障研究》2011年第1期，第164—176页。

杨红燕、陈天红：《澳大利亚财政社会保障支出状况及启示》，《财政经济评论》2011年第1期，第15—24页。

杨红燕、陈天红：《英国财政社会保障支出制度结构与公平性分析》，《武汉理工大学学报》（社会科学版）2013年第4期，第582—587页。

杨立雄：《贫困理论范式的转向与美国福利制度改革》，《美国研究》2006年第2期，第121—136页。

杨立雄：《“不情愿的福利国家”与金融危机——美国福利模式解析》，《当代世界与社会主义》（双月刊）2012年第5期，第17—25页。

杨良初：《关于我国社会保障筹资模式的研究》，《中南财经大学学报》1995 年第 3 期，第 37—42 页。

杨良初：《关于社会保障基金的支付与使用》，《经济研究参考》1996 年第 69 期，第 20—31 页。

杨雪冬：《风险社会理论述评》，《国家行政学院学报》2005 年第 1 期，第 87—90 页。

余小平、王玲：《社会保障资金管理体制的改革与对策》，《财经问题研究》1997 年第 4 期，第 51—60 页。

袁志刚：《中国养老保险体系选择的经济学分析》，《经济研究》2001 第 5 期，第 13—19 页。

袁志刚：《养老金在资本市场获得高回报的前提条件》，《劳动保障通讯》2004 年第 8 期，第 30—31 页；

袁志刚、葛劲峰：《由现收现付制向基金制转轨的经济学分析》，《复旦学报》（社会科学版）2003 年第 4 期，第 45—51 页。

岳宗福：《中国社会保障模式的近代转型与道路选择》，《华东理工大学学报》（社会科学版）2010 年第 2 期，第 104—110 页。

章萍：《养老保险基金个人账户管理模式的国际比较与借鉴》，《财会研究》2009 年第 10 期，第 69—72 页。

张成福、谢一帆：《风险社会及其有效治理的战略》，《中国人民大学学报》2009 年第 5 期，第 25—32 页。

张奇林、张兴文：《风险与社会保障：一个解释性框架》，《社会保障研究》2011 年第 3 期，第 71—77 页。

张新文：《我国农村反贫困战略中的社会政策创新探讨》，《南京社会科学》2010 年第 6 期，第 58—63 页。

张文霞、赵延东：《风险社会：概念的提出及研究进展》，《科技与社会》2011 年第 2 期，第 53—63 页。

张熠、刘金东、卞世博：《国民储蓄、政府债务与社会保障基金投资》，《世界经济》2013 年第 1 期，第 64—80 页。

臧秀玲：《从消极福利到积极福利：西方国家对福利制度改革的新探索》，《社会科学》2004 年第 8 期，第 28—35 页。

赵耀辉、徐建国：《我国城镇养老保险体制改革中的激励机制问题》，

《经济学》（季刊）2001 年第 1 期，第 193—206 页。

郑秉文：《名义账户制：中国养老保障制度的一个理性选择》，《管理世界》2003 年第 8 期，第 33—45 页。

郑秉文：《OECD 国家社会保障制度改革及其比较》，《经济社会体制比较》（双月刊）2004 年第 5 期，第 111—123 页。

郑秉文：《“福利模式”比较研究与福利改革实证分析——政治经济学的角度》，《学术界》（双月刊）2005 年第 3 期，第 31—46 页。

郑秉文：《建立社会保障“长效机制”的 12 点思考——国际比较的角度》，《管理世界》2005 年第 10 期，第 58—66 页。

郑秉文：《欧盟国家社保基金监管立法及其对中国的启示》，《中国社会保障》2008 年第 11 期，第 26—29 页。

郑秉文：《中国社会保险“碎片化制度”危害与“碎片化冲动”探源》，《社会保障研究》2009 年第 1 期，第 209—224 页。

郑秉文：《拉美“增长性贫困”与社会保障的减困功能——国际比较的背景》，《拉丁美洲研究》2009 年（增刊），第 3—29 页。

郑秉文：《费改税不符合中国社会保障制度发展战略取向》，《中国人民大学学报》2010 年第 5 期，第 23—30 页。

郑秉文：《美国福利社会与欧洲福利国家之辨析——奥巴马医改述评》，《中国卫生政策研究》2010 年第 5 期，第 1—2 页。

郑秉文：《从奥巴马医改看美国与欧洲福利制度差异性》，《红旗文稿》2010 年第 8 期，第 35—36 页。

郑秉文、房连泉：《社保改革“智利模式”25 年的发展历程回眸》，《社会保障研究》2006 年第 2 期，第 190—208 页。

郑秉文、房连泉：《社会保障供款征缴体制国际比较与中国的抉择》，《公共管理学报》2007 年第 4 期，第 1—16 页。

郑秉文、房连泉：《拉美“增长性贫困”与社会保障的减困功能——国际比较的背景》，《拉丁美洲研究》2009 年增刊，第 3—29 页。

郑功成：《社会保障中的费改税及养老保险问题》，《经济研究参考》2001 年第 31 期，第 38 页。

郑功成：《中国社会保障改革与未来发展》，《中国人民大学学报》2010 年第 5 期，第 2—14 页。

钟晓敏:《欧盟社会保障制度资金来源的比较研究》,《财经论丛》2001 年第 1 期,第 26—34 页。

周怡:《贫困研究:结构解释与文化解释的对垒》,《社会学研究》2002 年第 3 期,第 49—63 页。

周怡:《社会情境理论:贫困现象的另一种解释》,《社会科学》2007 年第 10 期,第 56—62 页。

周志凯:《国外养老保险个人账户管理模式比较——以智利、新加坡、瑞典为对象》,《社会保障问题研究》2006 年第 00 期,第 420—437 页。

朱青:《当前养老保险筹资模式不宜转向基金式》,《经济理论与经济管理》2001 年第 12 期,第 16—21 页。

朱庆芳:《让贫困群体走出贫困——关于城镇贫困群体的特点、致贫原因及解困对策的分析》,《经济工作导刊》2002 年第 5 期,第 9—10 页。

卓越:《当代美国政府社会保障政策演变探因》,《西安交通大学学报》(社会科学版)2005 年第 4 期,第 28—33 页。

外文类

Alejandro, Foxley, *Successes and Failures in Poverty Eradication*: *Chile*, Scaling Up Poverty Reduction: A Global Learning Process and Conference, Shanghai, May 25、27, 2004.

Arrow, Kenneth J., The Trade - off between Growth and Equity, pp. 1—11, in *Theory for Economic Efficiency*: *Essays in Honor of Abba P. Lerner*, edited by Harry I. Greenfield, Albert M. Levenson, William Hamovitch, and Eugene Rotwein, MIT Press, 1979.

Browning, Edgar K., How Much More Equality Can We Afford? *The Public Interest*, Spring; pp. 90—110, 1976.

Ashley Hoyer, German Resistance to Welfare State Reform: Voter Blockades, Coalitions, and Unions, *Critique*: *A Worldwide Journal of Politics*, 2010, pp. 208—221.

Barr, Nicholas, Reforming Pensions: Myths, Truths, and Policy Choices, *IMF Working Paper*, 2000.

Besley, T, Means Testing Versus Universal Provisions in Poverty Alleviation Programmes, *Economica* 57, 1990, 225, pp. 119—129.

Butler, Stuart, and Anna Kondratas; *Out of the Poverty Trap: A Conservative Strategy for Welfare Reform*, Free Press, 1987.

Biickman, Guy, *The Creation and Development of Social Welfare in the Nordic Countries*, Tampere University, Finland, 1991, p. 6.

Caminada, Koen and Martin, Megan C., *Differences in Anti – Poverty Approaches in Europe and The United States: A Cross – Atlantic Descriptive Policy Analysis*, *Poverty & Public Policy*, Vol. 3, Iss. 2, Article 3, 2011

Cloward, Richard A. and Elman, Richard M. Poverty, Injustice, and the Welfare State, *The Nation*, February 26, March 7, 1966.

Jon P. Alston and K. Imogene Dean, Socioeconomic Factors Associated with Attitudes toward Welfare Recipients and the Causes of Poverty, *The Social Service Review*, Vol. 46, No. 1, Mar., 1972, pp. 13—23.

Christina Behrendt, *Holes in the Safety Net? Social Security and the Alleviation of Poverty in a Comparative Perspective*, Paper prepared for the ISSA Year 2000 Research Conference in Helsinki, September 25—27, 2000.

Crook, Clive, The Future of the State, *The Economist*, 20 September 1997, pp. 1—48;

Harcourt Brace Jovanovich, Stigler, George, Director's Law of Public Income Redistribution, *Journal of Law and Economics*, 1970, 13, pp. 1—10.

Daniel Ankarloo, *The Swedish Welfare Model: Counter – arguments to neoliberal myths and assertions*, Paper prepared for Association of Heterodox Economics Conference, London, July, 2009.

Danziger. S and Robert D. Plotnick, Poverty and Policy: Lessons of the Last Two Decades, *The Social Service Review*, Vol. 60, No. 1, Mar., 1986, pp. 34—51.

David Glick, Nidhiya Menon, Public Programs Pare Poverty: Evidence from Chile, *Bulletin of Economic Research*, 2009, 61 (3), pp. 249—282.

Didier Fouarge and Richard Layte, Welfare Regimes and Poverty Dynamics: The Duration and Recurrence of Poverty Spells in Europe, *Journal of So-*

cial Policy: *the Journal of the Social Administration Association*, V. 34, 2005, pp. 407—426.

Forma, P., Interests, Institutions and the Welfare State: Studies on Public Opinion Towards the Welfare State, *Research Report*, No. 102, University of Turku: Stakes, 1996.

Kangas, O., Attitudes to Means – tested Social Benefits in Finland, *Acta Sociologica*, 1995, 38, pp. 299—310.

Gabe, Thomas, Poverty in the United States: 2012, Congressional Research Service, Prepared for Members and Committees of Congress, November 13, 2013.

Gary V. Engelhardt and Jonathan Gruber, Social Security and the Evolution of Elderly Poverty, *Prepared for the Berkeley Symposium on Poverty*, *the Distribution of Income*, *and Public Policy*, March, 2004.

Goodin, Robert E. and Le Grand, Julian, *Not Only the Poor*, London: Allen & Unwin, 1987.

Gustafsson, Bjorn and Uusitalo, Hannu, The Welfare State and Poverty In Finland and Sweden From The mid – 1960s to The mid – 1980s, *Review of Income and Wealth Series* 36, Number 3, September, 1990, pp. 249—266.

Lutz Leisering, *The Welfare State in Postwar Germany – Institutions*, *Politics and Social Change*, 2000, http: //www. uni – bielefeld. de/soz/pdf/welfare.

Jennifer Pribble, and Evelyne Huber, Social Policy and Redistribution under Left Governments in Chile and Uruguay, Paper Prepared for Delivery at the Workshop, Social Policy Against Poverty and Social Exclusion: Dealing with Informality, European Union Center for Excellence, University of North Carolina at Chapel Hill, March 29—30, 2008.

Kangas, O. and Forma, P., Need, Citizenship or Merit?, in S. Svallfors and P. Taylor – Gooby, eds., *The End of the Welfare State? Responses to State Retrenchment*, London: Routledge & Kegan, 1999.

Paul Kenneth Nelson, Mechanisms of Poverty Alleviation: Anti – Poverty Effects of Non – means – tested and Means – tested Benefits in Five Welfare

States, *Journal of European Social Policy*, 2004, 14, pp. 371—390.

Kenworthy, Lane, Equality and Efficiency: The Illusory Tradeoff, *European Journal of Political Research*, 1995, 27, pp. 225—254.

Perotti, Roberto, Growth, Income Distribution, and Democracy: What the Data Say, *Journal of Economic Growth*, 1996, 1, pp. 149—187.

Putterman, Louis, John E. Roemer, and Joaquim Silvestre, Does Egalitarianism Have a Future?, *Journal of Economic Literature*, 1998, 36, pp. 861—902.

Korpi, W., Approaches to the Study of Poverty in the United States. Critical Notes from a European Perspective in V. T. Covello, ed., *Poverty and Public Policy Boston*, MA: Schenken, 1980.

Korpi, W. and Palme, J., The Paradox of Redistribution and Strategies of Equality: Welfare State Institutions, Inequality, and Poverty in the Western Countries, *American Sociological Review*, 1998, 63 (5), pp. 661—687.

Larranaga, O., *Inequality*, *Poverty and Social Policy*: *Recent Trends in Chile*, OECD Social, Employment and Migration Working Papers, No. 85, OECD Publishing, 2009, http: //dx. doi. org/10. 1787/224516554144.

Lichter, Daniel T. and Crowley, Martha L., Poverty in America: Beyond Welfare Reform, *Population Bulletin*, Vol. 57, No. 2, 2002.

Mauricio Soto, *Chilean Pension Reform*: *the Good*, *the Bad*, *and the in Between*, Boston College Retirement Research Center, June, 2005.

Michael J. Pries, Social Security Reform and Intertemporal Smoothing, *Journal of Economic Dynamics & Control*, 2007 (31), pp. 25—54.

Okun, Arthur M., *Equality and Efficiency*: *The Big Tradeoff*, Washington, D. C.: Brookings Institution, 1975.

Peter Diamond, The Economics of Social Security Reform, NBER Working Paper, No. 6719, 1998 (9).

Ringen, Stein, *The Possibility of Politics*: *A Study in the Political Economy of the Welfare State*, Oxford: Clarendon, 1987.

Robert Holzmann, Lynne Sherburne - Benz, and Emil Tesliuc, *Social Risk Management*: *The World Bank's Approach to Social Protection in a Globali-*

zing World, Social Protection Department, World Bank, 2003.

Sipila, Jorma, Anttonen, Anneli, & Kröger, Teppo: A Nordic Welfare State in Post—industrial Society, *A Global Perspective*, *The Wlfare State in Post—industrial Society*, Powell, J. L. &Hendricks, J. , Eds. , Dordrecht: Springer, 2009, pp. 181—199.

Terry, McKinJey, Poverty Alleviation and Equitable Growth: the Experience of Chile, Indonesia, and Malaysia, Frontera Norte Num. Especial: Pobreza, 1994, pp. 121—131.

Tanner, Michael D. , The American Welfare State: How We Spend Nearly MYM1 Trillion a Year Fighting Poverty—and Fail, Policy Analysis, April 11, 2012, No. 694.

Walter Korpi and Joakim Palme, The Paradox of Redistribution and Strategies of Equality: Welfare State Institutions, Inequality, and Poverty in the Western Countries. *American Sociological Review*, Vol. 63, No. 5, Oct. , 1998, pp. 661—687.

Wolfgang Strengmann - Kuhn, Reforming Social Security in Germany - Challenges and Proposals, *Social Policy in China and Germany*, Peking: 29th October, 2008, http://www.strengmann - kuhn.de/wp - content/plugins/downloads - manager/upload/China_ Symposium.

后　记

本书的写作念头萌生于5年前，当年我带的几个硕士研究生开始收集资料，并尝试写作。但由于本书理论性较强，学生难以把握，而又觉得这个论题比较重要，所以2012年我重新更改写作框架，自己重新动笔撰写，到2014年成书，当时实际已可出版，只是找不到合适的出版资助，才一直搁置到现在。如今正值贵州财经大学开展学科建设，有了出版资金资助，书稿才得以付梓。

本书在写作过程中得到了许多人的帮助。我的研究生李垚林、张静和任玥三位同学收集了许多资料，并尝试撰写，虽然我最终没有采用他们撰写的文本，但仍对他们的辛勤付出表示感谢。在本书成书以后，庞立伟、李小娇、张冬梅、邢玉翠和张宜婷几位研究生又对书稿进行了认真校对，对注释和格式进行了认真修改。在此对上述研究生表示感谢。特别需要感谢的是我的硕士生导师——贵州大学的张星伍教授，本书的论题及写作思路是在与他交谈的过程中逐渐清晰起来的。因此，在这里特别感谢张老师对本书做出的贡献，也感谢他一直以来对我的学术所提供的诸多指导。

最后，还要感谢我的家人为本书及我的其他研究做出的贡献。本书开始写作时，我的女儿刚满两岁，正是需要照顾的时候，而我由于忙于撰写本书和其他研究，以及行政事务繁多，年幼的女儿基本由妻子高琳薇和岳母照顾和陪伴，家务劳动也都由她们承担，没有她们毫无怨言的付出，本书也不可能完成。在此，对她们的辛劳，以及给予我的理解和宽容表示感谢。而我的哥哥姐姐们，以及年迈的母亲在家乡为我分担了许多社会交往事务，尤其是代替我在繁杂的人情客往中维护了往日的社会关系，使我能够安心从事研究工作。在此对他们一如既往的大力支持表示感谢。

当然，尽管许多人都以不同方式对本书做出了重要贡献，但他们没有任何理由为本书的错漏之处承担责任，文责自然只能由作者自负。文中疏漏之处在所难免，不当之处，敬请同人赐教。

韦　璞

2016 年 7 月 12 日